J. BOULANGER

— Un franc —

VOYAGES DANS TOUS LES MONDES
NOUVELLE BIBLIOTHÈQUE HISTORIQUE ET LITTÉRAIRE
Publiée sous la direction de M. Eugène MULLER, conservateur à la Bibliothèque de l'Arsenal.

DÉCOUVERTE
DES
SOURCES DU SÉNÉGAL
ET DE LA GAMBIE

PAR

G. MOLLIEN

PARIS
Ch. DELAGRAVE
S. Soufflot, 15

DÉCOUVERTE
DES
SOURCES DU SÉNÉGAL
ET DE LA GAMBIE

Le titre de **Voyages dans tous les mondes,** que nous avons adopté pour notre *Nouvelle Bibliothèque historique et littéraire,* indique qu'elle a pris et prendra son bien indistinctement dans les divers domaines du savoir, de l'esprit et du cœur, à toutes les époques et en tous les pays. Le récit du sérieux historien y doit avoisiner la fiction du conteur fantaisiste et les impressions morales toutes personnelles; le travail de science positive doit s'y placer à côté du recueil d'observations pittoresques, — à cette condition première que le livre, toujours de lecture facile et intéressante en soi, ne contienne, au cas où il vise à enseigner, que des notions accessibles à tous.

Là se trouvent donc réunies — dans des volumes à la fois très élégants, très portatifs et très économiques pour l'abondante matière qu'ils renferment — les œuvres que le temps a consacrées ou qui, injustement négligées, méritaient d'être remises en lumière, et aussi telles autres jusqu'ici restées ignorées ou qui sont absolument nouvelles : *Voyages de découvertes, Chroniques et traditions populaires, Aventures réelles ou imaginaires, Biographies et souvenirs, Tableaux de mœurs humaines et animales, Curiosités de la nature, des sciences ou de l'industrie,* etc.

Avons-nous besoin de faire remarquer que tous les ouvrages — d'ailleurs accompagnés d'études biographiques ou littéraires et, quand besoin est, d'annotations facilitant l'entente du texte — ont été très attentivement revus, afin que rien ne s'y trouve qui puisse empêcher de les mettre aux mains des lecteurs de tous les âges et de toutes les conditions?

VOYAGES DANS TOUS LES MONDES
NOUVELLE BIBLIOTHÈQUE HISTORIQUE ET LITTÉRAIRE
Publiée sous la direction de M. Eugène MULIER, conservateur à la Bibliothèque de l'Arsenal.

DÉCOUVERTE
DES
SOURCES DU SÉNÉGAL
ET DE LA GAMBIE
EN 1818

PRÉCÉDÉE D'UN RÉCIT INÉDIT
DU NAUFRAGE DE LA MÉDUSE
PAR G. MOLLIEN

ET D'UNE NOTICE SUR L'AUTEUR
PAR L. RAVAISSON-MOLLIEN
DE LA BIBLIOTHÈQUE MAZARINE

PARIS
LIBRAIRIE CH. DELAGRAVE
15, RUE SOUFFLOT, 15
—
1889

G. MOLLIEN

Depuis quelque temps, l'attention générale se porte sur les colonies, et, dans notre pays tout particulièrement, sur notre belle possession du Sénégal, sur les moyens d'y développer son commerce, et, par suite, sur les fleuves qui la fécondent. Tout ce qui concerne ces régions et ces fleuves doit donc offrir, pensons-nous, en ce moment le plus vif intérêt. L'Afrique, à cause de sa proximité et des riches mines d'or qu'elle passait pour renfermer dans son sein, avait toujours attiré les regards des peuples européens. Les Portugais, les Hollandais, les Anglais notamment, y avaient souvent envoyé des explorateurs ; la France n'était pas restée en arrière, puisque, dès 1364, des navigateurs partis du port de Dieppe essayaient d'ouvrir des relations commerciales avec les indigènes du Sénégal, et qu'en 1402 Jean de Betencourt, parti de La Rochelle, faisait la découverte et la conquête des îles Canaries. Le but principal des explorations qui se sont succédé depuis, et surtout des plus récentes, a été avant tout la reconnaissance du grand fleuve du Soudan, le Niger ou Dhiolli-Bâ, dont les rives passaient pour renfermer de merveilleuses mines d'or et que l'on savait traverser des centres commerciaux de la plus haute importance, comme par exemple la ville célèbre de Tombouctou. Après la fondation de la Société géographique de l'Afrique à Londres en 1788, les Anglais avaient redoublé leurs efforts pour pénétrer dans l'intérieur du Soudan. Mungo-Park, dans les dernières années du dix-huitième siècle, avait fait faire un grand pas à la connaissance du continent africain en parvenant à reconnaître une partie du cours du Niger, si longtemps confondu avec le Sénégal, et en rectifiant celui de la Gambie. Parmi ceux de nos compatriotes qui furent stimulés par la lecture des découvertes de Mungo-Park et qui cherchèrent à suivre ses traces, un des principaux fut mon oncle, M. Mollien, au sujet duquel un explorateur plus récent, le lieutenant Lambert, s'exprime ainsi :[1] « Quarante-deux ans avant moi,

1. Voyage au Fouta-Djallon, *Tour du Monde*, t. III (1861, 1er semestre), 11e livraison, page 400.

un de nos compatriotes, M. Mollien, poussé par la passion des voyages et sans autre appui que son ardeur juvénile, pénétrait dans les grandes anfractuosités de ce grand réservoir des eaux sénégambiennes, les révélait à l'Europe savante, et ouvrait ainsi l'ère des découvertes qui n'ont cessé depuis lors de modifier l'orographie de l'Afrique et surtout le système des eaux de ce continent. Les erreurs que ne put éviter M. Mollien et les défectuosités de son itinéraire sont peu de chose auprès de celles qu'il fit disparaître des cartes existantes. Elles s'expliquent autant par la pénurie d'instruments et de ressources à laquelle il était condamné que par le mystère dont il devait entourer ses pas et ses démarches au milieu d'une population méfiante, qui, plus d'une fois, chercha à le faire périr pour s'emparer de ses marchandises et de ses journaux. Je ne doute pas que son souvenir ne soit encore vivant dans plus d'un ravin de ces montagnes. Un jour, à l'improviste, un vieillard des environs de Labé me parla d'un jeune Français dont l'apparition avait jeté le trouble parmi le peuple et éveillé les soupçons des chefs et des marabouts. »

Gaspard-Théodore Mollien, né à Calais en 1796, était fils d'un procureur au parlement de

Paris. Il était parent du ministre du trésor sous Napoléon. Dès son enfance il avait manifesté un goût décidé pour les voyages, comme il le dit lui-même dans sa relation, goût qui s'était développé, disait-on, par la lecture de *Robinson Crusoé.* Doué d'une rare intelligence et de la volonté la plus énergique, naturellement curieux et observateur, esprit original, prompt à saisir entre les choses des rapports qui échappaient à beaucoup d'autres, comme en fournissent maintes preuves et la correspondance qu'il a entretenue pendant de longues années avec sa famille et ses amis et les notes dont il a couvert les cartes qu'il a laissées, notes relatives surtout à l'histoire naturelle, aux langues ou à la statistique, instruit d'ailleurs par une vaste lecture, mais plein du désir d'accroître par des voyages de découvertes les connaissances acquises, il était fait pour rendre de grands services à la géographie. Il partit en 1816 en qualité de commis de marine avec tout le personnel de l'administration du Sénégal, qui venait de nous être rendu par le traité de 1815 en échange de Saint-Domingue. Échappé, comme on va le voir, du terrible naufrage dont un épisode est rappelé par un des plus célèbres tableaux de notre musée, sur une mauvaise embarcation qui, étant beaucoup trop chargée de passagers, faillit chavirer vingt fois, il parvint à la côte du désert, d'où il gagna avec ses compagnons Saint-Louis, éloigné de soixante lieues du point de la côte où ils avaient abordé, après avoir enduré des souffrances de tout genre. Bientôt, épuisé par les fatigues et le climat d'Afrique, il fut saisi par la fièvre et transporté à l'hôpital de Gorée. Mais à peine était-il guéri qu'il fut mis à la tête de ce même hôpital, et pendant les trois mois qu'il le dirigea son dévouement ne se relâcha pas. Cependant dès lors, et sans être nullement découragé par les mille périls auxquels il avait échappé, il songea sérieusement à faire un voyage à l'intérieur de l'Afrique. Il commença par profiter de son séjour dans notre colonie pour en explorer les diverses parties et pour se familiariser avec les idiomes africains, et il recueillit quantité de renseignements sur les contrées qu'il comptait traverser. Puis il retourna en France pour aller solliciter auprès du ministre la permission d'exécuter son dessein ; mais le ministre étant trop occupé alors par de graves affaires pour pouvoir lui donner une réponse positive, notre voyageur se décida à revenir auprès du nouveau gouverneur du Sénégal, espérant qu'il accéderait à sa demande. M. de Fleuriau, en effet, se montra favorable à son projet et lui donna une mission ayant pour but de reconnaître les sources du Sénégal et de la Gambie et même celles du Dhiolli-Bâ ou Niger, qui, à ce que l'on supposait, devaient se trouver dans un des rameaux du même massif montagneux et qui s'y trouvent, en effet. Il partit de Saint-Louis muni des objets d'échange indispensables pour l'exploration qu'il allait faire, et, travesti d'abord en marchand maure, ce à quoi il renonça bientôt pour reprendre ses vêtements européens, il parcourut une quantité de contrées inexplorées, à travers toutes sortes d'aventures, des maladies, des obstacles de toute nature, et, bien que contraint plusieurs fois de modifier son itinéraire, pénétra loin dans l'intérieur, reconnut les sources de la Gambie et du Rio-Grande, voisines l'une de l'autre ; puis, en franchissant la chaîne de montagnes qui les séparent de celles du Sénégal, reconnut également ces dernières ainsi que celles de la Falemé.

Les dangers de toutes sortes, les perfidies des nègres, la fatigue causée par un climat brûlant, les maladies, rien n'avait pu abattre son courage et son zèle pour la science. Mais après avoir exécuté avec succès la première partie de sa mission, il se préparait à la seconde, c'est-à-dire à gagner le Niger et Tombouctou, où parvint quelques années plus tard un autre jeune Français, René Caillié, avec qui il se lia d'amitié sur la terre africaine, où nos deux voyageurs se rencontrèrent, quand, surpris brusquement par la saison des pluies, étendu presque mort par l'effet d'une violente dysenterie, entouré d'une population malveillante terrifiée par le bruit de ses découvertes et cherchant à s'emparer de ses marchandises et de ses journaux, trahi par son hôte, qui essaya de se défaire de lui par un empoisonnement aux suites duquel il n'échappa que par les soins de son guide fidèle, mais dont il se ressentit toujours, M. Mollien dut chercher à se soustraire à ses ennemis par une fuite rapide. Il réussit enfin, à travers toute espèce de difficultés, à regagner nos possessions après un an d'absence. Lorsqu'il revint à Paris, notre jeune voyageur, dont la conversation, d'ailleurs, avait toujours été piquante et spirituelle, fut entouré, recherché de tous côtés; il devint l'idole non seulement des réunions savantes, où il entra en rapport avec des hommes tels que Cuvier et Humboldt, mais aussi des salons mondains.

C'était à qui pourrait le voir et l'entendre raconter lui-même ses étranges aventures, à qui pourrait obtenir de lui de nouveaux détails. Ce fut alors qu'il publia l'historique de ses explorations, que nous reproduisons dans le présent volume, en y joignant le récit inédit du *Naufrage de la Méduse*, que l'auteur avait rédigé et attaché à son exemplaire personnel.

Plusieurs années s'écoulèrent sans qu'on songeât, en France, à poursuivre les explorations dans l'intérieur du continent mystérieux. Des Anglais et des Allemands l'essayèrent avec plus ou moins de succès. Clapperton, en 1822, avait appris que le Dhiolli-Bâ débouchait dans le golfe de Bénin. Richard Sander, son compagnon, le constata. Barthe donna le premier, en 1854, des notions certaines sur le Soudan. Gouverneur du Sénégal, le général Faidherbe, qui sentait toute l'importance qu'il y avait pour nous à développer notre colonie et à établir des relations commerciales avec les peuples indigènes du Soudan et les riverains du Niger, confia d'abord, en 1860, une mission au lieutenant Lambert, dont nous citions les paroles précédemment. Puis, plusieurs tentatives furent faites quelques années après, vers 1864, pour relier l'Algérie à la Sénégambie. Tandis que l'Allemand Gérard Rohlf quittait le Maroc avec l'intention de parvenir au Sénégal en passant par Tombouctou, une expédition bien organisée partait de Saint-Louis sous la conduite de deux officiers de marine, le lieutenant Mage et le docteur Quintin. Ils avaient pour mission de remonter le Sénégal et le Dhiolli-Bâ, de relever les parties incomplètement connues du second de ces cours d'eau, et, en suivant entre le Sénégal et le Dhiolli-Bâ le haut pays qui sépare les deux fleuves, d'essayer de descendre le dernier, qui conduit à Tombouctou, en passant par Segou et cherchant à jeter des bases d'amitié entre la colonie et le cheik d'alors, qui, à la tête des Touaregs, soutenait une lutte contre notre ancien ennemi Hadji el Omar, lequel cherchait à fonder un vaste empire noir musulman dans le Haut-Niger, le royaume des Toucouleurs. Douze ans après, l'expédition du lieutenant Mage, sous l'administration du général Brière de l'Isle, reprenait le cours de nos explorations sénégalaises. En 1878, il avait paru un livre intéressant de M. Duponchel, ingénieur des ponts et chaussées, sur la question du chemin de fer transsaharien destiné à relier le Sénégal et l'Algérie ; et en 1879 M. de Freycinet, frappé par la lecture de ce livre, songea à reprendre le système du général Faidherbe, à envoyer des explorateurs à l'intérieur et à construire un chemin de fer destiné à mettre le Niger en rapport direct avec notre colonie. Le 12 novembre 1880, un crédit était alloué pour la construction d'un chemin de fer de Médine, sur les confins de la Sénégambie, à Bafoulabé, situé entre notre colonie et le Niger. Après s'être entendu avec les chefs indigènes, on commença par établir un service télégraphique, puis vint la construction du chemin de fer. Parmi les explorateurs d'alors, l'intrépide Paul Soleillet venait de terminer un voyage de Saint-Louis à Segou dans le Haut-Niger. Arrêté sur la route de Marina pour des causes politiques, il forma alors le projet de gagner Alger par Walata, Tombouctou et le Touat. Il fut bien reçu par Ahmadou, fils et successeur d'Hadji el Omar, roi de Segou, qui, cependant, chercha à l'empêcher de continuer son voyage d'exploration. La même année, un Suisse et un Français, MM. Zweifel et Moustier, représentants de la maison de Verminck, à Marseille, qui leur avait envoyé les cartes, les livres et les instruments nécessaires, avaient enfin découvert les sources tant cherchées du

Niger. En 1881, le commandant Gallieni, envoyé par le général Brière de l'Isle, conclut au nom de la France un traité avec Ahmadou, qui acceptait le protectorat de la France, garantissait la sécurité entre le Sénégal et sa capitale, où la France devait établir désormais un résident. Le royaume de Segou, un des plus importants du Soudan et arrosé par le Niger, est situé, comme on sait, entre ce fleuve et la Sénégambie. Il était donc très important pour nous de nous assurer de ses bonnes dispositions à notre égard. Vers cette époque, venu après Mollien et Hecquard dans le Fouta-Diallon, en partant de l'embouchure du Rio-Grande, M. Olivier Pastre faisait un voyage intéressant en remontant cette rivière.

Si l'on considère combien est devenu vaste et combien s'agrandit de jour en jour le champ des explorations et des découvertes dans les régions qui confinent à nos possessions, on ne peut que se rappeler avec reconnaissance les noms des hommes audacieux qui en donnèrent le premier exemple, et dont les assertions sont de mieux en mieux confirmées par ces récentes expéditions — ce qui est surtout le cas du récit de G. Mollien.

Pour revenir à notre voyageur, son humeur aventureuse persista malgré les terribles expériences qu'il venait de faire, et, en 1822, la république de Colombia, dans l'Amérique du Sud, ayant à sa tête Bolivar et venant de secouer le joug des Espagnols, de proclamer son indépendance et de rouvrir au commerce étranger ses ports fermés pendant le temps de la domination espagnole, il désira connaître ce pays, dont l'histoire était si intéressante, si singulière, qui avait été à peu près inaccessible aux étrangers, et dont la nature est splendide. Il publia en 1823 le récit fort intéressant de ce voyage. Voici ce que nous lisons à ce sujet dans le *Bulletin de géographie* de l'année 1825 : « M. Mollien est le premier Français qui nous fasse connaître la république de Colombia. Déjà le jeune et savant voyageur avait bien mérité de la géographie, et son nom est inscrit parmi les explorateurs de l'Afrique centrale. » En 1828, il partit du cap Haïti, où il avait été chargé, avec le titre de consul, de remplir la charge de ministre plénipotentiaire pour faire exécuter la liquidation des sommes qui nous étaient dues en indemnité par Saint-Domingue. Il relâcha, entre autres lieux, à New-York, qu'il déclare, dans une relation restée

manuscrite, être admirable avec ses palais de
marbre et ne le céder guère à Londres ou à Paris.
Vers cette époque il composa une histoire
d'Haïti. Quelques années plus tard il fut nommé
consul général à La Havane, où il résida quinze
ans. Pendant ce temps, il visita les États-Unis,
où M. de Bacourt, dans ses *Souvenirs d'un diplomate*, nous dit l'avoir rencontré avec des
célébrités de différents genres, comme M. de
Talleyrand et Fanny Essler, à qui il proposa, par
parenthèse, de venir à Cuba, lui promettant
un grand succès. Enfin il termina ses voyages par une excursion faite dans l'Inde, en
1856, pour aller voir un de ses frères, savant
indianiste, qui y était établi depuis trente ans.
Il passa de là en Chine, et de ces deux derniers voyages il a laissé une relation abondante en détails piquants, qui, encore inédite,
se trouve à la bibliothèque de Calais avec
l'Histoire d'Haïti. Mais ce dernier voyage, fait
dans un âge déjà avancé, le fatigua, et depuis
lors il ne quitta plus guère Nice, où la douceur
du climat l'avait engagé à fixer sa résidence
et où il ne tarda pas à se créer de nombreuses
et affectueuses relations. Là, chaque jour, sur
la promenade des Anglais, se formait autour
de lui un cercle de curieux, toujours ravi

d'entendre le spirituel et très aimable vieillard raconter dans le style le plus imagé les curieux épisodes de ses nombreux voyages. Il s'éteignit doucement le 28 juin 1872, laissant parmi les familiers de sa retraite les plus charmants souvenirs et les regrets les plus sincères.

Louis Ravaisson-Mollien.

LE

NAUFRAGE DE LA MÉDUSE[1]

(RÉCIT INÉDIT)

Je partis de Paris au mois de mai 1816 pour me rendre à Rochefort. L'expédition destinée à aller reprendre possession de nos établissements à la côte occidentale d'Afrique se préparait avec activité ; je m'embarquai le 17 juin sur la frégate du roi *la Méduse ;* la marche supérieure et les excellentes qualités de ce bâtiment nous faisaient espérer qu'après une courte traversée nous arriverions heureusement au Sénégal. Combien notre attente fut trompée ! Une fata-

1. La catastrophe qui fait l'objet de ce récit complètement inédit est restée tristement fameuse dans l'histoire de la marine française, d'autant mieux d'ailleurs qu'un des plus navrants épisodes se trouve immortalisé par le chef-d'œuvre de Géricault, *le Radeau de la Méduse,* appartenant à notre musée du Louvre, où il occupe à juste titre une place d'honneur. L'histoire du naufrage et notamment du séjour d'une partie des naufragés sur le radeau, fut publiée peu de temps après l'événement par MM. Coréard, ingénieur géographe, et Savigny, chirurgien, dont la relation eut un immense retentissement. Mais pendant que le radeau était abandonné, après avoir reçu le tiers environ du personnel de la frégate échouée, les autres passagers, portés par les embarcations du navire, se dirigeaient vers la côte pour tâcher de rejoindre les possessions françaises. De là, on le comprend, d'autres drames, d'autres péripéties non moins poignantes. C'est l'historique d'une de ces expéditions partielles que retrace ici, à la suite du tableau général du naufrage, M. Mollien, qui fut, croyons-nous, le dernier survivant de ce désastre célèbre.

lité inévitable sembla dès le premier moment faire peser sur nous sa maligne influence ; le commandement de la *Méduse* avait été confié à M. de Chaumareys, dont les connaissances nautiques étaient extrêmement bornées. La seconde nuit même après notre départ nous eûmes sujet de concevoir de justes alarmes ; nous allions nous perdre sur les Roches Bonnes, au nord de l'île d'Oléron, sans les signaux que nous firent les autres bâtiments qui allaient de conserve avec nous. C'étaient le brick *l'Argus*, la flûte *la Loire*, la corvette *l'Écho* ; toutefois cette inquiétude passagère fut bientôt oubliée ; le temps était très beau et le vent favorable : nous filions ordinairement jusqu'à huit nœuds par heure, dans des mers où l'on est souvent surpris par les calmes, surtout dans la saison où nous nous trouvions alors.

Après plusieurs jours d'une navigation heureuse, le sinistre événement qui nous menaçait fut en quelque sorte annoncé par un de ces accidents qui frappent les esprits dans le moment, mais que les marins oublient bientôt, à moins que de plus grands encore ne viennent en réveiller le pénible souvenir. Le 23 juin au soir, un mousse assis sur la culasse d'un canon glissa dans la mer par un des sabords, mais eut assez de présence d'esprit cependant pour saisir un bout de cordage qui pendait le long du bord ; aussitôt on entendit répéter de toutes parts ce cri : Un homme à la mer ! » Malgré la promptitude avec laquelle on mit en travers, cette manœuvre se fit encore trop lentement, et le malheureux enfant emporté par la frégate, dont la marche était alors très rapide, sentit ses forces lui manquer et lâcha la corde qui l'avait soutenu jusqu'alors. Un des contremaîtres l'avait saisi par le collet de sa veste ; mais, craignant d'être entraîné aussi dans l'abîme, il le laissa échapper. Une bouée de sauvetage fut mise à la mer, dont quelques canots parcoururent en vain la surface; les hommes qui les montaient revinrent à bord convaincus que cet infortuné avait trouvé la bouée, mais qu'il était destiné à devenir la proie de la faim ou d'un requin. Cette scène affligeante, éclairée par les derniers rayons du soleil, répandit dans tous les esprits une sombre mélancolie, et chacun, sans pouvoir expliquer le sentiment qu'il éprouvait, semblait avoir un vague pressentiment des maux qui allaient fondre sur nous.

Le 28, nous vîmes Madère d'assez près pour admirer la fertilité de cette île; le lendemain nous reconnûmes Sainte-Croix de Ténériffe. Les officiers de la frégate allèrent à terre. Nous louvoyâmes devant le port en les attendant et nous perdîmes une des plus belles journées dont nous eussions joui jusqu'alors.

On passa le tropique du Cancer le 1er juillet, et les matelots n'oublièrent pas en cette occasion d'administrer le baptême à ceux qui pour la première fois étaient arrivés jusqu'à ce point de l'univers. Cette fête burlesque fut un peu troublée par l'apparition subite des côtes du cap Bayador; les lames que l'on voyait distinctement briser sur le rivage et les hommes mêmes que l'on croyait y apercevoir nous montraient clairement que nous nous étions trop approchés d'une côte sur laquelle les courants portent avec une violence irrésistible, comme si le génie du mal s'en servait pour livrer une proie abondante et facile aux farouches habitants du Sahara. On s'aperçut de la faute qu'on avait commise; on crut l'avoir complètement réparée en cinglant un peu plus vers l'ouest. Le lendemain nous reconnûmes d'une manière bien affreuse l'inutilité de cette manœuvre; plusieurs signes non équivoques annonçaient que nous allions donner sur un écueil. Le matin on avait pris une grande quantité de poissons; la couleur de la mer changea: de bleue qu'elle était, elle devint tout à coup verte;

le marin le moins expérimenté sait que ces changements indiquent presque toujours l'approche d'une terre et prend en conséquence des précautions ; le danger fut, il est vrai, prévu par quelques personnes de l'équipage ; la sonde fut jetée à deux heures : elle ne rapporta que six brasses. Le capitaine, qui en fut prévenu aussitôt, ordonna de venir un peu plus au vent ; cinq minutes après la sonde ne rapporta plus que dix-huit pieds ; à l'instant la frégate, dont les voiles enflées par un vent violent avaient été peu diminuées, fut portée sur une des parties les plus hautes du banc d'Arguin, au milieu duquel nous nous trouvions, par 19° 36′ de latitude nord et 20° 43′ de longitude occidentale.

A ce cri : « Nous touchons », répété avec l'accent de l'effroi par quelques personnes, à mesure que les secousses du bâtiment augmentaient, tout le monde parut sur le pont. A ce désordre momentané succéda une terreur silencieuse peinte sur le visage de tous les passagers. Ils écoutaient avec anxiété les manœuvres que le capitaine ordonnait et cherchaient à découvrir sur sa physionomie et sur celle de ses officiers quelle était l'étendue du danger. On n'y distinguait qu'une grande inquiétude ; les matelots, dont les mouvements sont passifs même au milieu des plus grands périls, exécutaient avec promptitude des ordres donnés trop tard.

Dès qu'on vit la barre abandonnée par le pilote, le silence fut rompu, des groupes se formèrent, et chacun chercha à se dissimuler un danger qui n'était que trop réel ; des gens qui s'érigeaient en orateurs ouvraient tous à l'envi des avis extravagants, accueillis par l'ignorance du capitaine ; elle fut malheureusement trop manifeste dans cet instant critique ; le désordre de ses idées se dévoilait d'une manière qui excitait l'indignation et à pitié ; au lieu de mouiller une ancre assez forte pour touer la frégate, on ne mouilla qu'une ancre à jet capable de haler tout au plus une chaloupe.

Lorsque notre épouvantable position fut connue et que l'on fut instruit des obstacles presque insurmontables qui nous empêchaient de nous en tirer, la frégate n'offrit plus qu'une scène de confusion et de tumulte; les tables et les chambres qu'on avait établies dans l'entrepont furent brisées, les malles et tous les effets inutiles furent jetés dans la sainte-barbe; l'un donnait des ordres, l'autre les critiquait ou refusait d'obéir; d'un côté on voyait les soldats courir avec effroi, de l'autre les matelots grimper sur les mâts pour amener les vergues; tout était brisé à coups de hache pour aller plus vite.

Au milieu de l'agitation générale on conseilla aux officiers de se revêtir de leurs habits d'uniforme; les soldats ne virent pas sans surprise ce changement; s'imaginant que la frégate était sur le point d'être abandonnée, ils demandèrent hautement que l'on partageât la caisse militaire; le gouverneur chercha, en leur parlant, à les ramener à des idées plus tranquilles : il y parvint; l'ordre se rétablit peu à peu; les officiers, de leur côté, s'occupèrent à dissiper les craintes des plus mutins en leur assurant qu'ils s'échapperaient avant tous les autres et que dès le lendemain on construirait un radeau destiné à sauver toutes les personnes qui se trouvaient sur la frégate; les efforts que l'on tenta de nouveau pour se touer furent infructueux; la nuit vint; la plupart d'entre nous, accablés des fatigues de la journée, se livrèrent au sommeil, malgré les dangers imminents du présent et l'inquiétude que l'avenir devait inspirer.

La nuit était belle, quoique la mer fût un peu houleuse : des hommes à la veille de périr ne pouvaient en être effrayés; peut-être eût-on dû profiter de ce calme presque parfait de la nature pour mouiller une ancre plus forte, mais on laissa perdre un temps toujours précieux dans des conjonctures périlleuses; on ne s'occupa même pas de dresser un plan pour le lendemain; on négligea toutes les mesures que la sagesse prescrit en pareil cas.

Pendant que le plus grand nombre d'entre nous étaient plongés dans un sommeil profond, quelques personnes erraient à pas précipités sur le pont: leurs visages livides, défigurés par la peur et éclairés par les pâles rayons de la lune, retraçaient les scènes d'horreur et de désolation qui venaient de se passer dans cette journée, moins désastreuse encore que celles qui la suivirent.

A peine le soleil se fut-il levé que chacun monta sur le pont; après avoir agité et rejeté plusieurs avis, on s'arrêta à l'idée unique de construire un radeau : elle fut reçue avec transport, tout le monde voulut y travailler ; officiers et soldats, tous y mirent la main; les uns tiraient de la cale les planches, dont heureusement il y avait une ample provision à bord; les autres jetaient les vergues à la mer; on faisait beaucoup de choses, mais on les faisait mal, parce qu'on n'était dirigé par personne. Sur les deux heures de l'après-midi le radeau fut en état de recevoir des passagers; il était solidement construit, couvert en planches, mais incapable de porter tous les hommes qu'on avait le projet d'y entasser; on avait les yeux sur ce fragile sauveur ; on y fondait l'espoir du salut. Au moment où on le construisait, on eût pu alléger la frégate et dépêcher à Saint-Louis un canot pour y annoncer notre malheur; mais l'on se contenta de jeter à la mer une quarantaine de barils de farine; et sur l'observation du gouverneur qu'on devait conserver avant tout les subsistances, on se débarrassa de plusieurs barils de poudre, comme si ce faible allégement eût suffi pour diminuer le tirant d'eau de la frégate.

Pour mettre le comble à tant de fautes, on coula sur

l'avant à bâbord des canons qu'il eût été facile de jeter au loin avec le secours du radeau; à la marée montante les secousses du bâtiment devinrent plus fortes; la cale se remplit, et chacun, se mettant aux pompes, essaya de l'affranchir; efforts inutiles!

Cependant les officiers, voulant profiter de la crue d'eau que le flot amenait, firent mouiller une ancre au large; on vira au cabestan, et le bâtiment flotta. Ce furent des transports de joie incroyables; on s'écria : « Nous sommes sauvés! » Cet espoir ayant donné de nouvelles forces, on vira avec plus d'ardeur, et la frégate flotta davantage; mais tout à coup cette manœuvre fut abandonnée. Alors la frégate, se formant un nouveau lit dans le sable, reçut une secousse si violente que le gouvernail fut démonté et qu'une voie d'eau considérable se déclara; c'était vers les six heures du soir; le maître calfat, voyant quelques instants après que les esprits étaient échauffés par le vin, qui avait été prodigué, demanda de nouveau des bras pour affranchir la frégate, prétendant que pour l'alléger il avait percé les barriques d'eau et de vin; tout le monde offrit ses services, et personne ne douta de la sincérité du maître.

La soirée s'étant passée à pomper sans que la cale cessât de se remplir, il ne fut plus possible de se faire illusion sur notre position désespérée; alors on ne s'occupa que des moyens de quitter la frégate, que l'on ne pouvait plus sauver; la place de chacun lui fut assignée dans les chaloupes; les malles des passagers furent brisées, les effets qu'elles contenaient donnés aux matelots et aux soldats; malgré le désordre que devait amener ce partage, on ne vit toutefois s'élever aucune rixe sanglante.

Vers minuit, les militaires vinrent annoncer avec effroi que les matelots avaient l'intention de s'emparer des chaloupes et de se sauver seuls; ils déclarèrent qu'ils voulaient les garder et placèrent en conséquence à divers endroits des sentinelles dont les fusils étaient chargés.

Au point du jour, le 5 juillet, la désolation fut générale : ici l'on remplissait de biscuits des tonneaux et des malles, que l'on jetait sans aucune précaution à la mer; le courant les emportait au large, et tout était perdu; là des soldats enfonçaient des coffres pour en retirer les plus riches vêtements dont ils s'affublaient; la chambre du capitaine était envahie particulièrement par les matelots, qui s'y précipitaient en foule pour en arracher tout ce qu'ils y trouvaient de précieux; ils en sortaient tellement chargés qu'ils ne songeaient pas à ramasser l'argent répandu sur le plancher; on rencontrait étendus sur les canons des hommes qui avaient préféré le vin et les liqueurs du capitaine à son coffre-fort; l'un d'eux, couché sur son hamac, n'en sortit qu'après en avoir été chassé par l'eau qui finit par gagner jusqu'à l'entrepont. Enfin l'ordre fut donné de s'embarquer; l'opération n'était guère praticable, car les chaloupes se tenaient au large, dans la crainte d'être encombrées par la foule, qui voulait s'y précipiter; on commença donc par faire descendre les soldats à la hâte sur le radeau : les officiers les y poussaient avec violence ou s'y rendaient en même temps qu'eux et leur arrachaient tout ce que le pillage leur avait procuré, principalement les armes, dont leur fureur devait faire un si terrible usage sur le radeau ; mais on ne put pas malheureusement les leur enlever toutes. Le matelot, plus expérimenté, restait tranquille sur le pont, certain de trouver dans les canots des camarades pour le sauver. Le radeau se trouva cependant tellement chargé de monde qu'on y enfonçait dans l'eau jusqu'aux genoux.

Quand le gouverneur fut parti dans un des grands

canots, les autres et la chaloupe ne tardèrent pas à se remplir de passagers ; le capitaine restait pourtant encore sur le bâtiment, où se trouvaient aussi soixante-treize personnes ; il ne garda pas longtemps ce poste d'honneur, et, profitant du trouble général, il se laissa glisser le long d'un cordage dans son canot et poussa au large ; on lui tira quelques coups de fusil, mais aucun ne l'atteignit.

Les canots, ayant complété leur chargement, prirent le radeau à la remorque avec beaucoup de peine. La chaloupe, après s'être d'abord éloignée aussi de la frégate, y était ensuite retournée, touchée du sort des malheureux qui se trouvaient encore à bord ; l'officier qui commandait la chaloupe déclara que, dût-il même périr, il sauverait tout le monde, sentiment de générosité bien rare au milieu de dangers aussi imminents, et qui sera le seul que j'aurai à citer dans l'histoire de notre horrible naufrage. M. Espiaux (c'est ainsi que s'appelle cet officier) monta sur le bâtiment et reçut dans sa chaloupe jusqu'à quatre-vingt-dix personnes ; il voulait même en prendre davantage ; mais les hommes qui restaient encore, craignant que la chaloupe ne chavirât, ne voulurent pas y entrer.

Les canots remorquaient avec difficulté le radeau trop enfoncé dans la mer, lorsque la chaloupe du brave Espiaux, prête à couler bas, arrive chargée de monde dans le dessein d'en mettre une partie dans les canots ; elle s'approcha de celui où j'étais avec une telle impétuosité que nous n'eûmes que le temps de la repousser avec les mains. A l'instant on entendit crier de chacun des canots : « La chaloupe veut nous submerger tous ! » A ces mots la remorque est coupée, et le radeau laissé seul au milieu des eaux.

Quel spectacle affreux s'offrait alors de tous côtés à nos regards ! Là notre belle frégate couchée entièrement sur le flanc de bâbord, et plus près de nous nos infortunés compagnons entassés sur le radeau; leurs têtes seules paraissaient au-dessus des flots; leurs cris douloureux, un pavillon blanc qu'ils avaient élevé à la hâte, étaient un appel à notre humanité pour aller à leur secours, les ramener à la frégate ou les conduire vers la côte, qui n'était pas éloignée, comme nous fûmes à même de nous en assurer le soir même; on fit, il est vrai, un mouvement pour se diriger vers le radeau; ce retour à des sentiments généreux ne dura que quelques instants; l'égoïsme et la lâcheté en triomphèrent; ceux qui nous guidaient furent inébranlables dans leur barbare résolution, et nous cessâmes bientôt de voir la frégate ainsi que le radeau!!!

J'étais sur l'embarcation de M. Maudet, où je n'avais obtenu une place qu'à force de prières, tant les rangs y étaient déjà pressés. Ayant perdu de vue les canots et la chaloupe dans la journée, nous voguions incertains sur notre position; enfin, le soir, nous découvrîmes la terre. Plusieurs bateaux, que nous crûmes être ceux des Maures, y étaient mouillés le long du rivage : c'étaient les nôtres, comme nous l'apprîmes dans la suite. Le cap Mérich leur avait semblé un endroit favorable pour y débarquer soixante-trois hommes de la chaloupe, qui, à l'instigation de M. Leschenault, botaniste, voulurent descendre à terre. La mer était si basse en cet endroit que la chaloupe toucha plusieurs fois; les hommes que l'on déposa sur la plage reçurent un peu de biscuit, de la poudre et des fusils, et partirent avec ces provisions. Ces hardis aventuriers contribuèrent sans s'en douter à la conservation de quinze individus qui se trouvaient dans la yole et qui n'auraient pu sans leur départ trouver place dans la chaloupe au moment où leur embarcation allait périr.

La nuit fut orageuse; nous fûmes continuellement

occupés à sonder ; quoique naviguant fort loin de terre, la sonde ne rapportait que deux pieds ; notre inquiétude était extrême ; en effet, que fussions-nous devenus si nous eussions touché ? La mer devint tellement houleuse sur les cinq heures du matin, que l'horizon ne s'étendait pas pour nous à plus de cinquante pas. Tantôt élevés sur la cime des lames, nous retombions ensuite au fond d'un abîme, d'où nous voyions des masses d'eau suspendues sur nos têtes et prêtes à nous engloutir ; on pourra se faire une idée du danger auquel nous étions exposés, en songeant que nous étions vingt-six personnes dans une embarcation de huit avirons, mal construite et en assez mauvais état ; une large fente avait été réparée à la hâte avec une lame de plomb. On avait même été obligé pour lester notre canot de faire coucher trois hommes dans le fond ; il était défendu de bouger sous quelque prétexte que ce fût, pas même pour satisfaire les plus pressants besoins de la nature. Nous n'avions pour toutes provisions qu'un petit tierçon de vin ; nous le perdîmes cette nuit même, par la négligence d'un matelot qui oublia de le fermer, étourdi par la chute des lames qui tombaient à chaque instant sur notre frêle nacelle.

Nous aperçûmes, le 7 juillet, un bâtiment que nous prîmes de loin pour un brick. On s'imagina d'abord que c'était l'éclaireur d'une escadre de pirates maures ; l'alarme fut générale, l'on se prépara au combat ; le corsaire semblait venir sur nous à toutes voiles ; notre inquiétude ne faisait que s'accroître, car des pistolets sans pierre, sans poudre, ne pouvaient nous mettre à l'abri d'un coup de main. Mais quelle fut notre surprise et notre joie en reconnaissant sur le prétendu corsaire des amis, des compagnons ! C'était la grande chaloupe ; elle nous envoya deux bouteilles d'eau-de-vie, qui servirent à nous donner des forces et du courage.

Durant tout le reste de la journée, nous côtoyâmes les rivages arides du Sahara. Des nuages de sable tombés la veille sur notre canot nous avaient montré que nous n'étions pas éloignés de ce désert. Nous distinguâmes, vers six heures du soir, une troupe d'Arabes occupés auprès de leurs tentes à raccommoder leurs filets. Dès qu'ils nous virent mouiller en face de leurs habitations, ils nous prirent pour des ennemis, montèrent sur leurs chameaux et s'enfuirent rapidement dans les bois qui dominaient l'endroit où ils étaient campés. Deux de nos gens, dévorés par la soif, prirent le parti de se rendre à terre au risque d'être faits prisonniers; ils se jetèrent à la mer, et malgré la lame, qui est très forte le long de ces côtes, ils arrivèrent au camp arabe. Ayant trouvé du poisson sec et de l'eau dans des outres, ils s'en régalèrent et revinrent sans avoir fait d'autres découvertes. Chacun envia leur bonheur et on leur adressa des reproches de n'avoir pas apporté d'eau; le pouvaient-ils, avec la difficulté qu'ils avaient éprouvée à nager au milieu des brisants? Mais la sensation pénible d'un besoin extrême rend l'homme injuste et querelleur.

Dans la nuit du 7 au 8, nous vîmes un de nos canots : c'était celui de M. Laperère; cette rencontre nous inspira plus de confiance; nos embarcations, au nombre de trois, formaient une escadre assez redoutable pour les pirates qui, nous disait-on, infestaient ces mers. Mais ce n'étaient pas les Maures que nous avions le plus à craindre : ceux qui devaient reculer le terme de nos maux étaient parmi nous.

Nous nous étions élevés beaucoup au large pendant la nuit, c'est pourquoi une partie de la journée du 8 se passa sans que nous pussions apercevoir la terre; nous la découvrîmes enfin vers deux heures de l'après-midi. On était généralement mécontent de la longueur d'une route qu'on avait représentée comme touchant à sa fin ; les officiers, peu d'accord sur la situation des lieux où ils se trouvaient, assuraient tantôt que nous étions à Portendick, et tantôt que nous avions dépassé l'embouchure du Sénégal. Les matelots de notre canot, las de tant d'incertitudes, murmurèrent et dirent que, dussent-ils être menés à Maroc, ils préféraient mourir de fatigue plutôt que de rester au milieu de la mer. Afin de ne pas éprouver de résistance, ils se disposèrent à couper les manœuvres et à faire ainsi arriver notre embarcation à terre. A la faveur des ombres de la nuit, ils s'étaient emparés des armes : on fut donc obligé de céder ; et le canot, conduit avec une rare prudence par le matelot Lange, échoua sans accident sur le sable, quoique la mer déferlât avec violence.

Dans quel état pitoyable nous mîmes le pied sur ce continent de l'Afrique, où nous devions entrer en maîtres ! Nos habits et nos cheveux étaient couverts de sable ; notre costume nous avait rendus méconnaissables à nous-mêmes, la plupart ayant dans le premier moment mis vêtement sur vêtement pour en sauver davantage ; mais nous nous étions à peine éloignés de la frégate que la plupart n'avaient gardé que les vêtements dont on ne pouvait se débarrasser sans offenser la pudeur ; c'était réellement un spectacle curieux, bien qu'affligeant, de voir cette réunion d'hommes si diversement habillés : les uns étaient sans bas, sans souliers, pendant que d'autres avaient des bottes fortes, qui leur servirent plus tard d'outres pour porter de l'eau.

Notre premier soin en débarquant fut de chercher dans le sable cette eau, après laquelle nous avions tant soupiré : nos recherches furent inutiles. Les matelots, punis de leur imprudence, demandèrent à marcher en avant. A peine avions-nous fait quelques pas que les embarcations de MM. Laperère et Espiaux, imitant notre exemple, se firent échouer, sans que la vue des souffrances qu'allait endurer la famille nombreuse et encore très jeune du sieur Picard pût arrêter les matelots. Il est vrai qu'ils réparèrent cette faute en la portant dans leurs bras, pendant toute la route que nous fîmes depuis.

Le soleil allait descendre sous l'horizon, lorsque, nous reposant sur le bord de la mer, quelques-uns d'entre nous qui s'étaient enfoncés un peu dans l'intérieur du pays, s'aperçurent qu'en creusant la terre à quelque distance du rivage on trouvait de l'eau, qu'ils nous dirent avoir goûtée et trouvée délicieuse. Sur la foi de leurs récits toute la caravane, composée de quatre-vingt-six personnes, se transporta aussitôt au lieu indiqué et chacun, travaillant des pieds et des mains, se mit à creuser des puits; on en eut bientôt fait plus de trente; la terre était glaiseuse; l'eau, que l'on trouva à quatre pieds au plus de profondeur, nous parut excellente. Je puis assurer sans exagération que chaque personne avala près de cinq ou six pintes d'eau en moins d'une heure, sans que personne en fût incommodé. Nous remplîmes quelques bouteilles que nous avions conservées, nos bottes, nos souliers, nos chapeaux; ranimés par le soulagement que nous venions de recevoir et qu'une transpiration excessive nous avait rendu si nécessaire, nous marchâmes gaiement une partie de la nuit. On peut s'imaginer le bien-être que nous devions éprouver après avoir été pendant trois jours sans boire.

La clarté de la lune et la côte de la mer guidaient nos pas dans un pays qui nous était inconnu; obligés, pour ne pas nous égarer, de suivre toutes les sinuosités que décrivaient les bords de l'Océan, notre chemin et nos souffrances ne firent que s'accroître. Vers minuit la fatigue d'une marche aussi pénible nous força de nous reposer. Nous dormîmes jusqu'au lever du soleil, quoique couchés sur un sable humide que la mer venait de quitter. Nous étions en outre inondés par la rosée, qui sous les tropiques ressemble à une pluie abondante. La chaleur brûlante du soleil vint enfin sécher nos habits, imprégnés d'eau et de sel, et nous reprimes notre pénible voyage. Ce jour-là quelques misérables qui se trouvaient dans notre troupe formèrent le projet de massacrer les officiers, afin de s'emparer de l'or dont ils les supposaient chargés; j'en entendis plusieurs se proposer d'embrasser la vie errante des Arabes, après avoir préalablement pillé la caravane. Ce dessein ne me surprit pas, d'après le peu de respect que devaient inspirer à ces hommes les incertitudes et les divisions de ceux qui auraient dû leur donner l'exemple de l'union et du bon ordre. Cependant leurs plans funestes ne furent pas mis à exécution.

Quoique nous fussions épuisés par la fatigue et la soif, nous ne nous arrêtions pas un instant ; nos pieds, gonflés par la chaleur excessive que produisait la réverbération des rayons du soleil, nous faisaient éprouver les plus vives douleurs, auxquelles l'eau de la mer n'apportait qu'un faible soulagement. Quelques asclépias, seules plantes qui croissent sur cette côte aride, nous causèrent, par la blancheur des aigrettes soyeuses dont leurs graines sont enveloppées, une singulière méprise : nous les prîmes, dans le lointain, pour des tentes d'Arabes, et nous y courûmes avec empressement; nous fûmes bientôt tirés de notre erreur, mais nous remarquâmes avec joie, en montant sur une colline de sable, que le pays, dans l'intérieur, était assez ombragé. Quelques traces de chameaux que nous observâmes aussi, furent pour nous un indice certain que nous rencontrerions ou des fers ou de l'eau.

Nos yeux, éblouis par la réverbération du soleil sur un sable blanc et brûlant, ne nous offraient plus que des illusions que notre esprit saisissait avidement, les prenant pour des réalités ; ainsi nous crûmes apercevoir un fleuve à une distance éloignée ; nous distinguions ses bords escarpés ; son cours même nous paraissait rapide ; nous nous détachâmes, en conséquence, au nombre de trois, pour aller à la découverte. Après avoir traversé une plaine d'une étendue considérable, naguère inondée, ce qui ne nous laissa plus de doute sur l'existence de ce fleuve, nous reconnûmes enfin, après avoir longtemps marché, que ce que nous avions pris pour une rivière n'était qu'un effet du mirage, qu'on remarque souvent dans les plaines sablonneuses de l'Afrique. M. Rogerie, qui se trouvait parmi nous, s'en rapportant plus à ses lumières qu'aux nôtres, partit seul pour s'assurer par ses propres yeux que c'était le Sénégal. Nous ne le revîmes pas ; mais le soir même, à ce qu'il nous a depuis raconté, il rencontra une tribu de Maures, qui s'étaient déjà rendus maîtres d'un de nos compagnons que le goût de la botanique avait précédemment porté à quitter la caravane pour herboriser. Tous deux, après avoir subi une visite très exacte, furent entièrement dépouillés de leurs vêtements et conduits à Saint-Louis, où les Maures les vendirent à notre gouverneur, pour une somme assez modique. Ils avaient éprouvé quelques mauvais traitements pendant la route ; on leur avait donné à manger du *sanglé,* bouillie de lait caillé et de mil, dont se nourrissent les tribus du désert voisines du Sénégal.

La chaleur devint insupportable vers midi ; le sable était tellement brûlant qu'il nous était impossible de rester une minute à la même place. Près de manquer entièrement de forces, nous choisîmes, pour y faire halte, une gorge placée entre deux collines couronnées de petits arbrisseaux. Tandis que chacun s'occupait à se former un abri contre la chaleur avec ses vêtements, plusieurs d'entre nous, qui étaient allés puiser de l'eau à une fontaine voisine et cueillir du pourpier, notre unique nourriture depuis deux jours, s'écrièrent tout à coup : «Voici les Maures!» L'effroi s'empara aussitôt de chacun et le trouble fut extrême. On rassembla avec précipitation ses habits et l'on courut voir ces maîtres et leur demander à boire. Combien ne rougîmes-nous pas de notre pusillanimité! Nous nous attendions, d'après les cris de nos camarades, à rencontrer des escadrons nombreux d'Arabes ; nous ne trouvâmes au contraire que trois tentes, sous lesquelles étaient assises trois femmes d'une maigreur excessive et non moins effrayées que nous-mêmes. Une petite fille, qu'elles firent partir à notre insu, alla aux Lougans avertir les Maures de notre arrivée.

Que ce peuple pauvre nous sembla riche alors! Chacun de nous enviait les trésors des ces femmes, qui consistaient en mil, en lait et en eau puante et bourbeuse. Elles nous en fournirent aussitôt, mais au poids de l'or. Les soldats, ordinairement si peu scrupuleux en Europe, respectèrent pour la première fois des biens qu'il eût été en quelque sorte excusable d'enlever ; il est vrai que leur modération ne fut due qu'à la quantité énorme d'argent dont ils étaient chargés. Peu accoutumés à en posséder tant à la fois, ils en étaient prodigues ; la tasse de lait fut payée six francs, une poignée de mil douze francs, et d'un autre côté deux sols ; ce qui prouve que les Mauresses ne connaissaient pas la valeur de la monnaie européenne.

On acheta un chevreau, que l'on mit à l'instant sur le feu : car aussitôt que la soif fut apaisée nous ressentîmes les déchirements de la faim. En attendant notre frugal repas, nous entretenions sans trop les comprendre nos hôtesses. Elles étaient hideuses ; leurs jambes, aussi fines que celles d'une gazelle, soutenaient un corps dont la maigreur n'était cachée que faiblement par leurs pagnes. Si la couleur de leur peau était d'un brun sale, leurs dents, en revanche, étaient d'une blancheur éblouissante. Leurs yeux avaient la vivacité de l'éclair. Tout, chez ces créatures, respirait la fourberie et la méchanceté; semblables à des oiseaux de proie, leurs regards incertains se promenaient de tous côtés pour découvrir un nouveau butin. Leur habitude de mendier n'était pas moins insupportable que leur infatigable loquacité. Les enfants qu'elles allaitaient étaient d'une laideur repoussante; les tentes que ces femmes habitaient étaient faites avec du poil de chèvre et de chameau. Fermées du côté de l'est, on n'y voyait pour tout ameublement que quelques outres, des chaudières, et des entraves en fer pour attacher les chameaux.

Après avoir réparé nos forces avec le chevreau que nous avions fait griller, nous nous préparions avec allégresse à reprendre notre pénible voyage, lorsque nous aperçûmes sur une élévation trois Maures conduisant trois de nos compagnons, qu'ils avaient arrêtés et qu'ils menaçaient de leurs bâtons. Cette rencontre inattendue suspendit notre marche, et nous attendions l'issue de ce nouvel incident avec une vive impatience mêlée d'inquiétude, quoique les gestes, que ces Maures répétaient en s'approchant de nous, nous indiquassent que leurs menaces n'étaient qu'un jeu et que leurs dispositions n'étaient pas hostiles. En effet, arrivés près de nous, ils nous serrèrent à tous la main, et nous crûmes voir des amis en les entendant parler anglais. Ils étaient accompagnés d'un fort bon nègre qui paraissait être leur maître. Après quelques pourparlers, qui se terminèrent par l'enlèvement de quelques effets et d'un habit dont le nègre se revêtit, ils tinrent conseil. Intimidés sans doute par le nombre de personnes qui composaient notre caravane, ils nous promirent de nous conduire à Saint-Louis et de nous fournir des ânes, dès qu'ils auraient atteint leur camp, qui, suivant ce qu'ils nous dirent, n'était pas éloigné. Nous nous remîmes en route d'après l'assurance qu'ils venaient de nous donner que nous n'étions pas loin de leurs habitations. A chaque instant nos guides nous disaient, pour augmenter notre courage, que nous allions bientôt les apercevoir; cependant la nuit vint avant que nous y fussions arrivés. Les soupçons succédèrent aussitôt à notre excès de confiance; nous menaçâmes les Maures qui nous conduisaient, et nous étions prêts à leur faire payer cher leur perfidie, lorsqu'enfin, s'arrêtant devant un monticule, ils nous firent comprendre qu'il nous dérobait la vue des tentes placées par derrière, et nous invitèrent à les suivre; comme nous balancions sur le parti que nous avions à prendre, parce qu'il nous semblait plus prudent d'attendre le jour, un des Maures, remarquant notre incertitude et en devinant la cause, nous fit signe qu'il y avait de l'eau dans les tentes. Cette promesse suffit pour écarter notre indécision. A la faveur des premiers rayons de la lune, nous découvrîmes une trentaine de tentes, dont les propriétaires, éveillés par les aboiements de leurs chiens, se présentèrent à nous, au nombre de cinquante hommes armés.

La retraite était désormais impossible; aussi fîmes-nous bonne contenance. Nous n'eûmes point à nous plaindre de nos nouveaux hôtes. Un marché s'établit bientôt entre nous; les Maures offrirent à notre avidité des poissons secs, de l'eau, du lait; tout fut chèrement payé; mais que valait alors l'argent auprès d'un verre d'eau? Nous vîmes avec une double surprise les Maures étendre des nattes à terre et nous inviter à nous y asseoir; malgré les sentinelles que nous avions placées à chaque coin de notre halte, nous dormîmes peu, à cause de la défiance que nous inspiraient ces marques excessives d'hospitalité et de bienveillance. D'ailleurs, les disputes de nos hôtes n'étaient nullement propres à l'apaiser. En effet, durant une partie de la nuit ils ne cessèrent de se quereller. « Notre esclavage, nous demandions-nous sans cesse, est-il le sujet de leur discussion ? » Le jour vint dissiper nos alarmes ; nous nous levâmes tous à un signal donné ; et quelques-uns d'entre nous montèrent sur des ânes qu'on leur avait loués moyennant une pièce d'or.

Nous reprîmes donc le chemin du Sénégal, dont les Maures prétendaient que nous étions proches. Nous en avions pris trois pour nous accompagner. Ils appartenaient à la tribu des Trarzas. Le désir qui nous animait d'arriver promptement à Saint-Louis doubla notre courage et nos forces ; le chemin était aussi plus large et plus commode pour nos piétons ; car jusqu'alors, pressés entre la mer et des collines de sable, nous ne marchions qu'avec bien de la peine sur une plage où nos pieds enfonçaient à chaque pas.

Pleins de confiance dans les promesses de nos guides, nous regardions nos dangers comme terminés et, oubliant nos infortunes, nous nous transportions déjà en imagination sur les rives du Sénégal, lorsqu'un de nos Maures, prenant tout à coup un air sinistre et inquiet, nous fit entendre que derrière une élévation qui paraissait sur notre gauche, et un peu devant nous, demeurait une tribu redoutable contre laquelle nous aurions peut-être à combattre. A ces mots l'un d'eux, plus prompt que l'éclair, courut vers le lieu objet de nos frayeurs ; nous nous crûmes trahis, et, saisissant nos autres guides, nous nous proposâmes de les garder comme otages.

Nous ne tardâmes pas à voir paraître un nombre considérable de Maures ; ils étaient sans armes, ce qui nous rassura un peu. Un officier de troupe, qui se trouvait parmi nous, nous fit cependant ranger en bataille : armée vraiment digne de lutter avec les ennemis qui s'offraient à nous, car nous n'avions que des avirons brisés, des bâtons ou des armes à feu sans poudre et sans pierre ; malgré un appareil aussi peu redoutable, notre front, composé d'une quarantaine de personnes, imposa sûrement à nos adversaires ; car, loin de montrer des dispositions hostiles à notre égard, ils promirent à un officier de marine que nous leur avions envoyé, qu'ils nous fourniraient toutes les provisions dont nous pourrions avoir besoin, engagement qu'ils remplirent à l'instant.

Pendant ces pourparlers, un spectacle bien plus intéressant attira toute notre attention. Un bâtiment se montrait à l'horizon ; les signaux fréquents que nous lui fîmes, les mouchoirs que nous mîmes au bout des bâtons, furent aperçus par le capitaine Parnageon, qui le commandait ; devinant que nous étions les naufragés qu'il était chargé de secourir, il laissa tomber l'ancre ; sa manœuvre nous combla de joie et nous promîmes aussitôt à un Maure une bonne récompense s'il se rendait auprès de nos sauveurs ; il y consentit, et l'on écrivit à la hâte une lettre qu'on renferma dans une bouteille qui fut attachée au cou du Maure. Quoique la distance de la côte au bâtiment fût de près d'une demi-lieue et que la mer brisât avec fureur sur le rivage, notre intrépide nageur parvint à bord du bâtiment dans l'espace d'une heure. M. Parnageon chargea notre messager de nous remettre une réponse pleine de consolations ; il l'accompagna d'un tierçon de vin et d'une barrique de biscuits que notre Maure, aidé des courants, amena à terre sans accident. Nous apprîmes par la lettre que ce secours inattendu nous était envoyé par le brick *l'Argus*. On fit sur-le-champ le partage de ces provisions; mais, par une inconséquence bien inconcevable, on abandonna une demi-caisse de biscuits à ces mêmes Maures qui nous vendaient au poids de l'or une goutte d'eau. On se cotisa et l'on donna quarante francs à l'habile nageur qui nous avait rendu le service signalé d'aller à bord de *l'Argus*.

Les habitants du désert ne cessaient cependant de nous montrer par leurs questions combien ils étaient frappés d'un spectacle si nouveau pour eux. Le soir nous fîmes une rencontre qui n'était pas moins extraordinaire. Nous aperçûmes devant nous des chameaux que montaient deux Maures et un homme habillé à l'européenne. Nous nous perdions en conjectures sur ce singulier incident, lorsque ce personnage, arrivé près de nous, nous raconta qu'il était Irlandais, et qu'en apprenant la nouvelle de notre infortune, il était de lui-même accouru près de nous pour guider notre marche et nous protéger chez les Maures au nom de son gouvernement; il nous dit aussi que nous n'étions plus qu'à une vingtaine de lieues de Saint-Louis. Un secours aussi inattendu fit renaître toutes nos espérances; nous nous étions regardés comme abandonnés à notre malheureux sort, et, par un bonheur inouï, des étrangers venaient l'améliorer. Cette consolation nous fit goûter pendant la nuit un sommeil tranquille.

Malgré nos souffrances, qui exigeaient un plus long repos, nous repartîmes au lever de l'aurore pour le Sénégal. Les marabouts qui avaient accompagné le généreux Irlandais le quittèrent pour aller au-devant de nos compagnons, qu'on supposait être arrivés alors à Portendick. Ce ne furent pas, au reste, les seuls secours que l'humanité s'efforça d'apporter à nos maux. Une goélette se fit voir à l'horizon dans la journée; elle fit d'inutiles tentatives pour nous envoyer quelques provisions; les brisants firent chavirer son canot et nous n'eûmes d'autre consolation que celle de voir se sauver les hommes qui s'y trouvaient. Après une marche pénible, nous arrivâmes vers sept heures du soir sur les bords du Marigot des Maringoins[1]; ce ruisseau était encore à sec, mais nous trouvâmes un peu d'eau dans un puits que les Maures avaient creusé auprès. Nous nous y arrêtâmes pour y passer la nuit; alors le ciel parut prêt à exaucer, fort à contre-temps pour nous, la prière que nous lui avions souvent adressée pour obtenir une de ces pluies abondantes qu'il verse sous les tropiques. En effet, l'horizon se couvrit tout à coup de ces nuages noirs et épais, précurseurs ordinaires d'un déluge; mille éclairs sillonnaient l'horizon; la foudre, qui grondait dans le lointain, semblait nous menacer d'un orage affreux; toutefois nos alarmes cessèrent bientôt; le ciel s'éclaircit et nous permit de faire tranquillement le repas le plus copieux que nous eussions pris depuis notre naufrage.

Les Maures, attentifs à pourvoir à nos besoins, s'étaient procuré un bœuf; l'un d'eux le saisit par les cornes, le terrassa et le frappa au cou avec son couteau. On alluma promptement des feux avec les broussailles qui couvraient le lieu où nous nous étions arrêtés, et l'on s'en servit pour faire griller la chair de l'animal. Notre faim aiguë ne nous laissait pas le temps d'attendre que cette viande mêlée de sable, de poils et de charbons fût entièrement cuite : nous la dévorions presque aussitôt qu'on l'avait mise sur le feu. Nous ressemblions à ces animaux carnassiers dont les lugubres rugissements troublaient de temps en temps le silence des solitudes où nous avions fait halte. Heureusement, on ne fut pas plus incommodé de ce genre d'excès

---

1. C'est un petit bras du Sénégal, qui se décharge dans l'Océan lorsque les eaux de ce fleuve ont toute leur crue.

que de tous les autres; au contraire, après que nous eûmes pris une si grande quantité d'aliments de difficile digestion, le sommeil ne tarda pas à appesantir nos paupières, et le soleil était depuis longtemps sur l'horizon quand les Maures nous réveillèrent au nom du Sénégal.

Ce signal suffit pour nous faire mettre promptement en route; c'était à qui monterait sur une élévation pour découvrir ce fleuve, terme si désiré de toutes nos peines. Enfin, au détour d'un petit bois de mimosas, quels furent notre étonnement et notre joie! Nous vîmes le fleuve, et tout le monde courut s'y désaltérer. Il était midi; la chaleur qui nous dévorait ne nous permit pas de songer aux crocodiles, et chacun se plongea dans les eaux salutaires du Sénégal. Peu de temps après notre arrivée sur les bords du fleuve, la nouvelle s'en répandit jusqu'à Saint-Louis; des nègres arrivèrent de tous les côtés avec leurs pirogues, chargés de lait, de mil et de beurre. Mais notre palais desséché ne put trouver un fruit pour apaiser notre soif, toujours renaissante. Riche des dons de la nature, l'Afrique centrale n'en a pas reçu cependant ces présents délicieux qui adoucissent les peines de l'exil que l'Européen va chercher dans les autres colonies. Nous aperçûmes, vers deux heures de l'après-midi, un canot venant à toutes voiles de Saint-Louis vers le lieu de notre halte; il nous apportait des vivres, qui consistaient en biscuit, fromage et vin de Madère; la cargaison d'un vaisseau composée de pareilles denrées n'aurait pas suffi à notre faim: aussi les provisions du canot furent-elles promptement épuisées; une partie de notre monde s'embarqua sur le canot, une chaloupe qu'on avait amenée servit également à transporter à Saint-Louis le reste des naufragés de notre troupe; nous y arrivâmes vers six heures du soir. Plusieurs habitants de cette île erraient de tous les côtés pour nous offrir l'hospitalité. Quant à moi, recueilli chez l'un d'eux (M. Lasalle), je trouvai dans la maison de ce Français généreux tous les soins que l'amitié la plus tendre peut prodiguer à l'infortune.

C'est ainsi qu'après cinq jours d'une marche fatigante de près de soixante lieues sur les sables brûlants du Sahara, nous arrivâmes, le 13 juillet 1817, sans avoir perdu un seul homme, à l'île Saint-Louis. Le canot que montaient le gouverneur et le commandant de la frégate nous y avait devancés de quatre jours. Intimidés par la présence de ces deux chefs supérieurs, les matelots n'avaient point cherché comme les nôtres à aborder la côte du désert. Notre séjour dans le désert nous avait déshabitués de la vie civilisée, tout était magnifique pour nous; les mets, les vins, que l'hospitalité nous offrait chaque jour, nous paraissaient délicieux; le souper obscur de l'artisan n'eût-il pas été un festin de Lucullus, auprès des crabes crus et du pourpier sauvage qui avaient formé notre nourriture dans le désert?

Nous avions espéré que nous trouverions à Saint-Louis le terme de nos souffrances et nous nous préparions à jouir de tous les biens que nous prodiguait l'hospitalité des habitants; mais la fortune, qui se lasse quelquefois de persécuter les malheureux, acharnée contre nous, ne nous laissa pas longtemps dans cette douce erreur. Les Anglais, qui commandaient au Sénégal, ne nous accordèrent que trois jours pour nous remettre de nos fatigues. Nous reçûmes l'ordre, le 17 juillet, de quitter la colonie et de nous embarquer pour le cap Vert, qu'on avait désigné pour être le lieu de notre séjour. On attendait que de nouveaux ordres du cabinet anglais autorisassent le gouverneur à restituer les colonies de la Sénégambie à des Français qui, par la perte de leur frégate, se voyaient dans l'impossibilité de les redemander les armes à la main. Les agents subalternes du gouvernement anglais s'appliquèrent à nous faire une peinture enchanteresse du cap Vert; on nous le représenta comme un pays couvert d'arbres odoriférants; les ruisseaux le traversaient dans tous les sens, nous disait-on, et y fournissaient une eau limpide et abondante. Nous devions aussi trouver sur le cap Vert des maisons non moins commodes que celles de Saint-Louis. Nous ajoutâmes naturellement peu de foi à des récits aussi pompeux, nous savions trop à nos dépens ce que pouvaient être cette aisance et le bonheur qu'on nous disait exister sur la côte d'Afrique, loin de la civilisation européenne; mais, habitués à souffrir et ne voyant d'ailleurs dans l'état de dénuement où nous étions aucun moyen de nous soustraire aux ordres rigoureux qu'on nous intimait, nous nous séparâmes tristement de nos hôtes de Saint-Louis, et le même jour nous passâmes la barre du Sénégal, dont tous les voyageurs ne parlent qu'avec effroi. Depuis dix ans sa position est changée, elle est plus au sud; elle est formée par un banc de sable, que onze pieds d'eau au plus couvrent en toutes saisons; ce passage est fort dangereux dans les raz de marée, et souvent il n'est pas praticable, à cause de la fureur avec laquelle brisent trois lames qui se suivent à peu d'intervalle l'une de l'autre; le navire qui touche alors sur le banc est englouti en peu d'instants. Le nombre des bâtiments qui se sont perdus depuis trente ans a bien diminué, à cause de l'expérience des pilotes actuels. Le Sénégal, à l'époque où nous le quittâmes, était dans le commencement de sa crue, et déjà ses eaux, à près d'une demi-lieue de son embouchure, ne se mêlaient pas avec celles de la mer.

La gabare *la Loire*, où nous nous embarquâmes, mit le lendemain à la voile pour le cap Vert. La mer était tranquille ; mais, à peine échappés à la fureur de ce terrible élément, ce n'était pas sans crainte que chacun de nous lui confiait de nouveau sa destinée. Couchés presque nus sur le pont de la gabare, exposés à la pluie et aux vents froids des nuits du tropique, combien de fois ne regrettâmes-nous pas la ville dont on nous avait fait si cruellement sortir. Enfin, après mille désagréments, qu'il serait inutile et fastidieux de détailler, nous descendîmes, le 21 juillet, au village de Dakar, situé sur la presqu'île du cap Vert. Nous trouvâmes sur cette côte sauvage quatre maisons bâties à l'européenne ; elles appartenaient à des habitants de Gorée, qui s'en étaient servis jadis pour faire la contrebande. Toutes ces habitations étaient dans le plus affreux délabrement, sans toit, sans porte, sans fenêtre ; quelques réparations qu'on y fit à la hâte les rendirent ensuite moins incommodes. L'une de ces maisons fut réservée pour les marins, l'autre servit de caserne aux militaires ; quant au reste des naufragés, ils se logèrent, aussi bien qu'il leur fut possible, dans les deux autres. L'occupation que nous causèrent pendant les premiers jours ces divers arrangements, ne nous laissa pas le temps de calculer l'horreur de notre affreuse position. Mais, livrés bientôt par l'inaction à nos sombres pensées, nous portâmes nos regards sur l'avenir ; alors nous nous attendîmes à voir finir nos jours misérablement, comme les colons qu'on avait transportés en 1763 à Cayenne ; mille circonstances semblaient en effet nous annoncer le même sort : notre camp n'avait pas de chef ; nos malades étaient sans médicaments, sans lits ; les barbares qui nous entouraient pouvaient à chaque instant se lasser de notre long séjour ; les provisions étaient presque livrées au pillage, on rencontrait des hommes ivres pendant que d'autres n'avaient pas même un morceau de pain. Enfin des pluies prodigieuses venaient chaque jour mettre le comble à notre détresse, par les ravages qu'elles faisaient dans nos habitations, mal construites et mal réparées. Au milieu de tant de sujets d'inquiétude, nous vîmes avec plaisir régner l'harmonie entre nous et les habitants de la presqu'île. En effet, malgré plusieurs vexations que nos matelots firent éprouver aux nègres, comme de traire leurs vaches, de mettre à sec leurs fontaines, Mocktard, chef du cap Vert, nous envoya en présent des œufs, du lait, de la volaille et des patates : ce prince avait obtenu ces provisions par voie de contribution volontaire de ses sujets. Que pouvions-nous désirer de plus ?

Si nous fussions toujours restés oisifs, le chagrin et les maladies qui en sont les suites n'eussent pas tardé à moissonner tout notre monde ; mais, n'ayant point de serviteurs, nous fûmes continuellement occupés soit à préparer nos repas, soit à aller chercher de l'eau et du bois, qu'on ne trouvait qu'à une lieue de nos habitations ; les soldats et les marins refusèrent même de se charger de ces soins pénibles pour leurs officiers. On s'imagine facilement, en lisant la description séduisante qu'a faite Cook des îles des Amis, que des matelots anglais aient pu concevoir le désir de s'y fixer ; mais on verra avec étonnement des hommes prêts à renoncer à leur patrie, à leurs familles, à leurs habitudes, pour vivre en Afrique, au milieu de peuples barbares.

Nous avions parmi nos soldats plusieurs nègres poules et iolofs provenant de nos colonies des Antilles ; résolus de s'enfuir dans leur pays, ils entraînèrent avec eux dix de leurs camarades blancs, par la promesse d'un sort brillant à la cour des souverains noirs. En apprenant la désertion de ces soldats, on crut d'abord qu'ils avaient passé chez les Anglais ; mais on sut bientôt qu'ils avaient suivi la route qui mène à la capitale du chef des noirs; au reste, on n'eut pas la peine de forcer les nègres à les rendre; ceux-ci, après les avoir arrêtés et dépouillés, leur avaient mis les fers aux pieds; ils nous les ramenèrent moyennant une faible rançon. Le brick *l'Argus* leur servit de prison; un seul d'entre eux, de la nation des Poules, n'a jamais reparu : ce nègre, qui, d'après ce que l'on apprit, s'était réfugié dans le Fontators, nous a nui beaucoup dans la guerre qu'on a faite aux Poules en 1820.

Le 25 juillet fut un des jours les plus remarquables de notre expédition; en effet nous apprîmes en même temps l'arrivée au Sénégal de nos malheureux compagnons, qu'on avait débarqués au cap Mirick et de ceux qu'on avait trouvés encore vivants sur le radeau. Le récit de leurs souffrances fit naître dans notre esprit les plus sombres réflexions; nous ne cessâmes, en nous rappelant le passé, de déplorer la lâcheté des hommes qui avaient abandonné si cruellement des infortunés, dont le nombre avait été réduit de cent cinquante à quinze, après des maux inouïs qu'ils avaient endurés pendant treize jours.

Quant aux naufragés du radeau, débarqués au cap Mirick, les premiers jours de leur voyage ne furent marqués par aucun événement important; ils restèrent quatre jours sans trouver une seule goutte d'eau à boire; ils formaient une caravane de soixante-trois hommes bien armés; ils avaient même un baril de poudre, ils le perdirent par l'imprudence d'un soldat qui, ayant allumé du feu auprès sans précaution, le fit sauter. Heureusement personne ne fut blessé. Le troisième jour ils passèrent à Portendick, où ils cherchèrent inutilement de l'eau dans les cases que les Maures y ont construites pour le temps de la traite de la gomme; ils marchèrent ensuite le reste de la journée, mais entièrement découragés. Ils avaient parmi eux un jeune homme sur qui l'excès des fatigues produisit un effet extraordinaire. Il s'arrête tout à coup, fait un large trou dans le sable; on croit qu'il cherche de l'eau : c'est un tombeau qu'il se creuse et dans lequel il se couche en demandant une main charitable pour lui ôter la vie. Un matelot qui lui avait prêté sa veste l'entend, accourt à l'instant et crie qu'il est mort; chacun s'éloigne promptement; le matelot, croyant dépouiller un cadavre, lui enlève sa veste, et, pensant qu'il y avait de l'or caché dans la cravate du jeune homme, la lui arrache au risque de l'étrangler: ce malheureux respirait encore. Un de ses amis, que des douleurs dans les jambes avaient empêché de suivre le gros de la caravane, entendant des cris plaintifs, accourt précipitamment, éloigne le matelot avec violence, et, tirant son jeune ami du tombeau, le traîne jusqu'à la mer, dont les vagues lui rendirent la connaissance.

Une scène plus affreuse se passa le lendemain. Un soldat avait avec lui sa femme, que sa faiblesse avait fait rester fort en arrière de la caravane. « Tiens, lui dit son mari, je vais te passer mon sabre au travers du corps, c'est un service que je veux te rendre. » Sa femme lui répondit en versant des torrents de larmes; elle tomba sur le sable sans mouvement. Son barbare époux feignit de rester auprès d'elle pour lui donner des soins. Le lendemain il rejoignit la caravane et annonça que sa femme était morte et qu'il avait jeté son corps à la mer: personne ne douta qu'il ne l'eût égorgée.

Les naufragés du cap Mirick aperçurent, le cinquième jour de leur marche, des tentes appartenant aux Maures. La curiosité, ou plutôt la soif ardente qui les tourmentait, engagea quelques-uns à s'en approcher. Les chiens que les Maures ont toujours dans leur camp, donnèrent aussitôt l'alarme par leurs longs aboiements; les Maures, revenus de la surprise que leur avait causée l'apparition subite des Européens, fondirent sur eux, en attachèrent trois aux pieux qui soutenaient leurs tentes, et des femmes, le poignard levé sur la poitrine de sept autres, les conduisirent les mains liées derrière le dos vers la caravane; ils étaient à une certaine distance encore de leurs camarades, lorsque les Maures firent signe avec des bâtons qu'il fallait se rendre et mettre bas les armes : on obéit. Satisfaits de cette marque d'esclavage, les Maures relâchèrent plusieurs de leurs prisonniers, qui accoururent vers leurs compagnons d'infortune en leur criant : « Bonne nouvelle, nous sommes esclaves des Maures, mais nous avons de l'eau, quel bonheur ! — De l'eau ! » répond une foule de voix. Les naufragés oublient les mauvais traitements qui les attendent peut-être et volent vers les chaînes qu'on va sans doute leur préparer, pour boire l'eau puante que doivent leur accorder leurs nouveaux maîtres. Les Maures, selon leur habitude, fouillèrent tous leurs vêtements et leur en enlevèrent même une partie. Ces mauvais traitements ne provoquèrent aucune résistance de la part d'hommes qui regardaient comme un bonheur de trouver des maîtres qui leur donnassent de l'eau. Les Maures les retinrent quelques jours dans leurs tentes; ensuite ils se mirent tous en route en suivant la direction du sud. Un spectacle bien affligeant vint augmenter le découragement qui avait fini par s'emparer des naufragés : ils reconnurent nos canots, que les vagues avaient enterrés dans le sable. Les vêtements que nous avions laissés sur la plage, parce qu'ils nous embarrassaient dans notre marche, leur firent croire que nous avions péri par les mains des Maures; et ils eurent besoin de tout leur courage pour

4

soutenir l'idée de cette terrible conjecture. Enfin, après avoir supporté des privations et des fatigues inouïes, ils rencontrèrent le marabout que j'ai fait connaître en traçant le récit de notre voyage; il leur donna des rafraîchissements et exigea même impérieusement qu'on leur rendît les effets qu'on leur avait dérobés, ce qu'on lui promit. Mais ces promesses n'eurent pas malheureusement d'exécution, et ces naufragés n'arrivèrent à Saint-Louis qu'après dix-sept jours de marche, presque entièrement nus, les jambes gonflées par les coups de soleil et la morsure des insectes. Leurs forces revinrent cependant après quelques jours de repos.

Tels étaient les événements qui firent longtemps le sujet de nos conversations durant notre séjour sur la presqu'île. Chacun s'informait avec empressement du sort de son ami. Le radeau seul avait à citer des pertes nombreuses, car la caravane partie du cap Mirick n'avait perdu que cinq hommes.

Le gouverneur français vint demeurer à Gorée pour être à même de veiller plus directement à la sûreté de la plus nombreuse partie de ses administrés. Le 26 juillet, il descendit à Dakar pour y visiter notre camp : sa présence y rétablit l'ordre, et son premier acte d'autorité fut de presser l'embarquement des matelots, dont l'indiscipline était un obstacle au retour de la tranquillité. On régla le même jour la quantité des vivres qui nous seraient distribués. D'après cette mesure, nous reçûmes journellement, depuis, douze onces de pain, huit onces de viande, quatre onces de riz, un verre de vin ou un peu d'eau-de-vie. La pêche procura une quantité prodigieuse de poissons de mer; mais on fut obligé d'abandonner ce moyen de varier notre nourriture insipide, parce que les nègres parurent mécontents qu'on s'emparât d'une branche de commerce qui leur rapporte beaucoup d'argent : car ils vont vendre le poisson à Gorée. Le mois de juillet se termina sans événements remarquables ; nos occupations ne furent ni plus amusantes ni moins fatigantes. Notre misère, nos inquiétudes, ne firent au contraire qu'augmenter.

Le mois d'août nous apporta les chaleurs de la canicule ; l'air que nous respirions était étouffant ; aussi combien je me trouvai heureux d'avoir découvert une grotte creusée par la mer dans les falaises ferrugineuses qui la bordent à Dakar ; j'allais chaque jour chercher le frais dans cet ermitage. Malgré les vraies jouissances que j'éprouvais dans ma cellule, d'où je contemplais avec délices la mer qui sépare Gorée de la côte ferme et où fut peut-être jadis le cratère d'un volcan affaissé ; malgré le charme que je ressentais à être seul et en sûreté au milieu de cette nature sauvage, j'attendais pourtant avec impatience que le soleil fût descendu sous l'horizon : car les brises de mer ont peu de force dans le mois d'août et ne diminuent pas beaucoup la chaleur de l'atmosphère ; mais lorsque la nuit commence à étendre ses voiles, tout semble se ranimer. A force de soins, d'arrosements, je parvins, aidé de MM. Rabaroust et Richard, à préserver quelques plantes d'Europe de la dangereuse influence des rayons brûlants du soleil. Nous semâmes sur un terrain d'un demi-arpent, que nous avions défriché, des graines de salades, de choux, de raves, de carottes et de melons, et nous ne songeâmes plus à nos peines en voyant les graines germer et nous promettre une récolte abondante en peu de jours. Les fatigues que nous eûmes à supporter, quoique bien accablantes pour des jeunes gens novices dans ce genre de travail, étaient des distractions à nos chagrins, et les fruits que nous en recueillîmes, des adoucissements à nos misères ;

mais les maladies qui nous frappèrent tous dans le mois de septembre nous empêchèrent de jouir longtemps de ce bonheur, que nous nous étions créé et qui nous faisait souvent répéter cet adage de Rousseau, que la joie est plus amie des liards que des louis.

Nous n'avions encore perdu aucun de nos compagnons et nous nous imaginions être à l'abri de ces maladies endémiques en Afrique et si dangereuses, au rapport de toutes les personnes qui ont visité ce continent; mais une perte affligeante vint nous tirer cruellement de confiance et nous montrer que notre santé était menacée d'attaques violentes, pour peu que notre séjour sur la presqu'île du cap Vert se prolongeât encore. Vers la fin d'août, la mère d'un de nos compagnons mourut en quarante-huit heures, d'une fièvre putride. On creusa sa tombe dans un champ qu'on avait acheté au chef de Dakar. On l'y transporta sur les six heures du soir. Toutes les personnes du camp escortèrent son cercueil dans un grand recueillement. Des négresses qui l'accompagnaient aussi, montraient leurs seins en poussant des gémissements pour indiquer que nous pleurions une mère et que leur douleur était égale à la nôtre. Comme c'était la première Française qu'on eût enterré à Dakar, on mit une croix sur la tombe, pour marquer que c'était celle d'une chrétienne.

Une nuit affreuse vint succéder à ce jour de deuil; un vent extrêmement violent s'éleva dans le milieu de la nuit : c'était le commencement d'un tornado. Les murailles peu solides de nos habitations, qui s'ébranlaient presque dans leurs fondements, nous firent craindre de les voir s'écrouler sur nos têtes. Celle où je demeurais était située sur l'extrémité d'une pointe très avancée dans la mer; le tremblement perpétuel que l'on y ressentait nous mettait dans des transes horribles. Nous nous attendions à chaque instant à voir les hommes et leur abri précipités dans la mer par la tempête; en effet deux de nos portes ne tardèrent pas à être arrachées de leurs gonds par la violence de l'ouragan, et des nappes d'eau, s'étant frayé un passage dans notre chambre par ces deux issues, renversèrent nos cadres[1]; nous prîmes le parti de nous en couvrir pour nous garantir des torrents de pluie qui nous inondaient de toutes parts. L'orage nous ayant surpris pendant que nous étions couchés, nous nous trouvions tous en chemise; aussi le froid nous devint-il insupportable; plusieurs d'entre nous eurent la fièvre le lendemain et en moururent dans la suite. Dans cette triste situation, nous ne pûmes goûter un instant de repos durant toute la nuit : car les mugissements affreux de l'Océan, les sifflements des vents, les éclairs qui sillonnaient le ciel dans tous les sens, une nuit profonde succédant à ces vives clartés, le bruit horrible de la foudre, qu'on distinguait au milieu de ce désordre de la nature, semblaient nous annoncer la fin de notre triste existence, si un jour plus serein n'eût succédé à cette nuit d'alarmes. Les pluies tombèrent sans interruption jusqu'à la fin d'août.

Pendant le séjour que la politique anglaise nous forçait de faire sur le cap Vert, on s'occupait des moyens d'augmenter nos subsistances ; on expédia une goélette pour essayer de retirer quelques vivres de la frégate *la Méduse*. On y trouva encore vivants trois matelots. Ils racontèrent que parmi les malheureux qui, ayant refusé de descendre dans la chaloupe du brave Espiaux, avaient mieux aimé rester sur la frégate, douze soldats avaient construit un radeau et

---

1. Les cadres sont des hamacs dont les officiers se servent à bord des bâtiments ; on les fait avec des toiles fortement tendues par un châssis en bois de forme carrée.

s'y étaient embarqués; on n'en a jamais entendu parler depuis. Ces malheureux, s'ils ne sont pas tombés entre les mains des Maures, auront péri de faim, puisqu'ils n'avaient avec eux des vivres que pour huit jours. Trois hommes étaient morts en avalant une grande quantité d'eau-de-vie sans reprendre haleine. D'autres enfin s'étaient jetés à la mer avec des débris de planches ou des cages à poules, et n'avaient pas tardé à être engloutis par les vagues. Pendant que les trois matelots demeurèrent sur la frégate entièrement couchée sur bâbord, ils furent obligés de suspendre leurs hamacs aux bastingages de tribord. Ils vécurent tout le temps avec l'eau et le biscuit qu'on avait laissé sur le pont de la frégate, dans le moment de confusion et de trouble qui précéda le départ. Ils avouèrent qu'ils s'étaient placés à de grandes distances les uns des autres, de peur que dans l'excès de leur désespoir ils ne se poignardassent entre eux. Le bâtiment envoyé par M. Schmatz à la frégate revint un mois après à Gorée. On avait enlevé une partie du gréement, des malles, un petit nombre de barriques de lard, d'eau-de-vie et de farine : toutes ces provisions étaient fort avariées. Malgré tous les efforts de plusieurs bons nageurs nègres, on ne put atteindre à trois petits barils renfermant chacun trente mille francs : c'était l'argent du gouvernement.

Les pluies, dans le mois de septembre, produisirent sur nous de terribles effets; une espèce d'épidémie parcourut notre camp; les fièvres devinrent si communes, la mort frappa tant de personnes et en si peu de temps, que notre situation devint affreuse. Occupés de notre propre conservation et réduits à un petit nombre d'hommes en état de se défendre, nous fûmes dans l'impossibilité de porter du secours à un navire espagnol qu'un coup de vent avait jeté à la côte. Les nègres le pillèrent et s'emparèrent, sous le canon du fort de Gorée, de cinq Espagnols qui le montaient. Le lendemain, les Anglais tirèrent le canon sans boulet sur les pillards, qui prirent aussitôt la fuite. Mais à quoi servait cette mesure tardive? Le navire était pillé, et des Européens, nos frères, gémissaient dans les fers!

Dans l'espace de deux mois que nous passâmes à Dakar, personne n'échappa à la fièvre. L'on fit partir enfin pour Gorée le petit nombre des soldats qui restaient encore sur la presqu'île, épuisés par les privations de tout genre et les maladies. Ces débris vivants de la frégate ne furent transportés qu'avec bien de la peine jusqu'au lieu de l'embarquement; le pavillon français fut enlevé à leur départ, et les ossements de de quelques-uns des naufragés furent les seuls monuments que nous laissâmes de notre séjour sur le cap Vert. Retirés tous à Gorée sous le toit de l'hospitalité, nous attendions avec impatience la fin des misérables suites de notre cruel naufrage, sans en prévoir pourtant le terme, quand nous vîmes, le 15 décembre, deux gabares françaises mouiller dans la rade de Gorée. En apprenant qu'elles étaient chargées de toutes sortes d'approvisionnements pour nous et qu'elles venaient prendre possession de nos colonies de l'Afrique occidentale, notre joie fut aussi grande que la douleur que nous avait fait éprouver notre précédente position avait été cuisante. Les inimitiés, car le malheur les aigrit toujours, cessèrent à l'instant : on se visitait, on s'embrassait, on ne s'entretenait que de la patrie et l'on rendait des actions de grâces à une Providence qui paraissait enfin prête à exaucer notre unique vœu, celui de revoir un jour notre pays.

DÉCOUVERTE
DES SOURCES DU SÉNÉGAL
ET DE LA GAMBIE

I

Instructions données à l'auteur. — Départ de Saint-Louis. — Arrivée à Niakra. — L'auteur est obligé de reprendre ses habits européens. — Il part pour Molasche. — Arrivée à Coqué. — Tumulte qu'y excite la présence d'un voyageur européen. — Désert du pays des Iolofs. — Description du royaume de Cayor.

Ayant formé le projet de visiter l'intérieur de l'Afrique, je revins en France en 1817, solliciter la permission de l'exécuter. Des affaires d'un plus haut intérêt, dont le ministère était alors occupé, ne lui permirent pas de me donner une réponse positive. Cependant, abrégeant la durée du congé qui m'avait été accordé, je retournai au Sénégal, dans l'espoir que M. de Fleuriau, nouveau gouverneur de cette colonie, satisferait à mes désirs. Mes espérances ne furent pas trompées. Ce gouverneur, qui n'avait cessé de montrer une grande ardeur pour des découvertes dans les parties inconnues de l'intérieur de l'Afrique, approuva le projet que je lui présentai en janvier 1818, et m'autorisa à faire les préparatifs nécessaires pour une semblable entreprise. L'attachement qu'il avait toujours daigné me témoigner l'engagea cependant à m'adresser quelques observations sur les dangers auxquels j'allais m'exposer. Ses conseils paternels ne lui acquirent qu'un titre de plus à ma reconnaissance. J'avais envisagé tous les obstacles, j'étais déterminé à les surmonter ou à périr.

Une fois mon voyage arrêté, il était important pour moi de tout disposer pour mon départ avec le plus de promptitude possible, afin de n'être pas surpris par la saison des pluies. Je devais en même temps tenir mon entreprise secrète, parce que les nègres, inquiets de voir se former une expédition qui devait traverser leur pays, pouvaient y mettre des obstacles.

Sous le prétexte d'une partie de chasse, j'allai avec un de mes amis à Gandiolle, village du royaume de Càyor, situé près du Sénégal, vis-à-vis de son embouchure et à quatre lieues au sud-est de Saint-Louis. Le but de cette course était d'acheter un cheval. Le moment était mal choisi, je le savais, mais je n'avais pu retarder mon départ. Le Damel, ou roi de Cayor, se trouvait alors dans ce village. Il y avait été suivi de nombreux détachements de troupes. On peut se figurer le bruit et la confusion qui en résultaient. J'avais besoin de la protection de ce prince pour n'être pas insulté. En conséquence, je m'étais fait suivre d'un interprète, qui portait plusieurs présents pour le Damel : c'était de l'eau-de-vie, du tabac et des verroteries.

Débarqués en face de Gandiolle, nous traversâmes une plaine inculte, presque stérile et entrecoupée d'étangs d'eau salée, sur lesquels, lorsque le soleil les met à sec, se forme une croûte blanchâtre qui fatigue la vue. Gandiolle, depuis que le Damel y était, ressemblait à une ville qu'un conquérant aurait pillée. Quelle différence de l'Europe, où la présence du souverain amène ordinairement le plaisir et l'abondance ! La plupart des cases étaient abandonnées ou détruites. On ne rencontrait dans les rues ni femmes, ni enfants, ni vieillards. Ces êtres faibles, victimes ordinaires de la rapacité des princes africains, s'étaient réfugiés à Babagué, pour échapper aux vengeances du Damel. Il avait demandé aux habitants de Gandiolle une contribution de quatre-vingt-trois esclaves; ils n'avaient pas voulu la payer; il l'exigeait par la violence. Gandiolle, transformé en un camp, était rempli d'hommes à cheval ou de fantassins, qui accouraient de toutes les provinces pour voler à de nouveaux pillages.

Avant d'arriver au palais de chaume où résidait le roi, il fallut parcourir plusieurs rues encombrées de princes et de cavaliers; ils étaient suivis de griots ou chanteurs publics, qui célébraient leurs louanges. Enfin, après avoir escaladé un petit monticule en sable, nous aperçûmes au-dessous de nous des princes et des guerriers rangés autour d'une case : c'était la première de celles qui composaient le Louvre du roi de Cayor. Un morne silence régnait dans cette réunion, cour digne d'un tyran, dont les ordres sont presque toujours des arrêts de mort. De grands personnages arrivaient à chaque instant et attendaient le moment où le roi leur donnerait audience.

Je fis prévenir le Damel, par mon interprète, que deux blancs étaient à sa porte et demandaient à le voir; ayant attendu sa réponse pendant une demi-heure, je fis dire au prince qui remplissait les fonctions d'introducteur qu'un blanc n'attendait jamais, et je partis.

Nous n'étions éloignés que de quelques pas lorsque le Damel nous fit appeler; en conséquence, nous retournâmes à la porte de son palais : c'est une grande enceinte carrée, entourée d'un mur en paille; plusieurs cases en occupent l'intérieur; les unes servent d'antichambre, les autres d'écurie, d'autres sont habitées tour à tour par le monarque. Un gardien nous reçut à la première porte; nous traversâmes une case dans laquelle plusieurs nègres étaient couchés à terre :

c'était une espèce de corps de garde. Ensuite nous entrâmes dans une cour qui servait d'écurie aux chevaux du Damel. Les Maures les lui vendent; ils sont de véritable race arabe; leur prix peut faire juger de leur beauté; ils se payent jusqu'à quinze captifs la pièce. Parvenus dans une seconde case remplie de gardes, nous y trouvâmes un lit, sur lequel on nous fit asseoir; c'était là que chacun déposait ses armes avant d'entrer chez le roi; quant à nous, en qualité de blancs, nous gardâmes les nôtres. Sortis de cette salle des gardes, nous parcourûmes plusieurs cours dont les issues n'étaient pas placées vis-à-vis les unes des autres. Enfin nous arrivâmes à la case royale : elle est de forme ovale, et la porte en est si basse qu'on est obligé de se coucher sur le ventre pour y entrer. Le chapeau sur la tête, un fusil à la main, nous nous présentâmes devant le Damel, qui nous fit un signe de protection. Après avoir écouté le sujet de notre visite, il nous dit de nous asseoir. La vue d'un tyran, quelle que soit sa couleur, inspire toujours un certain frissonnement; j'avoue que je ne pus m'en défendre. Parmi les personnes qui se trouvaient avec nous dans la case, il y avait un Maure assis près du monarque, auquel il parlait souvent, un vieux marabout nègre, un enfant, le prince qui nous avait introduits et un autre nègre, qui remplissait les fonctions d'échanson; tous ces personnages étaient des courtisans : on le devinait aisément au sourire approbateur qui se remarquait sur leurs lèvres lorsque le roi parlait.

Le Damel est un homme de vingt-six ans, assez gros; sa voix est douce, mais son regard a quelque chose de rude et de farouche. Ses doigts étaient chargés de bagues d'argent; son costume ressemblait à celui des autres nègres; un bonnet de coton bleu couvrait sa tête; il était assis les jambes croisées sur une natte.

Le Maure placé auprès de lui avait une figure très fine et très spirituelle. Il n'est pas de pays habité par les nègres où la supériorité des Maures ne se fasse sentir ; partout ils jouissent auprès des princes d'un crédit dû à leur esprit, et surtout à l'adresse avec laquelle ils flattent ces monarques indolents.

Rien ne distingue le palais d'un roi nègre de la case du dernier de ses sujets : de la paille et des roseaux en composent les murs et le toit ; il n'y a d'autre plancher que le sol ; des gris-gris [1] suspendus en grand nombre aux parois, indiquent seuls que c'est la demeure du roi.

Quelques bouteilles de vin de Bordeaux étaient rangées devant le Damel, qui souvent les mettait à contribution ; des calebasses remplies de vin de palme étaient destinées à rafraîchir ceux qui venaient le saluer. Il nous en versa à deux reprises. Je fis alors apporter les présents que je devais lui offrir ; il partagea le tabac entre ses courtisans, mit de côté les verroteries pour ses femmes, et réserva l'eau-de-vie pour ses favoris.

Après s'être informé de nos noms et avoir écouté avec complaisance les éloges que nous lui avions adressés, au dire de notre interprète, il nous congédia.

Nous traversâmes les cours où nous avions déjà passé, et nous arrivâmes dans l'endroit où étaient rassemblés les princes nègres, qui attendaient soit les ordres de leur souverain pour aller piller quelque village, soit l'audience qu'il daignerait leur accorder. La faveur que nous avions reçue d'être admis en sa présence et accueillis avec distinction nous valut une certaine considération dans le pays du Damel. Dès ce moment nous étions ses amis, et à ce titre personne

1. Amulettes.

n'eût osé nous insulter. Je m'en aperçus bientôt, en rencontrant des nègres avec lesquels j'avais eu précédemment un différend ; l'un d'eux dit à son camarade : « N'insulte pas ce blanc, car il est l'ami du roi. »

Au moment où nous allions partir, le ministre du Damel vint dire à l'oreille de notre interprète que le roi se proposait, aussitôt qu'il le pourrait, de me donner un captif ; peut-être cet avis n'était-il qu'un prétexte dont le ministre se servait pour que je lui fisse un présent. Je n'en tins nul compte, ne croyant pas à la vérité de la promesse, et j'eus raison.

Je parvins, sans beaucoup de peine, à me procurer un bon cheval pour la valeur de trois cents francs. Ce marché terminé, nous nous rendîmes au bord du fleuve et nous rentrâmes dans notre canot, sans avoir reçu la moindre insulte de la soldatesque effrénée qui remplissait Gandiolle.

De retour à Saint-Louis, je ne cessai, jusqu'au 28 janvier, de m'occuper avec la plus grande circonspection des préparatifs de mon entreprise.

M. Fleuriau m'avait autorisé à prendre dans les magasins du roi tous les objets nécessaires à mon expédition. Les demandes que j'adressai au gouverneur furent très modérées ; je ne voulais pas me charger d'un gros bagage, qui aurait excité la cupidité des nègres. On savait, au Sénégal, que le mauvais succès des dernières tentatives des Anglais pour pénétrer dans l'intérieur de l'Afrique, avait pour cause l'idée que les nègres s'étaient faite des grandes richesses que ces voyageurs transportaient avec eux. De cette opinion étaient dérivés tous les obstacles qui avaient fait échouer l'entreprise. Je calculai donc ce qu'il me fallait pour subvenir à mes besoins pendant quinze mois, et j'établis mes demandes en conséquence. Voici ce que je reçus des magasins du roi :

Deux fusils à deux coups ;
Dix livres de poudre à feu ;
Cinquante pierres à fusil ;
Cent balles de plomb ;
Trois livres et demie de corail, numéros 3 et 2 ;
Deux livres deux onces d'ambre jaune mat ;
Dix-huit masses de verroterie ;
Quatorze livres de tabac ;
Une hache ;
Un tiers d'aune d'écarlate.

Cette petite quantité de marchandises ne pouvait tenter l'avidité des nègres, et cependant me suffisait pour remplir ma mission.

Je me pourvus aussi d'une couverture de laine, de deux outres en cuir pour l'eau, d'une poire à poudre et d'un porte-manteau ; enfin je mis deux poignards à mes côtés, et pour connaître la direction des routes que je suivrais, je me munis de trois boussoles de poche.

Un âne m'était nécessaire pour porter mon bagage : je l'achetai. Je craignais tant d'éveiller les soupçons en donnant à un ouvrier de Saint-Louis les harnais et la selle de mon cheval à arranger, que je me chargeai moi-même de cette besogne.

Lorsque je fus prêt à partir, M. de Fleuriau me remit les instructions suivantes ; elles étaient en partie rédigées d'après le plan que j'avais eu l'honneur de lui présenter ; elles m'ont généralement guidé dans mon voyage, et des obstacles insurmontables ont pu seuls m'empêcher de m'y conformer entièrement :

« Monsieur, la mission que vous allez remplir a pour objet de découvrir les sources du Sénégal, de la rivière de Gambie et du Niger ; de vous assurer s'il existe en effet un canal de communication entre les deux premières, ou au moins la distance qui les sépare ; de connaître ensuite quelle serait la distance qui se trouve entre le Sénégal et la source du Niger et quels seraient les moyens de la franchir. Une fois arrivé sur le Niger, vous prendrez des informations sur la possibilité de le descendre jusqu'à son embouchure. Mais pour peu que vous trouviez d'obstacles dans l'exécution de ce projet, vous vous bornerez à le remonter, et vous aurez fait en cela une découverte importante. Pour parvenir à votre destination, il me paraît prudent d'éviter le pays de Foute, ce que vous ferez en traversant le pays d'Iolof, et en vous dirigeant par le sud vers le pays mandingue, où vous pouvez séjourner en sûreté pendant la saison des pluies. Le caractère de marchand que vous adoptez et la confiance qu'inspire le marabout que vous avez pour guide, me font espérer que vous trouverez dans votre voyage des chances de succès qu'une suite nombreuse pourrait se procurer difficilement, en excitant l'avidité ou les craintes des peuples que vous rencontrerez. Si les circonstances vous permettent d'aller jusqu'au royaume de Bambouck, vous chercherez à visiter les mines d'or, à vous assurer de leur richesse et de leur étendue. Vous aurez soin d'observer la direction des montagnes que vous trouverez, quelle est leur nature et s'il s'y trouve quelques traces de matières volcaniques. Comme il est impossible de prévoir les effets que tant de fatigues auront produits sur votre santé, je laisse à votre disposition d'aller plus loin, ou de revenir par Galaam, où vous trouverez, à compter du mois d'octobre de cette année, des secours en marchandises pour pourvoir à vos besoins. Je vous engage à agir avec prudence et à ne vous hasarder qu'avec des chances de réussite bien reconnues. Vous déterminerez les principaux points que vous aurez visités avec autant d'exactitude que les circonstances vous le permettront.

A cet effet, je vous invite à tenir un journal exact de vos marches et de la direction que vous aurez suivie, en ayant égard aux variations probables de l'aiguille aimantée. Il est à désirer que vous n'oubliiez pas d'indiquer les lieux où vous trouverez des terres végétales, leur distance des rivières et leur profondeur. »

Muni de ces sages instructions, rien ne pouvait plus me retenir à Saint-Louis. Le peu de personnes initiées au secret de mon expédition le gardèrent avec un si grand soin, que même un mois après mon départ on ignorait la route que j'avais suivie.

On m'avait donné pour interprète et compagnon de voyage un marabout nommé Diai Boukari, originaire du pays de Foute, à qui l'on alloua cent quatre-vingts francs par mois. Cet homme m'avait été recommandé pour son attachement envers les Européens et pour sa probité. Il parlait l'arabe, le poule et l'iolof[1]; âgé de trente-six ans, il ne tenait des nègres que par la couleur, car ses traits ressemblaient à ceux de la race blanche; sa figure, qui annonçait une grande douceur, ne manquait pas non plus d'énergie. Il me pria d'emmener avec moi son fils, âgé de quinze ans, et un jeune esclave nommé Messember, du même âge; j'y consentis.

Diai Boukari m'ayant déclaré que le 28 janvier était un jour heureux, et qu'il fallait quitter la colonie avant le coucher du soleil, j'envoyai vers deux heures de l'après-midi mon cheval, mon âne et mon bagage sur le continent, et sans que mes amis se doutassent de l'entreprise dont j'étais chargé, je me préparai à partir vers cinq heures du soir. Avant de s'embarquer, mon marabout traça sur le sable plusieurs caractères arabes, pour savoir s'il reverrait un jour sa femme et sa mère; la réponse du destin étant favorable, il

---

1. Voyez page 167.

ramassa et mit dans un petit sac une poignée de sable, persuadé qu'à la conservation de ce précieux sachet était attachée celle de sa vie.

Accompagné de M. Mille, mon ami, je montai dans un canot qu'on avait placé dans un endroit écarté. Les prières que mon marabout adressa au puissant Maître de l'univers, les adieux touchants qu'il fit à sa mère, qui fondait en larmes, nous retinrent quelques instants amarrés au rivage. Nous n'arrivâmes que sur les dix heures à Diedde, village du pays de Cayor, situé sur le marigot qui passe entre l'île de Saur et l'île de Rabagué.

Après avoir renvoyé nos canots, nous nous mîmes à charger nos montures ; ce ne fut pas sans difficultés, à cause de l'obscurité de la nuit. J'avais remis mes habits européens à mon ami, et j'avais endossé le costume maure ; mais il me couvrait mal et je fus assailli bientôt d'une nuée de moustiques qui ne me laissèrent pas un instant de repos. Mon cheval, tourmenté par ces insectes cruels, se sauva à travers champs ; mon marabout courut après lui, et ne parvint qu'avec beaucoup de peine à le rattraper. Dès que tout fut prêt, j'embrassai mon ami ; ses larmes me firent juger qu'il croyait m'adresser un éternel adieu. Nous nous séparâmes, et je pressai mes gens de me suivre. Nous prîmes la route de Léibar ; nous eûmes bientôt dépassé Toubé ; bientôt après les ténèbres de la nuit nous firent perdre la trace du chemin. Comme c'était le premier essai que je faisais, je ne tardai pas à éprouver de la lassitude ; Boukari, qui s'en aperçut, me conseilla de retourner à Toubé ; tout le monde y était couché ; en vain nous demandâmes l'hospitalité au chef du village ; mon costume maure, qu'il aperçut au travers des roseaux qui formaient sa porte, lui fit craindre que je ne fusse un des gens du Damel. Nous fûmes obligés de dormir dehors. Le froid était si vif qu'il me fut impossible de goûter le moindre repos, d'autant plus que, sans expérience dans ce genre d'expédition, je croyais devoir veiller à la conservation de mon bagage, supposant que le nombre des voleurs n'était pas moindre en Afrique qu'en Europe, dans un lieu ouvert de toutes parts. J'attendais le jour avec impatience. Dès qu'il parut, le maître de la case auprès de laquelle nous étions couchés ouvrit sa porte, s'informa de nos nouvelles et nous demanda pardon de nous avoir laissé passer une si mauvaise nuit; « mais, ajouta-t-il, je vous prenais pour une troupe de Maures. »

Le peu de volume de mon bagage nous permit de partir promptement, et nous suivîmes la route de Gué; le terrain que nous parcourions n'offrait qu'un sable rougeâtre dépourvu de toute espèce de culture.

La désolation régnait à Kelkom, où nous arrivâmes à midi. Le Damel avait pillé ce village; des nègres estropiés y étaient seuls restés; ils nous firent une peinture effrayante des maux que leurs familles avaient éprouvés. Plusieurs de leurs parents avaient péri en résistant aux ordres sanguinaires de leur roi; mais le plus grand nombre gémissait dans les fers : les autres, tranquilles dans leurs cases et se croyant en paix, étaient déjà vendus à leur insu par ce tyran cupide, qui avait à l'avance trafiqué de leurs personnes et de leur liberté. Les habitants de ce village ne manquaient pas d'industrie : ils cultivaient l'indigo avec soin, et employaient la substance colorante qu'ils savaient en tirer, à teindre des toiles de coton.

La vue de ce village désolé me prouva combien était sans fruit pour l'humanité le principe généreux qui, en Europe, porte des philanthropes à provoquer l'abolition de la traite des nègres. Ceux-ci peuvent-ils goûter quelque bonheur dans leur pays, sous le joug de princes qui peuvent, à chaque instant, les enlever à leurs familles, à leur patrie, les vendre ou les faire égorger, suivant leur caprice.

Bidienne, que nous traversâmes ensuite, s'attendait à chaque moment à être ravagé par le Damel; aussi, malgré les instances de mes gens, je ne crus pas devoir m'y arrêter. Près de chaque village nègre, les habitants ont creusé des puits pour subvenir à leurs besoins; celui de Bidienne est profond de onze brasses, ou cinquante-cinq pieds, ce qui indiquait une élévation assez considérable au-dessus du fleuve, dont je n'étais éloigné que de quatre lieues. Nous marchâmes jusqu'à six heures du soir. Le peu d'habitude que j'avais des voyages sous un climat aussi brûlant, et le costume maure, qui exposait toutes les parties de mon corps à l'ardeur des rayons du soleil, me mirent dans un état si déplorable que je crus avoir formé une entreprise au-dessus de mes forces. La terreur du nom du Damel avait fait déserter par la plupart de ses habitants le village de Niakra, où j'arrivai au coucher du soleil. On déchargea mes montures à la porte du maître du village, en attendant qu'il nous logeât.

Les vêtements que j'avais adoptés n'avaient pas empêché que tout le long de la route l'on me reconnût pour un Européen; je n'avais donc rien gagné de ce côté, et, de plus, j'étais mal vu des nègres. La haine qu'ils portent aux Maures leur faisait regarder avec horreur un individu qui avait pris les habits de ces derniers. J'envoyai donc tout de suite à Saint-Louis l'esclave de Boukari pour prier mon ami de m'envoyer des habits européens.

Fali-Loum, c'était le nom du chef de Niakra, nous engagea à entrer dans sa case, qu'il nous céda. Ce vieillard, touché des fatigues que j'avais souffertes dans la journée, demanda à mon marabout quels étaient les mets qui pouvaient me plaire. Ce ne fut pas sans étonnement qu'il apprit que sa table serait la mienne. Lorsque le souper fut prêt, il me fit réveiller, et tous trois nous nous assîmes devant la gamelle pleine de bouillie de mil, qui est connue sous le nom de couscous. La fille de Fali-Loum nous apporta de l'eau pour faire nos ablutions; elle me l'offrit à genoux. Cet hommage qu'elle rendit à la supériorité des blancs me fit bien augurer du succès de mon voyage.

Vingt-quatre heures avaient suffi pour me transporter d'une table européenne à celle des nègres. Je n'y voyais plus des mets recherchés, des ragoûts assaisonnés, des vins d'un grand prix; c'était tout simplement du lait et du couscous, et de l'eau pour seule boisson. Les convives ne se servaient que de leur main droite pour porter les mets à la bouche. Quel changement en un si court espace de temps!

Fali-Loum, remarquant mon peu d'appétit, me dit: « Ce n'est plus ici la bonne chère des blancs; tu ne pourras jamais t'accoutumer à notre genre de vie. » Une natte étendue à terre me servit de lit. La fatigue m'empêcha de m'apercevoir de la différence qu'il offrait avec celui que j'avais quitté la veille.

J'attendis jusqu'au 2 février le retour de mon courrier. Pendant ces deux jours je fus accablé de visites. Les nègres des environs, instruits de mon arrivée, s'empressèrent de venir voir un blanc, qui était un être entièrement nouveau pour la plupart d'entre eux. Quelques-uns m'apportèrent des provisions pour des feuilles de tabac. Je fus ainsi en état de faire des repas plus splendides que ceux de Fali-Loum, sa qualité de chef ne lui permettant pas de toucher aux provisions d'un pauvre voyageur; aussi je me régalais de poules et d'œufs frais, tandis que mon hôte se contentait de son couscous. Au reste, je ne faisais envie à aucun nègre en mangeant des œufs, car jamais ils ne s'en nourrissent.

Cependant j'employais mon temps à observer les habitudes des nègres et à connaître l'intérieur de leurs habitations. Mon hôte menait une vie extrêmement régulière, qui me causa, je l'avoue, une certaine surprise. Aux premiers rayons du soleil levant, Fali-Loum était debout; sectateur rigide du Coran et plein de ferveur, ses premières paroles étaient adressées au souverain Maître de l'univers. Après avoir rempli ce devoir sacré pour tous les hommes, il venait dans notre case nous demander comment nous avions passé la nuit et attisait notre feu. Il recevait ensuite les visites des gens de son village, qui s'étaient retirés dans un autre assez éloigné. Ces nègres ne manquaient pas de venir chaque jour lui présenter leurs respects. La conversation roulait ordinairement sur les cruautés que le Damel exerçait envers ses sujets. Souvent je les entendis jurer de ne recevoir aucun des envoyés de ce prince. Les uns racontaient qu'ils avaient vu des hommes tapis dans l'herbe, près de leur village, et qui sûrement attendaient l'instant où ils pourraient enlever les femmes ou les enfants qui allaient à la fontaine. Mais, quoique l'occasion fût belle, ils n'osaient pas se défaire de ces messagers de malheur : car en même temps ils dépeignaient les angoisses auxquelles était livré un village voisin exposé à la vengeance du Damel pour avoir tué un de ses esclaves. Fali-Loum cherchait à calmer leurs craintes en leur représentant que le gros de l'armée du Damel était encore éloigné, et qu'au reste il fallait faire bonne contenance; et au lieu de vendre leur poudre pour acheter des volailles et du tabac, la conserver précieusement pour se défendre. Lorsque tous ces hommes s'étaient retirés, Fali-Loum s'asseyait sous un grand tamarin peu éloigné de sa case. Il montrait à écrire à ses fils, et leur reprochait leur paresse et leur légèreté. En effet, aussitôt que leur père avait le dos tourné, ils laissaient de côté la planchette sur laquelle ils écrivaient, et couraient dans les champs pour prendre des pintades, qu'ils venaient me vendre. Je leur donnais en échange des feuilles de tabac, qui leur servaient à acheter du lait. Lorsque le soleil était au milieu de sa course, Fali-Loum venait nous prendre pour nous faire partager son repas. Sa femme et ses enfants se retiraient alors, car il ne leur est permis de manger qu'après leur père; même, en signe d'humilité, ils détournent la tête pour ne pas le voir manger. Après son repas, il montait à cheval, allait chez les chefs voisins prendre des mesures avec eux pour s'opposer aux invasions subites du Damel. Jamais son fils aîné ne le quittait. Le soir il rentrait pour rendre grâce à l'Éternel des biens qu'il lui avait donnés, et le priait d'écarter le Damel. Il avait des esclaves, et cependant ses enfants soignaient son cheval, faisaient rentrer ses chèvres dans leur parc, et allaient couper dans les champs les herbes nécessaires pour ses bestiaux.

Je fus assez heureux pour rendre un léger service à Fali-Loum; plusieurs fois, à sa demande, j'accompagnai, armé de mon fusil, sa femme à la fontaine. Elle avait à redouter et les bêtes féroces et les gens du Damel.

Le souper était prêt à huit heures. Dès que l'on avait cessé de manger, le sommeil ne tardait pas à s'emparer de gens imbus du principe de la fatalité, et fermement convaincus que si leur village n'est pas destiné au pillage, jamais les efforts du Damel ne pourront changer l'arrêt irrévocable du Tout-Puissant.

Le lecteur, en voyant l'intérieur de la case et la manière de vivre de ce chef de village, est au fait de ce qui se passe chez les autres nègres libres. C'est partout le même ordre, la même uniformité.

4 février. — De tous côtés l'on vint nous annoncer que les ravages du Damel n'avaient plus de bornes; ses émissaires mettaient la main sur tout ce qu'ils rencontraient. Je finis par craindre que mon envoyé n'eût été enlevé par ces bandits. En conséquence, dans la nuit je réveillai Boukari et je lui dis qu'il fallait aller à la rencontre de son esclave. Fali-Loum prêta son cheval à mon marabout, et nous partîmes. A peine étions-nous en route, que mon cheval, effrayé par l'apparition de quelque bête féroce, fit un écart, se renversa et m'entraîna dans sa chute. Des nègres qui passaient près de là vinrent nous aider, et nous pûmes gagner un petit village voisin. Aussitôt je réveillai un habitant pour qu'il m'apprît s'il avait vu un esclave nommé Messember : c'était celui que nous recherchions. « Il est dans la case voisine, » me répondit ce nègre. Je courus à l'instant à l'endroit indiqué, et j'y trouvai effectivement Messember. Il apportait le paquet d'habits européens que l'on m'envoyait. Les excuses qu'il allégua pour justifier son retard furent loin de me satisfaire, de sorte que je formai la résolution de le renvoyer à la première occasion. Nous reprîmes sur-le-champ la route de Niakra. Il n'était encore que trois heures du matin; cependant les écoles étaient déjà ouvertes; les enfants, assemblés autour d'un grand feu, répétaient tout haut leurs leçons. Les marabouts adressaient leurs prières à Dieu, et les femmes étaient occupées à broyer le mil; à cette heure tout est en mouvement dans les villages d'Afrique, tandis que tout repose en Europe. La différence extrême dans la température de ces deux parties du monde en met aussi une très grande dans l'heure des travaux. La fraîcheur de la nuit invite l'Africain au travail; la chaleur du jour est pour lui le signal du repos.

Rentré chez mon hôte de Niakra, je m'affublai de mes habits européens, et remarquai que mon chapeau et mes souliers me rendaient la considération que m'avaient fait perdre mes vêtements de Maure, chez des hommes qui détestent avec raison cette race cruelle. « Enfin, me dit Fali-Loum, dès qu'il me vit en pantalon, voilà réellement un blanc. » J'avais sujet d'éprouver un sentiment de fierté mêlé de joie; car, indépendamment de ce que les habits que je portais me rendaient plus recommandable et moins haïssable aux yeux des nègres, j'avais l'avantage de pouvoir voyager dorénavant sans craindre ni les épines ni les moustiques. Mon marabout voyait aussi avec orgueil l'admiration dont son blanc était l'objet; il assura que le prix d'un chameau ne payerait pas celui de ma garde-robe; cependant elle consistait en quatre paires de souliers, deux pantalons, deux vestes de toile, deux mouchoirs et un chapeau.

Quand je me vis prêt à partir, je demandai à mon hôte ce qu'il désirait pour récompense des bons offices qu'il m'avait rendus; il me répondit qu'il n'avait besoin de rien et qu'il ne me demandait qu'une seule grâce, c'était de m'arrêter chez lui à mon retour. Dans la bouche d'un Européen façonné par la civilisation et une éducation soignée, une semblable réponse ne m'eût pas étonné; mais elle eut lieu de me surprendre de la part d'un nègre, non pas par la bienveillance qu'elle manifestait, mais par la manière délicate dont elle était exprimée. Je ne savais comment reconnaître la générosité de Fali-Loum; je le pressai cependant de me faire plaisir. Il hésitait à parler; heureusement je m'étais aperçu qu'il désirait posséder des balles à tirer pour pouvoir défendre ses compatriotes contre les attaques du Damel. Je lui donnai donc six balles, six pierres à feu, quatre têtes de tabac, et de plus un grain de corail pour sa femme. Alors Fali-Loum m'adressa des remerciements auxquels je crus qu'il ne mettrait jamais fin; il vanta ma générosité et se répandit en regrets de m'avoir fait une réception si peu digne de mes présents. Au reste, il ne se borna pas à de vaines protestations de reconnaissance; car il voulut nous servir de guide pendant un quart de lieue. Au moment de nous séparer, il descendit de cheval, leva les mains au ciel et pria Dieu, avec une ferveur touchante, de nous protéger dans notre voyage.

Nous venions de quitter notre ami Fali-Loum, lorsque des gens des villages voisins, placés en sentinelle sur les hauteurs qui nous entouraient, nous demandèrent qui nous étions, craignant que nous ne fussions des gens du Damel envoyés pour les surprendre; satisfaits de notre réponse, ils nous laissèrent passer.

Nous dirigeâmes notre route vers le sud, et après une heure de marche nous nous arrêtâmes à Moslache, grand village habité par des Poules et des Iolofs. La nuit était si obscure que nous étions à chaque instant exposés à perdre la trace du chemin. Boukari se fit conduire à la case de sa tante; c'était une femme poule[1]. Elle plaça à terre quelques branches d'arbre, sur lesquelles elle étendit une peau de bœuf; la selle de mon cheval me servit d'oreiller, et j'attendis, auprès d'un bon feu, l'heure de notre souper.

La manière dont l'hospitalité s'exerce en Afrique est admirable; tandis que je reposais sur ma natte, mon hôte de Moslache courait dans les champs chercher de l'herbe pour mes montures, sa femme préparait mon

---

[1]. Pour la distinction à établir entre les *Poules* et les *Iolofs*, races diverses de ces régions, voyez page 167.

souper, ou plutôt partageait avec moi celui de sa famille.

5 février. — Pour payer les services affectueux de mon hôte, je lui donnai deux têtes de tabac, et je fus payé d'un si mince présent par les bénédictions dont toute la famille me combla. Le bon accueil que je venais d'éprouver deux jours de suite, et auquel je m'étais si peu attendu, devait naturellement me faire envisager avec moins d'inquiétude les fatigues du voyage que j'entreprenais. Les bonnes manières que l'on avait eues pour moi étaient une compensation des aises qui, en Europe, allègent ces sortes de fatigues. Je savais, en partant, que je serais exposé à beaucoup d'incommodités auxquelles on n'est pas sujet en parcourant la France; je m'étais résigné sur ce point, et je les supportais sans murmurer; mais, n'ayant pas compté sur les attentions dont j'avais été l'objet, elles me charmèrent d'autant plus et redoublèrent, pour ainsi dire, mon ardeur et mon courage.

Continuant à suivre le même rumb de vent que la veille, nous arrivâmes à Teiba, petit village où je fis faire halte, à cause de la grande chaleur. Nous nous assîmes sous un tamarin, dont les fruits acides contribuèrent à nous rafraîchir. Le lait aigre que nous avaient donné nos hôtes de la veille, mêlé avec du couscous, composa notre déjeuner. Nous fûmes bientôt joints par une caravane de Maures qui apportaient de la gomme du pays des Iolofs; ces marchands déchargèrent leurs chameaux auprès de nous et commencèrent aussi leur repas, qui était encore plus frugal que le nôtre.

L'âne que j'avais acheté à Saint-Louis était incapable de porter le fardeau dont je l'avais chargé; je fus donc obligé de placer mes effets sur mon cheval et de poursuivre ma route à pied, en attendant l'occasion de me procurer un autre âne.

Je mesurais constamment la profondeur des puits qui se trouvent près des villages, parce qu'elle servait à me faire connaître le mouvement du terrain dans le pays de plaine que je parcourais. Celui de Teiba m'offrit, pour la première fois, une singularité qui m'étonna beaucoup : dans tout l'espace compris entre les bords du Sénégal, vis-à-vis de Saint-Louis, et les limites du Foutatoro, qui en sont éloignées de cinquante lieues, l'on ne rencontre aucune pierre à la surface du sol, et cependant il y avait auprès des puits de Teiba, dont la profondeur est de douze brasses, un tas de pierres ferrugineuses qu'on avait retirées de la terre en les creusant; l'eau de ces puits avait un goût saumâtre qui la rendait désagréable à boire.

Lorsque la chaleur eut diminué, nous nous remîmes en route, et vers quatre heures après midi nous entrâmes dans un village qui appartient à Moctard-Loo. Cet homme, dont la physionomie spirituelle respirait la gaieté la plus franche, m'engagea à rester chez lui jusqu'au lendemain; il m'offrit même de me faire présent d'un mouton; je refusai, il insista, et ne me laissa partir qu'après m'avoir fait promettre de revenir le voir.

Tous les chefs de village que j'ai vus ont une figure plus distinguée que celle des autres nègres; leurs manières ne manquent pas de dignité; leur éducation est plus soignée que celle de la classe inférieure de leurs compatriotes. Leur supériorité en tout sur ces derniers est réelle; ils savent l'adoucir par une grande affabilité. Quant à l'hospitalité qu'ils exercent envers tous les étrangers, elle est sans bornes.

Le soleil était couché lorsque nous arrivâmes à Niamrei; je voulais y rester quelques jours, afin d'avoir le temps d'y acheter un âne, ce qui me fut impossible. Ce village peut contenir trois à quatre mille âmes; l'activité qui y règne, l'aisance qu'on y remarque, la foule qui circule dans les rues, lui donnent l'aspect d'une ville. Sur la place publique se trouve un grand carré, formé de nattes de paille ; c'est l'endroit où les habitants se rassemblent pour faire leur prière. Une partie de la population du village se compose de Poules, dont les richesses consistent en troupeaux. Les puits de ce village ont trente brasses de profondeur et vingt pieds de circonférence ; c'est un effort de travail qui surprend et paraît impossible de la part des nègres, quand on voit les outils qu'ils emploient. Voici comment ils procèdent à cette opération : Le terrain, jusqu'à la profondeur de dix pieds, n'étant qu'un sable extrêmement fin, ils en empêchent l'éboulement en soutenant les parois avec des solives emboîtées les unes dans les autres par leurs extrémités ; ensuite, des échelles de corde fabriquée avec des écorces donnent aux ouvriers la facilité de descendre plus bas. Parvenus à la terre glaiseuse, qui se trouve ordinairement jusqu'à la profondeur où l'on rencontre la couche de pierres calcaires et de pierres ferrugineuses, ils l'enlèvent avec de longues pelles en bois en forme de demi-cylindres, et la mettent dans des seaux en cuir que tirent leurs camarades, placés au bord de l'ouverture. Quant à la couche pierreuse, ils l'ouvrent avec un outil en fer qui ressemble à une bêche très courte et très évasée. Chaque puits[1] appartient à celui qui, avec ses esclaves, s'est donné la peine de le creuser ; ordinairement ils se trouvent entre deux collines et sont ombragés d'arbres, principalement de tamarins.

A notre arrivée à Niamrei, nous allâmes saluer le chef du village, formalité à laquelle il ne faut jamais

---

1. Les nègres qui n'en possèdent pas sont obligés, pour puiser de l'eau, de payer un droit au propriétaire.

manquer; car, faute de la remplir, on ne pourrait plus réclamer sa protection dans le cas où l'on serait insulté. Le chef nous pria de l'excuser de ce qu'il ne lui était pas possible de nous loger chez lui; mais il donna l'ordre en même temps à un de ses anciens serviteurs de nous préparer une case. Je retrouvai ici tous les soins que nous avait prodigués notre ami de Niakra.

6 février. — En faisant mes adieux à mon hôte, je lui donnai deux têtes de tabac et une feuille de papier. Dans la journée nous traversâmes Thenine, où nous eûmes de grandes difficultés à nous procurer de l'eau. Ma couleur et les traits allongés de ma figure furent le sujet des plaisanteries des nègres.

Nous n'arrivâmes que dans la nuit à Coqué. Le chemin que nous avions parcouru était bordé de gommiers, dont les fleurs jaunes, disposées en boule, répandaient un parfum délicieux. Ce fut pour la première fois que j'aperçus le baobab, cet arbre énorme qu'Adanson a décrit et qui porte son nom. J'en mesurai un : il avait quarante pieds de circonférence. Dépouillé en ce moment de son feuillage, il ressemblait à une immense tour en bois. Cette masse imposante est le seul monument d'antiquité qu'on rencontre en Afrique. Je m'étonne que les nègres n'aient pas rendu à ce végétal les honneurs que les druides rendaient aux chênes, car le baobab est peut-être pour eux l'arbre le plus précieux. Ses feuilles sont employées comme levain, son écorce forme des cordages indestructibles, et c'est dans les cavités de son tronc que les abeilles établissent leurs ruches. Souvent, pour se mettre à l'abri des orages, le nègre se retire dans les cavernes qui s'y forment. Le baobab est sans contredit le roi des arbres de l'Afrique.

Ce ne fut pas sans peine que nous parvînmes jusqu'à la case du chef de Coqué. Ce village peut renfermer cinq mille âmes. Placé près de la frontière des Iolofs, il est le passage continuel des caravanes de Maures qui vont chercher la gomme dans ce pays, et un grand nombre d'hommes de cette nation sont établis à Coqué. Les rues sont encombrées par leurs chameaux et leurs bœufs porteurs. Le chef était assis sous des arbres pour respirer la fraîcheur de la nuit. Après avoir appris qui j'étais, il nous fit conduire dans une case éloignée qui lui appartenait. Bientôt elle fut remplie de nègres avides de voir un blanc voyageur; il était plus de minuit lorsque ces curieux me quittèrent.

7 février. — Mon marabout vint me réveiller de bonne heure pour aller présenter mes respects au chef du village et le remercier du bon accueil que j'en avais reçu la veille. Tout le monde à cette heure reposait, c'est pourquoi je ne fus pas inquiété par la foule des curieux dans les rues; mais en approchant de la maison du maître de Coqué, je ne vis pas sans effroi mille à douze cents personnes rassemblées pour le saluer et s'informer de ses nouvelles. Je voulus revenir sur mes pas, il n'était plus temps : on m'aperçut. « Voilà un blanc! » fut le cri qui s'éleva de toutes parts. C'était la première fois que ces nègres en voyait un. La case du chef fut bientôt abandonnée, et je me vis aussitôt entouré d'une multitude innombrable qui accourait de tous les côtés. L'empressement était si général qu'il manquait à la plupart des curieux quelque partie de leurs vêtements; on se poussait, on battait des mains, on criait : « Vive le blanc! » mais à ces clameurs qui chatouillaient mon amour-propre, il s'en mêlait qui devaient me causer des alarmes. J'entendis très distinctement ces mots : « A bas le Nazaréen! » proférés par des Maures. Beaucoup de nègres riaient de ma figure; la longueur de mon nez était surtout l'objet des sarcasmes de cette foule. Mon costume n'échappait pas non plus à leurs critiques; celui-ci mettait ses mains dans mes poches (où il n'y avait rien); l'autre regardait avec étonnement la couture de mes souliers et l'épaisseur de leur semelle. On me donnait la main d'un côté, on m'imposait silence de l'autre. On cherchait à écarter la foule, car c'était une cohue et un tapage qui auraient fait croire que tout le village se révoltait. Je ne pus retenir un éclat de rire en voyant l'empressement de ces nègres. Ce rire en provoqua un de leur part, suivi de ces mots qui sortirent de toutes les bouches : « Il a ri ! il a ri ! » Cependant la foule s'augmentait toujours; les Maures et quelques Poules ne cessaient de crier : « C'est un Nazaréen ! » Alors je cherchai à m'échapper, mais toutes les issues étaient occupées; j'étais seul, je résolus de me dégager à tout hasard d'une position qui pouvait devenir critique; je pressai donc les flancs de mon cheval; il conservait encore toute sa vigueur; ses mouvements eurent bientôt dissipé la foule. Les cris que poussaient en s'enfuyant les femmes et les enfants effrayés de voir un blanc monté à cheval les poursuivre avec le regard de la colère, épouvantèrent une superbe jument arabe qui était attachée au pied d'un arbre; elle rompit ses liens et se mit à courir. Ce ne fut qu'avec les plus grands efforts que je pus retenir mon cheval qui, plein de feu, ne connaissait plus de frein et était prêt à renverser tout ce qui s'opposait à son passage. Plusieurs serviteurs du chef vinrent enfin l'arrêter et me conduisirent devant la porte de leur maître. Ce ne fut pas sans peine que je fendis la presse pour le saluer. Il me fit asseoir à ses côtés; mais la multitude, oubliant le respect qu'elle devait à son chef, viola l'asile qu'il m'avait donné. Fatigué du nombre immense de personnes qui entraient par toutes les portes, il se retira dans une autre case. Je ne vis d'autre parti à prendre, pour me tirer de presse, que de regagner mon logis à cheval. Sa vitesse seule me fit échapper aux nouvelles huées dont me couvrit le peuple. A peine étais-je rentré dans ma case, qu'un messager du chef vint m'avertir que non seulement je commettrais une imprudence si je sortais, mais que je pourrais même courir des dangers. Non content de me donner de si sages avis, le chef m'envoya mon dîner par son fils; c'était du couscous avec du beurre et du tamarin. Cette attention de sa part calma l'esprit des habitants du village. J'étais à couvert de leurs regards, je devins le sujet de leurs conversations. J'entendis à travers les murs de paille qui me renfermaient ce que l'on disait sur mon compte. Mes voisins louaient ou censuraient ma manière de vivre et de m'habiller. Au reste, j'oubliai bien vite les inconvénients auxquels j'avais été exposé dans le courant de cette journée, car je terminai l'affaire qui m'occupait depuis deux jours. Je traitai avec un nègre de l'achat d'un âne; je le payai quarante-deux grains de petit corail, ce qui revenait à une valeur de cinq francs.

On conçoit qu'après une journée comme celle qui venait de s'écouler je devais être harassé. Le sommeil m'était nécessaire; mais il était écrit que je ne pourrais pas goûter un repos parfait dans le village de Coqué. Vers le milieu de la nuit, je fus réveillé en sursaut par le rugissement de deux lions qui rôdaient autour du village pour enlever ou un bœuf ou un mouton. C'était la première fois que j'entendais ce signal du carnage; je l'avoue, il me fit éprouver un certain effroi; mes compagnons n'étaient pas plus rassurés. De tous côtés on fermait les cases; les mères faisaient rentrer les enfants; les hommes écoutaient dans un morne silence la voix de ces terribles animaux qui s'avançaient. La terreur était générale; cependant quelques-uns s'armèrent. Les chiens hurlaient; ils n'osaient pourtant pas franchir les haies qui ferment les cours. Les bœufs mugissaient, mais leur voix était souvent entrecoupée par la peur qu'ils ressentaient à chaque cri du lion. Les ânes, les chevaux, tous les animaux enfin ne répondaient que par des accents lamentables aux rugissements affreux qu'ils entendaient. Soit que les lions eussent emporté quelque victime dans le fond des forêts, soit qu'ils se fussent retirés sans commettre de dégât, on cessa de les entendre, et l'effroi qu'ils avaient répandu finit par se dissiper. Quant à moi, mille réflexions tristes vinrent troubler mon sommeil, lorsque je songeais que dans mon voyage j'aurais souvent à rencontrer de tels ennemis. Le danger éloigné, le courage revint; chacun raconta ses prouesses, comme cela arrive en pareille circonstance. L'un avait tué, à travers l'ouverture de sa porte, un lion qui rôdait autour de sa case; l'autre avait sauvé un animal qui lui avait été enlevé. Quant à moi, témoin de leur peur dans le moment du péril, je n'ajoutai aucune foi à toutes leurs forfanteries.

8 février. — Tout était prêt pour le départ, lorsque mon marabout me dit que ce n'était pas à cette heure du jour qu'on pouvait traverser les forêts qui séparent le royaume de Cayor du pays du Bourb-Iolofs; que la chaleur nous obligerait de passer une partie de la journée dans les bois, et qu'il fallait plutôt voyager pendant la nuit. Ces paroles me contrarièrent beaucoup; je ne me souciais pas de me trouver, dans la nuit, au milieu des forêts peuplées de bêtes féroces, et je craignais d'ailleurs que, dans l'obscurité, nous ne perdissions la trace du chemin. Cependant, pour ne pas me mettre entièrement en opposition avec Boukari, je consentis à ne partir que le soir. J'employai le reste de la journée à faire mon eau et à acheter les provisions dont j'avais besoin pour le temps que nous mettrions à traverser les bois.

Je reçus encore ce jour-là un grand nombre de visites, entre autres celle de l'épouse du chef. Cette femme était couverte d'anneaux d'or et d'argent; sa figure ne manquait ni de noblesse ni de grâce. Elle s'assit à terre, et malgré mon invitation de s'asseoir à côté de moi, elle refusa constamment cet honneur, en me disant que les femmes en étaient indignes. A quatre heures je montai à cheval; ce que j'avais prévu arriva : ce fut avec une peine infinie que nous retrouvâmes la trace du chemin. Le jour était près de tomber lorsque nous nous dirigeâmes vers l'est-quart-sud-est. Nous marchâmes jusqu'à huit heures; alors nous fîmes halte sous un goui ou baobab. On y attacha mes deux ânes et mon cheval. Notre souper fini, je m'endormis. Bientôt je fus réveillé par les cris de mes gens; je leur en demandai la cause; ils me dirent que pendant mon sommeil mon cheval, effrayé par l'approche des bêtes féroces, s'était enfui dans les bois. A l'instant ils se mirent à sa poursuite; je restai donc seul à les attendre. Une heure après ils me le ramenèrent. Sa selle, qu'il avait jetée à terre en se sauvant, leur avait indiqué la route qu'il avait suivie; mais ils n'avaient pu retrouver son mors. Pour obvier à une nouvelle escapade de cet animal, nous lui attachâmes les pieds avec des cordes, comme font les Maures. Bientôt nous jugeâmes, à l'inquiétude qu'il montrait, que quelque bête féroce rôdait dans les environs. Cette circonstance nous faisait un devoir de quitter un lieu aussi dangereux; nous en partîmes. Habitué jusqu'alors à reposer chaque soir dans les cases des nègres, les fatigues de cette nuit me furent bien pénibles. Tout en cheminant, je m'endormais sur mon cheval, ce qui m'exposait à chaque instant à tomber à terre. Je voulus marcher pour dissiper le sommeil qui commençait à m'accabler; mais les épines déchirèrent tellement ma figure, que je fus obligé de remonter à cheval. Nous promenions de tous côtés nos regards pour distinguer les feux de quelque village. Quant à moi, épuisé par la fatigue, la faim et le besoin de dormir, mes yeux ne pouvaient plus reconnaître les objets; tout prenait une forme extraordinaire, et il n'était pas de buisson qui ne me semblât une maison. Pendant toute la nuit nous n'aperçûmes ni n'entendîmes aucun être vivant.

9 février. — Le jour, loin de nous montrer la fin de nos fatigues, nous fit voir des plaines immenses et desséchées, où l'on ne distinguait aucune trace d'habitation. Lorsque le soleil fut au milieu de sa course, je fis monter sur un arbre l'esclave de Boukari pour découvrir quelque village; il nous dit qu'il n'en apercevait aucun. Alors nous nous endormîmes sous un arbre jusqu'à quatre heures. Nous marchâmes ensuite jusqu'au coucher du soleil, que nous vîmes les feux de Bahëne, petit village du royaume du Bourb-Iolofs, où nous étions entrés. Nous y reçûmes la même hospitalité à laquelle nous étions habitués dans le royaume de Cayor.

Ce dernier pays, qui s'étend du nord au sud, depuis Saint-Louis jusqu'à Rufisque, est un des plus riches que l'on connaisse dans la partie de l'Afrique occidentale comprise entre le Sénégal et la Gambie. Jadis le cap Vert était renfermé dans les États du roi de Cayor; mais la révolte des peuples qui l'habitent, favorisée par les difficultés des lieux, qui sont couverts de rochers, a assuré aux habitants du cap Vert leur indépendance.

Le sol du royaume de Cayor est sablonneux et rougeâtre, mais fertile : car le mil, le coton et l'indigo y viennent en abondance.

Le tamarin, le baobab, le gommier, d'autres espèces

de mimosas, sont les arbres les plus communs. Mais dans les rochers du cap Vert, on voit croître le dattier, le papayer et l'ananas. La température est brûlante pendant le jour; mais la grande fraîcheur des nuits rend au corps sa vigueur, que la continuité des chaleurs nous ôte souvent dans nos climats.

Le gros bétail et les moutons sont nombreux dans ce pays. Les Poules s'adonnent particulièrement à leur éducation. Le gain qu'ils en retirent en les vendant aux Européens est considérable. Lorsqu'une grande cérémonie, comme celle d'un mariage ou des funérailles, a lieu, ils tuent jusqu'à dix bœufs, qu'ils distribuent à leurs parents et à leurs voisins.

L'âne de Cayor est très fort et très sobre. Le mien était de ce pays; les services qu'il m'a rendus exigent de ma reconnaissance quelques mots pour venger l'honneur de sa race, constamment outragée par l'Européen, malgré l'éloquent plaidoyer de Buffon en sa faveur. Il est même l'objet continuel des plaisanteries des nègres, qui cependant retirent de grands avantages de ses services pour traverser leurs contrées désertes. Le Serracolet seul, comme on le verra plus loin (p. 271), semble apprécier toute l'utilité de cet animal, en préférant souvent sa possession à celle d'une femme.

J'ai vu mon âne passer plusieurs jours sans boire ni manger, et malgré les privations inouïes qu'il endurait, il ne ralentissait nullement son pas. Quelques feuilles sèches de bambou, quelques brins d'herbe brûlée par l'ardeur du soleil, suffisaient souvent pour soutenir ses forces après des marches pénibles à travers des pays sablonneux ou des montagnes escarpées. Sa légèreté à franchir les rochers les plus élevés était surprenante. Un trou très large avait fini par se former entre ses épaules; nous étions obligés de remplir cette plaie avec de la paille et de la boue. Malgré les douleurs aiguës qu'elle lui faisait sans doute éprouver, cet animal courageux semblait n'avoir rien perdu de sa vigueur, lorsque, après l'avoir chargé de notre bagage, moi ou mon marabout nous montions sur sa croupe. De longues privations, la maladie, les fatigues, lui avaient fait perdre son naturel rétif; au passage des nombreux affluents du Rio-Grande, il ne montrait plus de frayeur. Pendant un mois de suite, il n'a vécu que de l'herbe qu'il broutait en trottant sur la route. Les qualités précieuses de ce quadrupède doivent lui mériter, de la part des voyageurs dans l'intérieur de l'Afrique, la préférence sur le cheval. Les nègres estiment particulièrement les ânes noirs et petits. Les rouges cependant, et le mien l'était, ne le cèdent guère aux autres pour la force et l'agilité.

On voit dans le pays de Cayor beaucoup de lions, d'éléphants, quelques panthères, des onces, des hyènes et plusieurs espèces de serpents. Le corbeau, l'aigrette, le loriot, la tourterelle, la pintade, se montrent partout. Autour de la case du nègre, voltigent des familles entières de moineaux et de colibris très variés en couleurs. Les rochers du cap Vert servent de retraite au rat palmiste, dont la chair est aussi succulente que celle du lièvre. Le singe, à cause de la rareté de l'eau, n'est pas commun dans cette contrée. Le lapin, la perdrix, les vanneaux, remplissent les lougans [1], et l'immense baobab soutient le nid de l'énorme pélican.

Le peuple qui habite le royaume de Cayor appartient à la grande nation des Iolofs ; jadis il était réuni sous l'empire du Bourb-Iolofs, avant que le gouverneur de cette province s'en fût emparé en prenant le titre de Damel ou de roi.

Ces Iolofs sont tous d'une taille élevée ; leurs formes

---

1. Champs de mil des nègres.

et leurs traits ont beaucoup de régularité et de noblesse.

Parmi les maladies qui affligent les habitants de Cayor, les principales sont les ophtalmies, la gale et la lèpre, qui couvre des individus au point de les rendre presque entièrement blancs.

Les marabouts exercent seuls la médecine, qui se borne à l'application d'un petit nombre de remèdes fort simples, ou à la composition de quelques talismans écrits sur du papier que l'on fait brûler et dont on boit les cendres.

Le peuple du Cayor est vif, très gai, réfléchit peu, ne pense jamais à l'avenir pour ses besoins. C'est toujours au lendemain qu'il remet ses affaires. L'attachement des pères et des enfants est réciproque ; la reconnaissance n'est pas étrangère à quelques-uns. L'amitié n'est que froide ou intéressée. Les femmes en sont encore moins susceptibles. Rarement on rend un service sans espoir de retour ; aussi voit-on peu de ces prodiges de l'amitié ou de l'amour si communs en Europe.

La récolte une fois terminée, les nègres iolofs restent pendant neuf mois couchés sur les nattes et remplissent le temps par la conversation. Il n'y a que la pêche à laquelle les saisons n'apportent aucune relâche chez les peuples qui habitent les côtes. Mais comme l'oisiveté est en honneur dans ces contrées, de même que l'ignorance l'était chez nos aïeux dans les premiers siècles de notre monarchie, il est aisé de voir que le besoin seul engage le Iolof à travailler.

Les habitants de l'Afrique ont appris à connaître la supériorité de nos armes et à s'en servir. Il n'est presque plus de nations connues sur ce vaste continent qui n'emploient les armes à feu. Dans le pays des Bambaras on fabrique de la poudre à tirer. Les nègres de Cayor n'ont pas cependant dédaigné entièrement les armes de leurs ancêtres. La lance et l'arc font encore la principale force de leurs armées. Ces moyens de destruction ne leur ont pas suffi, et le sabre et le poignard sont aussi au côté de leurs guerriers.

Leur manière de faire la guerre convient parfaitement à des peuples peu instruits dans cet art meurtrier. C'est derrière un buisson qu'ils attendent leur ennemi ; ils tirent sur lui lorsqu'il passe, et se sauvent à l'instant ; quelquefois cependant, des armées entières en sont venues aux mains et ont donné des preuves d'une bravoure et d'une grandeur d'âme extraordinaires. Je vais citer, pour le prouver, deux faits qui eurent lieu sous le règne d'un des prédécesseurs du Damel ou roi actuel.

Un marabout des bords du Sénégal avait levé l'étendard de la révolte, et pour augmenter ses forces avait voulu se joindre aux rebelles du cap Vert ; deux fois il avait battu des troupes du roi de Cayor, lorsqu'il rencontra son armée sur la route, au moment où il allait faire sa jonction avec celle de Dakar. Le danger était imminent, les partisans du marabout étaient en nombre inférieur ; cerné dans une position désavantageuse, il n'hésita pas à engager le combat, quoique sa perte fût certaine. Pendant l'action, il s'était retiré pour prier dans une case, autour de laquelle il avait fait placer des tas de roseaux secs ; lorsqu'il vit ses guerriers plier, et les signi, ou cavaliers du Damel, les poursuivre jusque vers sa retraite, il fit mettre le feu à la case où il était, et préféra une fin lente et douloureuse à l'ignominie que lui réservait son roi.

Voici l'autre exemple :

Le Damel était en guerre avec les Iolofs du roi de Baol, dont il joignit depuis les États aux siens. Les sujets de ce dernier, en sûreté dans leurs bois, n'avaient cherché que des combats où la ruse et la difficulté des lieux leur donnaient toujours l'avantage. Sortis enfin de leurs forêts, ils paraissent dans la plaine, précédés de leur roi. « C'est ici, s'écrient-ils, qu'il faut périr ! On nous a accusés de lâcheté; que ceux qui nous adressent ces reproches nous imitent; on prétend que nous ne savons que fuir; eh bien! que chacun de nous se mette dans l'impossibilité de chercher son salut dans la fuite. » A ces mots, chaque guerrier remplit ses larges culottes de sable, et, accablé sous le poids d'un tel fardeau, se met à genoux et se dispose à tirer. Le combat ne cessa que lorsque les munitions leur manquèrent. Baol pleura tous ses guerriers morts sur le champ de bataille, et Cayor, s'il en sauva quelques-uns, en perdit un plus grand nombre.

Le souverain de Cayor a droit de mort et de pillage sur ses sujets, qui s'appellent entre eux les esclaves du Damel. Le royaume, cependant, est soumis à un régime féodal, et le Damel éprouve souvent de la résistance à ses ordres. Un de ses sujets les plus puissants, sachant que le roi voulait avoir sa tête, se présenta devant lui avec une suite de quatre cents hommes, prétendant qu'il ne sortait jamais sans être ainsi accompagné. Le tyran avait fait creuser à ses pieds une fosse profonde recouverte d'une natte; il pria le chef dont il voulait se défaire de s'asseoir sur la natte; mais ce dernier, qui devinait les intentions perfides du despote, lui répondit : « Damel, je suis ton esclave, et digne seulement de me reposer sur la poussière où tes pieds ont marché. » Par cette réponse adroite il évita la mort qui l'attendait.

Lorsqu'un Damel a besoin d'un cheval d'un grand prix, il fait appeler le général de son armée. « Pars, lui dit-il; tu sais que tel village renferme plus d'un de mes ennemis; pars, que le fer et la flamme m'en délivrent bientôt. » Le général, conformément aux ordres qu'on lui intime, pille, ravage, et les captifs qu'il enlève servent à l'achat du coursier que le roi désire.

Les Iolofs qui habitent le royaume de Cayor ont tous la tête et les moustaches rasées, mais portent la barbe longue; leur habillement est simple; tout ce qui est inutile devient un fardeau sous ce climat brûlant. Deux pagnes composent tout l'accoutrement d'un nègre; l'une est nouée autour de ses reins et descend au-dessous du mollet; l'autre, jetée négligemment sur une épaule, laisse l'autre à découvert. Les chefs portent une large culotte d'une couleur jaunâtre, et ont une chemise de coton, outre la pagne. Le costume des femmes est également simple; couvertes depuis les genoux jusqu'à la poitrine, cette partie du corps reste à nu. Si elles y jettent un pagne, c'est pour les aider à porter leurs enfants derrière leur dos; des colliers, des bracelets d'or ou d'argent, sont les seules marques qui distinguent les rangs; mais esclaves ou maîtresses, elles travaillent toutes pour le maître commun.

Les Iolofs ne sont pas plus recherchés dans leur manière de se nourrir que dans leurs vêtements; la frugalité règne aussi dans le choix de leurs mets. Du couscous, quelquefois du lait ou du poisson sec, composent toute leur nourriture; ils ne font que deux repas par jour, l'un au lever, l'autre au coucher du soleil. J'ai déjà dit que c'est avec les doigts qu'ils portent leurs aliments à la bouche.

La course à cheval, l'exercice des armes à feu, sont leurs divertissements; mais la danse est leur passion favorite : tout est oublié pour cet amusement. A peine le musicien ou *griot* a-t-il frappé sur son tambour, que chacun s'anime et tâche de suivre les battements de l'instrument, par mille contorsions faites en cadence. C'est en claquant des mains que les danseurs marquent la mesure. Les spectateurs, pour les encourager, s'empressent de jeter à leurs pieds leurs pagnes, signe éclatant de leur admiration. La nuit est le moment où le bal commence, la lune l'éclaire, et le jour le termine pour inviter musiciens et danseurs au sommeil.

Dans le royaume de Cayor, comme dans presque toute la Nigritie, les oncles ont pour leurs neveux la même tendresse que pour leurs enfants; l'on sait même que dans certaines monarchies la couronne est donnée à ceux-là au préjudice de ces derniers.

Si les nègres supportent sans se plaindre les privations et les misères attachées à la vie humaine, ils montrent une grande sensibilité, mais peut-être peu réelle, pour la perte de leurs parents. Pendant des journées entières ils poussent des gémissements douloureux, et il suffit d'avoir connu quelqu'un pour être obligé de pleurer et de faire entendre ses sanglots lorsqu'il meurt.

Indépendamment de ces marques de douleur que les nègres de Cayor donnent lorsqu'ils perdent des personnes qui leur ont été chères, ils cherchent encore à préserver leur corps de l'atteinte des animaux féroces qui pourraient les enlever. Chaque tombe est couverte d'arbrisseaux épineux qui, avec le temps, finissent par former des buissons impénétrables. Ces touffes de verdure, monuments durables du motif pieux qui les a parsemées dans ces plaines dévorées par les ardeurs du soleil, sont un bienfait pour le pays : car c'est à leur ombrage que lèvent des graines d'arbres qui donneront peut-être un jour naissance à une forêt.

Les Iolofs sont des maîtres extrêmement doux envers leurs esclaves; ils prennent soin de leurs enfants comme des leurs, les frappent rarement et ne leur font jamais supporter des fatigues dont le poids pourrait les accabler.

Les esclaves du Damel, fiers de la faveur du prince, seraient souvent portés par ce motif à commettre des vexations odieuses envers les autres nègres; mais ils sont obligés de placer des fers au-dessus de leurs lits pour qu'ils n'oublient pas que leurs chaînes se resserreront de nouveau, s'ils se permettent un acte tyrannique envers des hommes libres.

Chaque peuple a ses préjugés; un de ceux que les Iolofs ont conservés jusqu'à présent, et qu'ils partagent avec la plupart des peuples nègres, leurs voisins, est un mépris si profond pour les forgerons, les tisserands, les cordonniers et les griots qu'un esclave même ne voudrait pas épouser une femme issue d'une famille qui aurait exercé l'une de ces professions. Les griots ne jouissent pas même des honneurs de la sépulture chez les Iolofs. C'est dans le creux d'un arbre que l'on dépose leurs cadavres, car on est persuadé que si l'on enterrait un griot, la récolte du miel manquerait infailliblement.

Les nègres conservent avec soin leur généalogie, sont très fiers de leur origine, et ne se mésallient jamais par des mariages contractés avec des personnes d'un rang inférieur au leur. Les mahométans s'unissent rarement avec les filles des païens.

Les cases des Iolofs sont extrêmement simples, mais solidement bâties, et la plupart mettent à l'abri de la pluie. C'est avec du jonc seul qu'on les construit; une porte en paille en fait toute la sûreté. Les murs ont si peu d'épaisseur, qu'on peut causer au travers. La forme en est ronde, et en apercevant de loin les cases des villages de Cayor on les prendrait pour des ruches; on est obligé de se baisser pour y entrer. Il n'est pas d'Iolof si pauvre qu'il n'ait au moins deux cases; il couche dans l'une, et l'autre lui sert de cuisine. Malgré le caractère négligent de ce peuple, les incendies sont rares. La masse pliante des cases résiste aux orages, en cédant. L'ameublement consiste en quelques nattes, sur lesquelles les nègres reposent. Une chaudière en fer, ou plus communément en terre, plusieurs calebasses, un mortier en bois pour piler le mil, voilà tous leurs ustensiles de cuisine.

Hors de l'enceinte de leur village, les nègres élèvent sur des pieux de grands paniers de jonc où ils renferment leurs grains, et le respect pour les propriétés est tel que jamais on ne viole aucun de ces dépôts.

Les marchandises qui servent, pour ainsi dire, de mesure pour la valeur des autres dans le commerce d'échange, sont les pagnes et le mil; mais les marchands qui viennent à Saint-Louis et à Gorée ont appris à connaître le prix de l'argent. Ce n'est que pour ce métal qu'ils livrent ordinairement leur bétail et leurs chevaux aux Européens; ils préfèrent cependant les sous anglais, parce que, comme il leur en faut un plus grand nombre et une masse plus pesante pour présenter une même valeur en piastres, ils s'imaginent en être plus riches. L'argent qu'ils emportent dans l'intérieur de leur pays sert à la fabrication des bijoux.

On paye ordinairement les pagnes que fabriquent les tisserands nègres, avec du mil, et les ouvrages sortis des mains des forgerons, avec des pagnes. L'or, l'ambre et le corail sont donnés en échange des esclaves, et ces derniers pour les chevaux ou pour les bœufs.

Survient-il quelque affaire sérieuse qui exige une longue délibération, s'agit-il de prononcer sur le sort d'un accusé : on assemble le conseil des vieillards, et la majorité prononce sur la culpabilité de l'accusé, sans infliger la peine; car chaque chef de village a seul le droit de vie et de mort.

Lorsqu'on veut savoir si un accusé dit la vérité, le forgeron fait rougir un morceau de fer, qu'on lui applique sur la langue ; s'il se montre sensible à la douleur, il est reconnu coupable ; si, au contaire, le fer ne produit aucune impression sur lui, son innocence est proclamée.

Le mahométisme fait chaque jour des progrès et deviendra bientôt la seule religion du pays de Cayor. La cour seule reste attachée au paganisme, plus favorable aux passions. L'inviolabilité qui rend la personne du prêtre mahométan sacrée chez les princes païens, comme chez les sectateurs du Coran, est une cause qui concourra puissamment à étendre l'islamisme chez ces peuples.

Il est impossible de trouver des hommes plus fidèles observateurs des pratiques extérieures de leur religion que les nègres mahométans. Plusieurs fois pendant la nuit ils se relèvent pour psalmodier des chapitres du Coran, et une partie du jour se passe à réciter des prières sur le long chapelet qu'ils portent pendu à leur ceinture.

Les prêtres mahométans jouissent d'une autorité presque sans bornes. Seuls ils communiquent avec Dieu et interprètent sa volonté ; ils la rendent favorable selon l'intérêt qui les guide. Ils ont su si habilement inspirer aux nègres une confiance aveugle dans ces papiers que l'on nomme *gris-gris*, sur lesquels ils écrivent quelques prières en arabe, que tous en portent. Les chevaux mêmes en sont couverts ; on emploie les plus belles étoffes pour les envelopper. Un homme part-il pour une expédition lointaine, il demande un gris-gris, dont il paye la vertu au poids de l'or. Ce précieux talisman, disent les nègres, met à l'abri des armes à feu ; il sert à former la couronne des rois.

Deux conditions sont indispensables pour être agrégé

au corps des marabouts: une conduite sans reproches, et la connaissance de la langue arabe. Le postulant doit savoir par cœur plusieurs chapitres du Coran et joindre à ces connaissances celle de quelques livres arabes qui traitent de l'histoire du monde et de l'arithmétique. Les prêtres mahométans sont toujours appelés pour faire le partage des successions.

Le marabout qui joint à une si profonde instruction le talent de composer quelques ouvrages en langue arabe, car les nègres n'écrivent jamais dans leur langue maternelle, a le droit de porter un bonnet d'écarlate. Alors on lui donne le titre de tompsire ou d'alpha, qui signifie docteur dans la langue poule. Mais quelques marabouts se parent du bonnet, qui ne les empêche pas de laisser apercevoir le bout de l'oreille. Boukari me raconta qu'un jour s'étant présenté chez un marabout, il conçut d'abord beaucoup de vénération pour lui en voyant sur sa tête le signe du savoir, et après le salut d'usage, il lui dit en arabe: *Eich halkoum maoulana.* Le prétendu docteur, croyant qu'on lui parlait iolof, lui répondit: « Je ne vous comprends pas. » Chacun se mit à rire de sa méprise et de son ignorance, et on l'engagea à quitter une marque de distinction qui ne lui appartenait pas.

II

Arrivée sur les terres du Bourb-Iolofs. — Je me rends à la cour du roi. — Accueil que me fait ce prince. — Renvoi de deux de mes compagnons. — Impossibilité de suivre la route du Oulli. — Je prends celle du Foutatoro. — Le roi me donne un guide. — Quel était ce guide. — Mœurs des Iolofs et des Laaubés.

10 février. — Le chef de Bahëne, selon la coutume générale du pays, ne manqua pas, avant de nous laisser partir, de me demander le sujet de mon voyage; je lui répondis que j'allais traiter de l'or dans le Oulli; satisfait de cette réponse, il nous permit de nous mettre en route; nous prîmes celle qui mène à Tiankra. Les habitants de ce village, qui n'avaient jamais vu de blanc, examinaient avec une grande attention chaque partie de mes vêtements; mais ce furent mes fusils à deux coups qui excitèrent surtout leur admiration. « Nous ne sommes que des bêtes ! » s'écrièrent-ils dans l'excès de leur enthousiasme. Pendant que les hommes fixaient leurs regards ébahis sur mes armes, les femmes considéraient les traits de ma figure; quelques-unes témoignaient une sorte d'admiration, mais le plus grand nombre ne manifestait que de l'horreur. L'une d'entre elles, malgré l'épaisseur de ma barbe, demanda si j'étais une femme, ne trouvant sûrement pas la couleur blanche assez mâle.

Ces distractions me faisaient oublier mes fatigues ; j'éprouvais du plaisir à juger de l'impression que causait chez ces bonnes gens la présence d'un blanc ; je riais des réflexions et des contes que les savants du village faisaient sur nos mœurs et nos habitudes ; leur ignorance m'amusait ; combien la nôtre doit divertir aussi les ambassadeurs turcs ou persans qui viennent nous visiter ! Je suis sûr qu'ils ne nous trouvent pas moins ridicules que ne l'étaient alors à mes yeux les nègres qui m'entouraient.

Lorsque la chaleur eut diminué, nous reprîmes notre marche ; je m'arrêtai en route devant un puits qu'on creusait, et je ne fus pas peu surpris d'entendre l'ouvrier qui était au fond chanter des paroles à ma louange ; c'était un honneur bien inattendu et d'un genre tout à fait délicat : il méritait une récompense. Je donnai une feuille de tabac à mon panégyriste ; je l'aurais comblé d'or, qu'il ne m'eût pas prodigué plus d'éloges. Ayant pris le galop pour rejoindre mes gens, qui m'avaient devancé, un berger me cria de ne pas courir si vite, de peur que, me prenant pour un Maure pillard, on ne me tirât un coup de fusil ; ainsi je me félicitai d'avoir quitté mon costume maure, qui m'eût exposé à mille dangers chez une nation qui déteste cette race de brigands.

Le village où nous passâmes la nuit était habité par des Poules, dont l'étonnement fut sans exemple à ma vue ; une femme prétendit que j'habitais sans doute le fond de la terre, « car, ajouta-t-elle, je n'ai jamais vu des hommes d'une couleur aussi étrange que celle-là ; » et finissant par pousser un cri d'effroi, elle se couvrit le visage avec son pagne et s'enfuit dans sa case. Cependant parmi les Poules j'ai rencontré souvent des hommes presque aussi blancs que je le suis ; dans ce village, on m'en présenta un comme appartenant à ma race.

7

En effet, ses traits et sa couleur étaient presque semblables aux nôtres; l'ayant examiné attentivement, je me convainquis que ce n'était pas un albinos.

11 février. — Mon départ fut longtemps retardé par un grand nombre de femmes, qui, tour à tour, trempèrent le mors de mon cheval dans de l'eau pour la faire boire à leurs enfants, afin d'apaiser la toux. Nous traversâmes plusieurs petits villages avant d'arriver à Pampi, où résidait un des fils du Bourb-Iolofs; comme l'on m'avait inspiré des craintes sur le caractère de ce chef, au lieu d'entrer dans le village, j'allai avec mes guides à travers champs.

Nous n'avions pas fait cent pas qu'une troupe de gens vint à moi, de la part du prince, qui voulait me voir. Toutes les raisons que j'alléguai pour éluder cette visite ne parurent pas valables à ces envoyés. Ayant donc laissé sur la route mon âne et mes marchandises, je rebroussai chemin vers Pampi, accompagné de mon marabout. Le prince me témoigna une grande satisfaction de ma complaisance, me dit de m'asseoir sur son lit et se plaça sur le sable à mes pieds. Après m'avoir demandé le sujet de mon voyage, il fit appeler ses femmes pour qu'elles vinssent me saluer, puis il employa les instances les plus pressantes pour me retenir auprès de lui quelques jours; il m'assura que je n'aurais rien à dépenser, qu'il prendrait soin de mon cheval et de mes gens; en me tenant ces discours, il me serra affectueusement la main à plusieurs reprises; enfin, voyant que j'étais déterminé à partir, il vint lui-même tenir l'étrier pendant que je montais à cheval, et me reconduisit jusqu'à l'endroit où j'avais laissé mon bagage. Quatre grains de corail et quatre feuilles de tabac composèrent le présent que j'offris au fils d'un roi; il fut si content de ce don, qu'il ne cessa, pendant tout le temps que nous fûmes ensemble, de vanter ma libéralité. Nous passâmes ensuite à Caignac, et le soir nous reçûmes l'hospitalité à Tioën, chez le chef de ce village, ami de mon marabout.

12 février. — Depuis plusieurs jours le froid était très vif, et je ne fus pas longtemps à m'apercevoir qu'en Afrique il est plus à craindre que la chaleur. Une transpiration arrêtée me causa une fièvre violente qui m'obligea de séjourner à Tioën. Sans médecin, sans médicaments, je remis à la Providence le soin de me sauver. Quelques bouteilles d'infusion de tamarin, régime que j'ai toujours suivi, apaisèrent les accès de mon mal. L'attachement de Boukari, mon marabout, pour moi lui fit présager ma très prompte guérison. Mon hôte, dont les principes n'étaient pas très conformes à ceux de notre Faculté de médecine, me menaçait de la mort si je ne mangeais pas; et sa femme, qui regardait les décisions de son mari comme des oracles, voulant exécuter ses ordonnances, s'était occupée, depuis le matin, à me préparer une bouillie de mil, mêlée avec du lait aigre et du tamarin. Ces bonnes gens entraient à chaque instant dans ma case pour s'informer comment se trouvait le blanc. Le mari entassait vêtements sur vêtements sur mon corps, tandis que la femme allumait le feu dans ma case. Elle ne s'en tint même pas à de si tendres soins, car elle me fit une proposition qui m'a été souvent adressée depuis : elle m'offrit sa fille en mariage. Quand on tremble la fièvre, on n'a pas pour ce lien un penchant bien vif. Aussi, malgré l'importance de l'alliance qui m'était proposée, je crus devoir la rejeter.

J'éprouvais un certain embarras pour savoir de quel côté je dirigerais mes pas, car je n'apercevais de toutes parts que des dangers réels, ou même la mort. Au sud-est, la route était occupée par les fils du roi de Salum, que l'on m'avait représentés comme très avides. A l'est, on rencontrait des déserts de cinq jours de marche, entièrement dépourvus d'eau ; et au sud-est les campagnes étaient habitées par des Poules nomades, qui, pour enlever un pagne, n'hésitent pas à massacrer un homme.

13 février. — Avant que le soleil eût paru, j'éveillai mes gens, car les ablutions et les prières nous retenaient toujours une heure chaque matin. Je m'étais déterminé à suivre la route de Salum ; mais m'apercevant qu'elle me conduisait à l'ouest et que je perdrais un temps infini pour pénétrer de ce côté dans le Oulli, je revins sur mes pas et je résolus de tourner vers l'est. Alors Boukari et mon hôte me conjurèrent de ne pas prendre un chemin où je courais trop de dangers. « Ta vie nous est chère, me dirent-ils, la nôtre y serait à l'abri de tout péril ; nous ne voulons pas que tu sacrifies la tienne. » Touché de l'intérêt que ces braves gens me témoignaient, je me dirigeai vers l'est-quart-nord-est, pour me rendre auprès du Bourb-Iolofs et lui demander une escorte. J'évitai dans cette route d'entrer dans plusieurs petits villages où il n'y avait pas de marabouts ; et en général je ne m'arrêtais guère dans les lieux où je savais qu'il n'y avait pas de nègres mahométans, parce que dans ceux-ci je courais plus de risques que dans les autres, les nègres païens étant plus adonnés au pillage et à l'ivrognerie que ceux qui sont convertis à l'islamisme. Il était près de six heures lorsque nous arrivâmes à Pacour pour y coucher. Ce village appartient à un seul homme, qui l'a peuplé de ses esclaves, dont le nombre, déjà considérable, s'accroît constamment. Avec le produit de ses récoltes il a, dans les temps de disette, acheté toutes ces familles, qui, sous la protection de sa main paternelle, vivent dans l'abondance. Leur travail augmente ses richesses et lui fournit les moyens de doubler chaque année le nombre de ses esclaves. Ce village de Pacour est un des plus beaux que j'aie rencontrés. Entouré de haies vives élaguées avec soin, ombragé par un petit bois de mimosas disposés à peu près en quinconce, il ressemble à un joli parc de plaisance renfermant des chaumières. Dès que je parus, les esclaves vinrent m'entourer; c'était à qui me servirait le premier. Quoique le maître fût absent, ces bons nègres résolurent, après quelques réflexions, de me loger et de me nourrir, en m'exprimant le regret qu'éprouverait leur maître de n'avoir pu voir chez lui un blanc et le recevoir d'une manière digne de son rang. Ce ne sont certes pas là les discours d'esclaves barbares. Mais si la conduite de ces nègres à mon égard prouve leur bon cœur, elle ne fait pas moins d'honneur à leur maître. Sans doute il les traitait avec bonté, puisque la condition à laquelle ils étaient réduits n'avait pas étouffé en eux leur excellent naturel.

14 février. — Quelques grains de verroterie contentèrent mes généreux hôtes, et je poursuivis ma route dans le nord-est-quart-nord à travers un pays bien boisé. Les forêts étaient généralement remplies de gommiers. A chaque instant nous apercevions des troupeaux de gazelles qui fuyaient avec une vitesse incroyable. Les chemins étaient jonchés de plumes d'autruches, qui indiquaient le passage de ces oiseaux. Ces bois me parurent si agréables, que je fis faire halte pour y prendre un frugal repas sous leur ombrage, et je profitai de ce repos pour mettre mon journal en ordre. Tandis que je me livrais à cette occupation, des voyageurs passèrent. Étonnés de voir un blanc dans le fond de leurs forêts, ils s'assirent à mes côtés et s'entretinrent familièrement avec moi sur mon voyage.

Dans les divers pays dont se compose l'intérieur de l'Afrique, il n'existe pas de police organisée, mais chaque particulier l'exerce, car partout on demande au voyageur son nom, celui de sa famille et le lieu de sa naissance : c'est le salut d'usage. N'y point répondre, c'est s'exposer à des soupçons qui pourraient compromettre la liberté. La Bible et les poèmes d'Homère nous fournissent des exemples de cette antique coutume.

Au sortir de ces bois j'aperçus Ouamkrore, capitale des États soumis au Bourb-Iolofs. Ce n'est pourtant qu'un village, mais il est très grand et le plus considérable de cet État. Il est situé dans une plaine entièrement découverte. Un des esclaves du roi s'empressa de me loger ; il donna l'ordre à sa mère de préparer une case pour l'hôte du roi, et sortit. La vieille femme, accablée par les années, ne cessait de considérer l'étranger ; aussi la case n'était pas prête lorsque son fils rentra. La dureté avec laquelle il lui adressa des reproches me prouva que souvent la vieillesse n'était pas plus honorée chez ce peuple qu'elle ne l'est quelquefois chez des nations plus civilisées.

Le roi fut bientôt prévenu de mon arrivée. Les uns lui dirent que j'étais un mulâtre, d'autres lui assurèrent que j'étais un Maure. Pour savoir à quoi s'en tenir, il nous fit appeler par un de ses aides de camp. Nous traversâmes d'abord une case en paille, dont la porte était en planches façonnées à coups de hache ; nous passâmes ensuite dans une cour dont la porte était semblable à celle de la case, et nous vîmes le Bourb-Iolofs assis sous un arbre, sur une peau de mouton. Ce souverain s'amusait tantôt à rouler de petits fruits dans ses doigts, tantôt à fumer. Un esclave couvrait respectueusement ses crachats avec du sable. Je m'assis devant lui avec mon chapeau sur la tête et mon fusil posé à mes côtés. Un cercle nombreux et silencieux se forma autour de nous ; bientôt tous les regards furent fixés sur moi. Le Bourb-Iolofs était un vieillard d'une petite taille ; sa figure ouverte annonçait un caractère franc et loyal ; rien ne le distinguait des autres nègres, si ce n'est que ses sujets le saluaient à genoux. Sa tunique blanche, signe de la royauté, tombait en lambeaux. Rien ne couvrait sa tête, entièrement chauve.

Le monarque m'adressa plusieurs questions. Il me demanda surtout si j'avais apporté de l'eau-de-vie ; je lui répondis que non. Alors il s'informa du sujet de mon voyage. « Il n'y a donc pas d'or dans ton pays, s'écria-t-il, lorsqu'il apprit que j'allais dans le Oulli. Tu veux un guide, ajouta-t-il, tu l'auras demain. » Les visites qu'un Européen rend aux souverains d'Afrique sont d'autant plus ennuyeuses qu'il existe même chez ces princes noirs un cérémonial auquel il faut se soumettre. L'orgueil d'un blanc souffre de la distance à laquelle on est obligé de se tenir du prince. D'ailleurs ce n'est que très rarement que ces rois adressent directement la parole à un étranger qu'ils supposent ne pas comprendre leur langue. Leur dignité exige qu'ils se servent de l'intermédiaire d'un interprète. Après quelques instants employés à la critique de ma personne, le Bourb-Iolofs me fit reconduire à ma case. Le soir on tua un bœuf en mon honneur. La bonne chère qu'on nous fit faire mit nos hôtes en gaieté. La conversation roula d'abord sur moi ; ensuite on parla des Maures, auxquels je ressemblais beaucoup. Chacun s'empressa de raconter les dangers auxquels il avait échappé de la part de ces peuples. L'un citait la défense courageuse qu'il avait opposée à l'invasion subite d'une de leurs troupes ; l'autre déplorait le sort d'un hameau dont tous les habitants avaient été enlevés en une nuit par ces brigands. En effet, le royaume du Bourb-Iolofs est un des plus exposés à leurs brigandages. Cette nation traite les nègres comme de vils troupeaux; elle les laisse pour ainsi dire parquer dans le Ouallo et les pays habités par les Iolofs, et lorsqu'elle a besoin d'esclaves, elle va les enlever dans ces contrées, sans que les rois tirent vengeance de ces pillages.

15 février. — Désirant partir dans la journée, je me rendis de bonne heure à la case du roi, pour qu'il me donnât le guide qu'il m'avait promis. Le Bourb-Iolofs était encore couché. J'attendis longtemps que Sa Majesté noire fût levée. Enfin je la vis sortir. A l'instant elle me fit passer dans la salle d'audience. Comme j'avais des présents à offrir au roi, on ferma la porte au loquet. Après les saluts d'usage, je m'assis sur une planche, m'amusant à considérer les lambris de ce palais de chaume, couverts de suie et de toiles d'araignées. Quatre fusils en faisaient le plus bel ornement. Le Bourb-Iolofs reposait sur un lit de roseaux. Je lui fis présent d'un grain d'ambre et de dix têtes de tabac. Le roi parla longtemps avec son confident pour savoir quel don il me ferait; puis il chercha dans des coffres qui étaient auprès de lui les objets qui pourraient le plus me satisfaire, et en même temps montrer sa munificence. Enfin il me présenta une paire d'étriers, que j'acceptai. Mais il ne me rendit aucune réponse positive au sujet de mon guide. L'usage des rois, et même des chefs nègres, est de faire longtemps attendre leur décision à ceux qui leur demandent une grâce; ils espèrent par ce moyen en obtenir de nouveaux présents.

Je retournai dans ma case, bien ennuyé du retard que j'éprouvais. Quelques instants après je reçus un message du roi, qui me faisait appeler de nouveau. Ce jour-là, sa cour était plus bruyante qu'à l'ordinaire. Les personnes présentes parlaient très haut. On se disputait, on se menaçait; je ne savais ce que signifiait ce vacarme, dont je commençais à m'inquiéter, lorsque je m'aperçus que les courtisans cherchaient à divertir le monarque, les uns par leurs plaisanteries, les autres en lui racontant ce qu'ils avaient appris de ma manière de vivre. Le roi me fit asseoir à ses côtés, examina avec attention toutes les parties de mon vêtement, dont la couture lui paraissait surprenante. Tantôt il me levait un bras, tantôt une jambe ; et si je l'eusse souffert, il m'eût entièrement déshabillé pour s'assurer si mes habits n'étaient pas entièrement cousus à ma peau. Il me demanda ensuite si le roi des blancs était aussi puissant que lui ; il s'informa surtout du nombre de femmes qu'il avait. « Il n'en a qu'une, lui répondis-je. — Et tu me vantes ses richesses ! reprit-il ; quelle est la grandeur d'un souverain qui n'est pas même en état de nourrir plusieurs femmes ? » Il ne se doutait pas que les blancs eussent des chevaux, et son étonnement fut sans exemple quand je lui appris qu'ils étaient si communs que nos chaussures se faisaient avec la peau de ces animaux.

Malgré la faveur que me fit Sa Majesté de toucher mes cheveux et de me prendre le nez pour en mesurer la longueur, je me retirai fort choqué de ses licences. Pendant notre entretien, j'avais essayé de lui faire entrevoir les avantages qu'il retirerait en exploitant lui-même et en faisant porter pour son compte à Saint-Louis les gommes que les Maures recueillaient dans ses États. Mes conseils furent goûtés ; mais, en Afrique comme en Europe, un projet adopté avec empressement est souvent mis en oubli.

16 février. — Au lever du soleil, le griot du roi vint me réveiller par ses chants ; il était suivi d'un grand nombre de chanteuses ; je n'ose répéter les éloges excessifs qu'ils me prodiguèrent ; ils m'appelèrent fils du roi des blancs, ils vantèrent la beauté de mes souliers, de mon chapeau ; tous les nègres étaient dans l'admiration des honneurs qu'on me rendait ; ils semblaient être dans l'ivresse; tous leurs mouvements étaient convulsifs; ils remuaient la tête, fermaient les yeux, et dans l'extase où les mettaient les sons de la guitare du griot, ils s'écriaient : « Oh! que cela fait de bien! » Il n'est peut-être pas de peuple sur la terre plus passionné pour la musique que les nègres. Pour me débarrasser du chanteur et de ses bayadères, je leur donnai quelques feuilles de tabac; ce présent leur parut si mesquin qu'ils diminuèrent considérablement les louanges qu'ils m'avaient prodiguées.

Je m'étais aperçu depuis longtemps que l'attachement de mon marabout pour son fils le rendait timide et qu'il craignait de s'exposer à de nouveaux dangers, de peur d'y entraîner son fils; cela ne convenait pas à mes projets. Je déclarai donc à Boukari qu'il devait choisir entre son devoir et l'amour paternel; qu'il fallait me quitter ou renvoyer son fils et son esclave au Sénégal. « Tu sais, lui dis-je, que j'ai fait le sacrifice de ma vie; aucun péril ne peut m'arrêter dans mon entreprise; il est possible que ton fils tombe malade et par là retarde notre marche; d'ailleurs, le nombre de personnes que je traîne à ma suite fait supposer que je possède de grandes richesses : cette idée peut exciter la cupidité des nègres et me faire courir des risques; pars donc avec ton fils, ou viens seul avec moi. » Plusieurs heures se passèrent avant que Boukari me donnât une réponse positive; mais me voyant déterminé à suivre la résolution que j'avais prise, il me parla ainsi : « Je resterai fidèle à mes serments; mon cœur éprouve, je te l'avoue, de vives angoisses en me séparant de mon fils; qui me soignera si je tombe malade? Mais puisque tu exiges son renvoi, je consens à ce qu'il parte. » Alors je donnai à ces jeunes gens un de mes ânes et quelques marchandises pour retourner à Saint-Louis.

17 février. — Nous n'étions donc plus que deux pour continuer notre voyage; je montai à cheval et Boukari poussait devant lui mon âne.

D'après l'avis de mon hôte, j'allai faire mes adieux au Bourb-Iolofs, et je l'appelai mon père, ce qui le flatta singulièrement; un de ses esclaves fut chargé de nous accompagner jusqu'à Médina, et, à mon grand étonnement, fit transmettre au chef de ce village l'ordre de me fournir un guide jusque dans le pays du Foutatoro; cette obligeance du Bourb-Iolofs est d'autant plus remarquable que je ne lui avais offert qu'un présent fort médiocre. Un autre habitant de Médina avait reçu l'injonction de me loger et de me bien nourrir; notre hôte, qui se croyait inférieur à nous en dignité, refusa de manger avec nous, car l'usage en Afrique veut que le maître de la maison ne mange pas avec son supérieur, lors même que c'est lui qui le nourrit. Quand l'hôte est un homme puissant ou riche, on ne se permet pas de l'inviter; s'il est l'égal de l'étranger, il met la main dans la calebasse, et l'engage à y mettre la sienne.

Je passai la journée à Médina, j'y entendis les louanges que me donnait un griot; il criait au peuple assemblé : « Voilà un blanc qui a vu les plus grands rois de la terre, le Bourb-Iolofs et le Damel; son nom doit être célébré partout où il passera. » Tandis que le griot jouait de la guitare, Boukari et un autre nègre consultaient des caractères qu'ils traçaient sur le sable pour connaître l'issue de notre expédition : la réponse du sort fut en notre faveur.

N'ayant plus d'esclave pour conduire mon cheval et mon âne au puits, je m'y rendis moi-même; après avoir descendu la petite colline sur laquelle s'élève Médina, nous traversâmes pendant une demi-lieue une forêt de gommiers dont les fleurs embaumaient l'air;

ensuite nous parcourûmes des champs de petit mil ; un bois touffu où nous entrâmes terminait ce joli paysage. Ayant longtemps erré dans les sinuosités de ce labyrinthe, ouvrage de la nature, nous aperçûmes un grand nombre de puits, autour desquels étaient rassemblés des troupeaux ; ma présence inattendue dispersa les troupeaux et les bergers ; je profitai de la frayeur que j'avais causée pour m'emparer d'un des puits et faire abreuver mes montures.

Mon hôte, qui m'avait accompagné, rappela bientôt les fuyards ; aussitôt je me vis entouré d'une foule de Poules pasteurs. Ces peuples nomades, habitués à errer dans les bois, paraissaient stupéfaits de me voir. Chaque mouvement que je faisais faire à mon cheval, les mettait en fuite comme un troupeau de gazelles.

La fraîcheur du lieu, l'abondance des eaux, m'engagèrent à attendre la fin du jour dans cet endroit. De larges tamarins, d'énormes baobabs ombrageaient les puits et les rendaient impénétrables aux rayons du soleil, qui ne pouvaient y dessécher l'herbe, dont la verdure était brillante. Les bergers poules, sans être aussi blancs que ceux de Gesner, n'étaient pas moins galants : car tandis que leurs troupeaux erraient dans les bois, ils remplissaient d'eau les calebasses des jeunes filles des villages voisins, qui ne pouvaient puiser dans des puits aussi profonds.

On s'étonnera sûrement de la distance qui, dans ce pays, sépare ces puits des villages ; mais s'ils en étaient proches, les habitants détruiraient les arbres qui sont une des causes de l'abondance des eaux, par l'humidité qu'ils entretiennent dans le terrain. C'est peut-être pour avoir anciennement coupé ces arbres précieux, qu'on a été obligé d'éloigner les puits des habitations.

18 février. — Médina renferme un grand nombre de

teinturiers. Ils font de la cendre avec de la paille de mil ou avec du bois, la mettent dans un vase rempli d'eau, puis y versent l'indigo, et lorsqu'ils ont agité ce mélange ils y trempent l'étoffe qu'ils veulent teindre. Ce procédé très simple ne donne pas un beau bleu. Les nègres de Médina teignent aussi beaucoup de pagnes en vert.

Pendant mon séjour à Médina, je reçus la visite de plusieurs Poules. Répandus dans presque tous les États des nègres, ils mènent une vie entièrement sauvage et s'occupent uniquement du soin des troupeaux. Ils habitent ordinairement les forêts, où ils se retirent dans des huttes qu'ils se construisent avec des branches d'arbres sur lesquelles ils jettent de la paille. Leur étonnement à ma vue fut sans exemple; j'étais pour eux un être si extraordinaire, qu'ils ne cessèrent de m'adresser des questions pour savoir si j'appartenais comme eux à la race humaine. L'un me demandait si j'avais une mère, croyant que j'étais sorti du fond de l'Océan; car les nègres me distinguaient des mulâtres, en disant : « C'est un blanc de la mer. » Un autre s'étonnait qu'un blanc pût monter à cheval.

Les Poules du royaume du Bourb-Iolofs ont tous de longs cheveux, un peu laineux; leurs traits ressemblent aux nôtres, surtout parmi ceux qui sont d'une couleur cuivrée; mais leurs lèvres sont un peu plus épaisses. Les femmes sont jolies dans la jeunesse, horribles, dégoûtantes lorsqu'elles ont eu des enfants. Les jeunes garçons ont en général une jolie figure. Les hommes portent une culotte qui va jusqu'aux genoux, un pagne sur les épaules, des boucles d'oreilles et des colliers de verroterie. Quelquefois ils mettent des plumes d'autruche dans leurs cheveux, tressés en forme de casque. La parure des femmes ressemble à celle des autres négresses; leur tête, leur col, leurs bras, sont chargés de verroterie. Ces Poules portent des fusils, mais le plus grand nombre parmi eux n'est armé que de lances et de flèches empoisonnées. Ils sont tous païens et portent une haine violente aux mahométans.

19 février. — Il était temps que je partisse; déjà l'on se plaignait dans le village que ma présence dérangeait tous les enfants dans leurs occupations. Les mères venaient souvent demander quand je devais quitter Médina. J'en sortis de grand matin, accompagné de trois marabouts et de plusieurs autres nègres qui devaient attendre avec moi, dans le dernier village du Bourb-Iolofs, le reste de la caravane avec laquelle nous avions le projet de voyager.

A Kaiai mon arrivée excita encore la curiosité générale. Les nègres quittèrent leur ouvrage pour me voir. Les femmes couraient devant mon cheval en criant : « Voilà donc un blanc! Les unes croyaient que je n'avais pas de peau, parce qu'on voyait le sang à travers; d'autres supposaient que je ne pouvais pas marcher et alléguaient pour preuve que j'étais à cheval; quelques-unes me serraient la main. Mon cheval aussi avait part à leurs caresses. Plusieurs me présentaient leurs enfants, et voyant que je les traitais avec douceur : « Il n'est pas vrai que vous les achetiez pour les manger? » s'écrièrent-elles à l'instant.

Mon marabout ne pouvait suffire à leurs questions, car tout chez moi paraissait merveilleux; mais quelquefois ma présence produisait un effet tout contraire, ainsi que je l'ai déjà raconté; chacun fuyait à mon aspect, en s'écriant : « C'est un Maure! c'est un Maure! »

Notre hôte de Kaiai nous reçut avec une magnificence sans exemple dans ce pays. Nous étions quinze personnes; il nous donna à manger à tous jusqu'à ce que nous fussions rassasiés. Il est difficile de se figurer l'admiration de mes compagnons en voyant paraître des gamelles remplies de lait doux, qui est très cher en Afrique. Leur joie fut telle qu'ils ne cessèrent de s'entretenir pendant tout le voyage de la générosité du chef de Kaiai. Il nous donna à tous, pour continuer notre route, des calebasses pleines de lait. Pour prix de son hospitalité je lui donnai deux pierres à fusil, et mes compagnons nègres se bornèrent à reconnaître ses services par des remerciements. Probablement il fut satisfait, car, après m'avoir si bien traité, il me suivit à cheval pendant une demi-lieue, me suppliant de rester avec lui.

Nous étions très fatigués lorsque nous arrivâmes à Krokrol, situé sur le sommet d'une montagne. Chacun, malgré le peu d'étendue du village, se trouva logé pour la nuit, et le chef s'empressa de m'accueillir chez lui.

20 février. — Nous fîmes tous nos préparatifs pour entrer le soir dans les solitudes qui forment les frontières entre le pays du Bourb-Iolofs et le Foutatoro. En allant au puits remplir mes deux outres, j'étais accompagné d'un nègre armé d'une lance et d'un fusil. On ne sort jamais sans cette précaution, car on est exposé aux attaques des Maures ou à celles des bêtes féroces. Le puits de Krokrol a trente-six brasses de profondeur; il est creusé dans un terrain qui renferme beaucoup de coquilles pétrifiées.

Le royaume du Bourb-Jolofs est borné à l'est par le Foutatoro, au sud par le Oulli, à l'ouest par les États du Bourb-Salum et du Damel, et au nord par ceux de Brack. C'était autrefois l'empire le plus étendu de toute cette partie de l'Afrique, et son roi jouit encore d'une certaine prééminence parmi les autres souverains de sa couleur, qui ne l'abordent qu'en se prosternant devant lui.

Les Iolofs, ainsi que les Poules, habitaient peut-être, avant l'irruption des Sarrasins, les plaines fertiles soit de la Numidie, soit de la Mauritanie. Lors de l'arrivée de ces conquérants, ils traversèrent le désert et mirent le Sénégal entre eux et les sectateurs de Mahomet, croyant cette barrière insurmontable. Les lieux où ils se réfugièrent, sans être fertiles, offriraient cependant de très grandes ressources à un peuple qui serait plus industrieux. Leurs forêts sont remplies de gommiers, mais ils les laissent exploiter par les Maures. Le mil, le coton, l'indigo, croissent en abondance dans leurs champs.

Le terrain cesse de monter à l'entrée des solitudes qui séparent le pays du Bourb-Iolofs du Foutatoro. Ainsi cette dernière contrée forme le plateau de cette partie de l'Afrique en allant de l'ouest à l'est.

Le gouvernement du Bourb-Iolofs, comme celui de tous les royaumes voisins, est féodal. Le roi jouit néanmoins d'une autorité despotique qu'il doit, comme tous les autres souverains africains, au grand nombre de ses esclaves. Le pays du Bourb-Iolofs renferme plus de païens que de mahométans. Ces derniers y jouissent de beaucoup de considération, qu'ils doivent à la douceur et à la tolérance qu'ils affectent; mais ils seraient probablement tout autres si leur secte s'accroissait. La religion des Iolofs païens est le fétichisme pur; tout objet quelconque, un arbre, un serpent, la corne d'un bélier, une pierre, des morceaux de bois, des lambeaux de papier couverts de caractères arabes, voilà leurs dieux.

Les nègres, lorsqu'ils ont d'autres nègres à combattre, sont braves; mais l'ombre d'un Maure les fera fuir, tant cette nation est redoutée. La guerre en général se fait par surprise; chacun se retire après avoir enlevé quelques prisonniers ; car, d'après leur manière de voir, le sang se vend trop cher pour le répandre.

Aussi, lorsque je leur racontais que nos champs de batailles étaient couverts de milliers de morts, ils ne pouvaient concevoir que les Européens pussent massacrer des hommes, puisqu'il serait bien plus avantageux et plus humain de les vendre que de les tuer.

Les guerres de nations sont rares. Les rois font seulement les uns chez les autres des incursions pour enlever des esclaves. On dirait qu'ils ont conclu un pacte entre eux pour piller réciproquement les terres qui ne sont pas sous leur domination, et éviter, en s'enrichissant par ces pillages, la haine qui finirait par les écraser s'ils ravageaient eux-mêmes les terres de leurs propres sujets.

Le roi pille cependant quelquefois ses sujets, les enlève et les vend pour acheter des armes et des chevaux. L'esclavage est le châtiment du vol; on le fait aussi subir aux débiteurs insolvables.

Deux pagnes, dont l'un ceint les reins et l'autre couvre les épaules, forment également le costume des hommes et des femmes. Païens ou mahométans, ils prennent plusieurs femmes.

L'amour entre rarement dans les mariages des nègres. On achète les femmes : c'est un objet de spéculation pour les parents. Une fille vendue peut-elle aimer? Les pères ne leur donnent pas de dot. Le mariage fut souvent le sujet des questions que m'adressèrent les nègres. Ils nous trouvaient malheureux de ne pouvoir prendre qu'une compagne; les négresses disaient au contraire que c'était une loi très sage que celle qui établissait cette obligation.

Dans cette partie de l'Afrique, païens ou mahométans remettent leurs enfants entre les mains des marabouts. Le respect des enfants pour les pères est sans bornes; ils en ont moins pour leurs mères. Les cadets sont soumis envers leurs frères aînés. Jamais les enfants ne sont admis en présence de leurs parents pendant leur repas; ils se contentent de manger leurs restes. Parvenus à un âge plus avancé, ce sont eux qui soutiennent leurs parents dans leur vieillesse; et sans y être obligés par une loi écrite, ils remplissent religieusement ce premier devoir imposé par la nature.

Chez les Iolofs et les Poules, à la mort d'un père de famille on fait huit parts de son bien : sept pour les enfants, quel que soit leur nombre, et une pour les femmes qu'il laisse après lui. Si le défunt n'a pas d'enfants, on fait quatre parts : trois pour les héritiers collatéraux, une pour les femmes. A la mort de la mère, on fait deux parts : une pour les enfants ou héritiers collatéraux, une pour le mari. Lorsque le roi meurt, les opinions sont souvent partagées entre son fils aîné et son frère; mais on choisit presque toujours le dernier, pour que l'autorité passe dans une branche qui soit moins puissante par ses richesses que celle du feu roi et dont on ait moins à redouter le despotisme. Les liens de l'amitié sont rares chez les nègres, et l'on ne voit point des exemples de dévouement en faveur d'un ami; et si notre bon La Fontaine eût voyagé en Afrique, il n'aurait sûrement pas dit :

> Les amis de ce pays-là
> Valent bien, dit-on, ceux du nôtre.

L'hospitalité est pratiquée si généralement parmi les nègres, qu'ils ne la regardent pas comme une vertu, mais comme un devoir imposé à tous les hommes; ils l'exercent avec une générosité qui n'a pas de bornes et ne s'en font pas un mérite. Lorsqu'un étranger arrive dans un village, il s'adresse au chef, qui le loge chez lui, ou qui, si sa case est trop petite, donne à un autre habitant l'ordre de le recevoir. Rarement il lui demande une récompense. Une fois que l'étranger a soupé dans une case, il pourrait y rester un mois entier sans qu'on lui fasse sentir qu'il est à charge. Si le chef est absent, le voyageur va sur la place publique; il n'y reste pas longtemps sans qu'un habitant vienne l'inviter à entrer dans sa case, qu'il lui cède ordinairement. S'il est pauvre et ne peut le faire servir à part, il partage avec lui ses repas.

La douceur et la décence règnent ordinairement dans les conversations des Iolofs; parmi les mahométans, pour faire un reproche à un homme qui se met en colère on dit : « C'est un païen. »

Les esclaves sont nombreux chez les Iolofs, mais ils sont traités avec tant de douceur qu'ils ne songent guère à déserter. Il n'est pas rare de voir des hommes libres manger avec des esclaves; ceux-ci, lorsqu'ils sont nés dans la case, ne sont jamais vendus, à moins qu'ils n'aient commis quelque faute grave. On les nourrit assez bien, et on n'exige de leur part que des travaux qui sont loin d'être accablants. Les femmes pilent le grain, filent le coton, ont soin de tenir la case propre et d'aller puiser l'eau. Les enfants gardent les troupeaux. Les hommes vont couper le bois, et pendant trois mois de l'année seulement s'occupent de la culture des champs, qui est extrêmement facile. Le sol est si léger qu'il suffit de le remuer avec une bêche, dont l'extrémité est très étroite. Les femmes seules sont réellement occupées toute l'année par les soins du ménage.

On trouve répandu parmi la nation des Iolofs un peuple dont les mœurs ressemblent à celles des Bohémiens, et qui est connu sous le nom de *Laaubés*; sans habitations et toujours errants, leur unique industrie est de fabriquer des vases, des mortiers et des lits en bois; ils portent leurs talents et leurs bras partout où ils croient trouver les moyens de gagner leur vie. Ils choisissent un lieu bien boisé, abattent beaucoup d'arbres, se forment des abris avec leurs branches et façonnent le bois. Ils payent, pour avoir ce droit, une espèce de redevance aux souverains dans les États desquels ils s'établissent. Leurs richesses sont, dit-on, assez considérables, mais leur mise ne présente que la livrée de la misère. Ils sont, en général, laids et très malpropres.

Les femmes, malgré leur figure presque hideuse, sont couvertes de grains d'ambre et de corail, présents dont les comblent les Iolofs, qui sont persuadés qu'en faisant des présents à ces femmes la fortune leur prodiguera les siens.

Les Laaubés ne possèdent aucune propriété foncière; ils n'ont en propre que leurs outils et leurs ânes, seuls animaux sur lesquels ils montent dans leurs voyages. Errant sans cesse dans les bois, c'est avec le fumier des troupeaux qu'ils se chauffent. Rangés autour de ce foyer, les hommes et les femmes passent leurs moments de loisir à fumer. Les Laaubés sont loin d'avoir les traits distingués et la haute taille des Iolofs. C'est ce qui donne lieu de supposer avec assez de vraisemblance qu'ils forment une race différente de celle des autres nègres. Ils ont le privilège de n'être jamais forcés à combattre. Chaque famille a son chef, et toutes en reconnaissent un autre qui commande à toute la nation. Il est chargé de recueillir les tributs; seul il communique avec les délégués du roi chargés de la perception des tributs, mesure qui met le peuple à l'abri de toute vexation.

Les Laaubés sont idolâtres, parlent le langage des Poules, et comme les Bohémiens, se mêlent de dire la bonne aventure.

III

Désert des Iolofs. — Bala, premier village des Poules. — L'auteur
est volé. — Arrêté à Diaba. — Arrivée à Sédo. — Audace d'Almamy. — Ce prince permet à l'auteur de traverser ses États. —
Hospitalité du chef d'Ogo; son portrait. — Arrivée à Senopalé. —
Boukari y retrouve sa sœur. — Départ pour Banaï. — L'auteur
y est arrêté et renfermé dans une case. — Arrivée des envoyés
d'Almamy. — Ce prince fait ordonner à l'auteur de revenir près
de lui. — Entrevue avec Almamy de Bondou. — L'auteur obligé
de marcher à la suite de l'armée du Foutatoro. — Détails sur le
Foutatoro.

20 février au soir. — Le soleil était sous l'horizon
lorsque nous entrâmes dans le mandingue (ou forêt)
qui sépare le Foutatoro du pays du Bourb-Iolofs; nous
suivîmes la direction de l'est. Notre caravane se composait de soixante personnes, au nombre desquelles se
trouvaient des femmes et des enfants; une partie des
nègres voyageaient à pied, les uns chassant devant
eux leurs ânes chargés de sel, de pagnes et de petit mil,
marchandises destinées pour les pays situés plus à l'est;
les autres conduisant des troupeaux de bœufs; quelques-uns étaient à cheval. Les cavaliers, au nombre
desquels je me trouvais, étaient chargés exclusivement
soit de faire avancer les traîneurs, soit d'aller à la dé-

couverte. Chacun portait sa provision d'eau et de couscous sec. Bientôt il fallut s'arrêter pour attendre ceux qui, par leur faiblesse ou leur peu d'habitude de marcher, n'avaient pu suivre le reste de la troupe ; les marabouts, avant de se mettre en route, demandèrent à Dieu qu'il les protégeât dans le reste de leur voyage ; tout le monde se joignit cordialement à leurs prières ; car, indépendamment des bêtes féroces, nous avions encore à craindre les attaques des Maures, qui traversaient la même forêt par un chemin différent. Lorsque l'on eut la certitude que personne n'était resté en arrière, un marabout nommé Ali nous donna l'ordre de nous mettre en marche, m'invitant en même temps à former l'arrière-garde pour empêcher que personne ne s'arrêtât. La lune nous éclairait, nous marchions tranquillement sans craindre de perdre la trace du chemin ; tout à coup, dans le plus épais du bois, nos oreilles sont frappées du rugissement d'un lion qui pouvait se trouver à cent pas. Le silence qui régna aussitôt parmi notre troupe nous permit d'entendre très distinctement le pas de ce terrible animal au milieu des hautes herbes qui le dérobaient à notre vue ; un énorme baobab que me montra un nègre lui servait de retraite ; l'effet du tonnerre ne cause pas une sensation plus affreuse que celle que produisit sur toute la caravane le cri effrayant du roi des animaux. Femmes, enfants, vinrent pêle-mêle se réfugier auprès des cavaliers avec tant de précipitation qu'ils se renversaient les uns sur les autres ; mon poste n'était sûrement pas le meilleur ; cependant je pensai que je ne devais pas le quitter ; mes armes étaient chargées, je me préparai à la défense dans le cas d'une attaque soudaine ; toutefois j'avoue que, par un certain mouvement de crainte, je regardais de temps en temps si le redoutable animal ne s'avançait pas vers nous, car il nous suivit pendant un quart d'heure ; lorsque l'on entend un semblable ennemi à cent pas de soi les plus braves, je crois, peuvent prendre les buissons pour des lions ; j'étais loin d'ailleurs d'ajouter foi à ce que disent les nègres, qui prétendent que le lion n'attaque jamais l'homme dans les bois ; depuis l'apparition inattendue du lion, nous marchions avec une promptitude extraordinaire ; les traîneurs avaient recouvré la force et l'agilité nécessaires pour suivre le gros de la caravane ; on ne s'arrêtait plus que de deux lieues en deux lieues, chaque fois une demi-heure. Alors on allumait des feux ; le bois ne nous manquait pas ; on arrachait des arbustes entiers et on les jetait dans le brasier ; nous attachions nos montures à un arbre. A notre dernière halte, après avoir pris notre frugal souper, c'est-à-dire quelques poignées de couscous, chacun s'endormit profondément. Les nègres, voyant les méchants repas que je faisais, m'apportaient souvent, les uns des petits pains de farine de mil pétris avec du miel, les autres un peu de miel, et tous se rassemblaient auprès de mon feu pour l'attiser pendant mon sommeil.

Le feu est une chose indispensable en Afrique pendant la nuit, surtout en voyage ; il sèche la rosée qui est très abondante et entretient la transpiration, qu'il est si dangereux d'arrêter. Nous attendions impatiemment le lever du soleil ; dès qu'il parut, je fus très surpris d'apercevoir, pour la première fois, un sol entièrement composé de pierres ferrugineuses.

On ne voyait de toutes parts que des arbustes alors dépouillés de toute verdure ; pas une herbe ne paraissait sur la surface de la terre.

J'avais cru que je ne rencontrerais dans cette forêt que des arbres d'une taille gigantesque ; mais les baobabs élevaient seuls leur large cime à une hauteur considérable ; seuls ils croissent avec vigueur dans ce terrain où les autres arbres languissent; ceux-ci sont grêles, chétifs, rabougris, tortus, et depuis des siècles attestent par leur extérieur décrépit l'ingratitude du sol.

21 février. — Harassés par la longue marche de la nuit, nous nous reposâmes à neuf heures du matin sous des buissons épais, qui nous garantissaient cependant très peu des rayons du soleil. Une pauvre femme qui conduisait ses trois petits enfants dans le Foutatoro pour les mettre à l'abri des Maures, vint s'asseoir auprès de moi; elle prit part à mon déjeuner et m'offrit en payement un peu d'eau qu'elle portait dans une calebasse et qui était moins infecte que celle que contenaient mes outres; un autre motif encore, celui de la reconnaissance, la portait à me faire ce présent : j'avais pris en croupe un de ses enfants qui, ne pouvant marcher aussi vite que la caravane, eût été infailliblement la proie des lions. La chaleur du jour et les fatigues de la nuit nous plongèrent tous dans un profond sommeil; mais je ne tardai pas à être réveillé par les cris de mes compagnons de voyage. Un nègre de la caravane était allé dans l'épaisseur des bois chercher des rayons de miel; l'apercevant dans le lointain, ils ne le reconnurent pas d'abord et le prirent pour un esclave iolof, déserteur du Foutatoro; ils se mirent donc à courir après lui en poussant de grands cris; certes ils n'eussent pas ainsi poursuivi un Maure; cependant, loin d'être joyeux de voir un de leurs compatriotes échappés aux fers de leurs ennemis, ils furent désolés de s'être trompés.

Ce trait servira à prouver qu'en Afrique l'homme, une fois qu'il est tombé dans l'esclavage, ne peut plus que changer de maître, s'il échappe à ses fers; il n'est rendu à la liberté que lorsque celui dont il est la propriété l'a formellement affranchi.

Lorsque le vent d'est eut cessé de souffler, tout le

monde se leva pour continuer le voyage; alors nous nous aperçûmes qu'un grand nombre de nos compagnons étaient estropiés; une mère avait cédé son cheval pour y faire monter son fils qui était blessé, mais les maris et les pères laissaient sans nulle pitié leurs femmes et leurs filles cheminer à pied ; ainsi dans tous les pays l'amour maternel est le plus fort. Quand, n'ayant pas totalement renoncé aux sentiments d'un Européen, j'offris de prendre en croupe une de nos compagnes de voyage, on n'y consentit point ; il aurait fallu que je lui cédasse mon cheval ; en Europe j'aurais accédé à cette proposition ; en Afrique je refusai : j'étais excusable. On marcha toute la nuit. A peu de distance de la route nous vîmes des huttes qui servent de retraite aux Poules, lorsque, dans la saison des pluies, ils mènent leurs troupeaux paître dans ces bois. Des branchages sur lesquels ils jettent un peu de paille forment ce nid d'oiseau, car quel autre nom donner à cette cabane qui a trois pieds de large sur trois pieds de haut ? C'est là que se blottit le Poule. Le terrain que nous eûmes à parcourir pendant toute la nuit était pierreux et dépouillé de verdure, à cause de la sécheresse de la saison. Rien de plus triste que ces solitudes, où aucun animal même n'a fixé sa demeure, parce qu'on n'y rencontre pas une goutte d'eau. Le silence de la mort y règne, et certes ce n'est plus ce silence éloquent qui inspire les âmes mélancoliques dans les forêts des Indes occidentales.

22 février. — Lorsque le jour parut, nous aperçûmes dans la partie de la forêt où nous étions une verdure riante; les baobabs se montraient en grand nombre, mais on voyait surtout une immense quantité de gommiers et d'ébéniers. Après une marche de près de quinze lieues, nous nous arrêtâmes dans un endroit découvert où s'élevaient quelques arbres touffus, dont chacun s'empressa de s'emparer. Pendant que mon marabout s'occupait à préparer le déjeuner, j'allai moi-même couper du foin pour mes montures, qui n'avaient ni bu ni mangé depuis deux jours ; l'herbe était si sèche que mon cheval n'en voulut pas ; ce pauvre animal était si exténué que, par pitié, je partageai avec lui l'eau qui me restait ; Boukari prétendait que par ce sacrifice je m'exposais à mourir de soif. Je ne tins pas compte de ses remontrances ; mais à peine mon cheval eut-il bu, que je faillis être foulé aux pieds par tous les chevaux qui accouraient pour me demander à se désaltérer ; je fus obligé de renverser mon eau à terre pour échapper à leurs poursuites. Près de l'endroit où nous nous étions arrêtés, les Poules ou la nature avaient creusé un large trou qui, dans l'hivernage, sert de réservoir pour l'eau des pluies et d'abreuvoir pour les troupeaux ; il était alors desséché ; mais la terre y conservait encore tant de fraîcheur, que nos montures allèrent s'y coucher tout de leur long, afin que leur corps éprouvât quelque soulagement de l'humidité du sol. Ces solitudes manqueraient-elles réellement d'eau, ou bien les nègres, de crainte d'y attirer les Maures, auraient-ils évité d'y creuser des puits ? C'est ce qu'il m'a été impossible de savoir. La célérité avec laquelle marchaient les Iolofs, mes compagnons de voyage, me causait une grande surprise ; car les Maures que j'avais vus dans le désert et sur les bords du Sénégal voyagent avec plus de lenteur ; la frugalité à laquelle la vie nomade les habitue leur permet de s'arrêter au milieu des déserts, où quelques boulettes de gomme suffisent pour les sustenter. Les nègres, au contraire, menant une vie sédentaire, ont plus de besoins ; ils redoutent un séjour trop long dans les solitudes où ils ne trouvent rien à manger. Les Iolofs sont, en général, gros mangeurs ; ils portent avec eux du couscous sec, mais cette substance est peu nourrissante; je l'ai éprouvé par moi-même, lorsque je n'ai pu me procurer d'autres provisions. Nous désirions vivement d'arriver bientôt dans des pays habités; aussi, après nous être reposés seulement le temps nécessaire pour reprendre des forces, nous hâtâmes notre marche. Après avoir fait quelques lieues nous vîmes un lièvre et des tourterelles; cette apparition nous combla de joie, car elle nous annonçait que nous approchions d'un village. Il en est des déserts comme de la mer : on y observe jusqu'au moindre signe d'une terre habitée. Nos chevaux l'avaient sentie depuis longtemps; malgré leur fatigue et nos efforts pour les retenir, ils prenaient toujours le galop.

Sur les sept heures du soir, nous arrivâmes à Bala, premier village du pays de Foute. A peine y étais-je entré avec trois hommes qui n'avaient pas voulu me quitter, que je fus entouré d'une foule de Poules. Par prudence, je n'avais pas voulu descendre de cheval, mais je n'en fus pas moins tâté et fouillé par toute cette canaille, bien plus dangereuse encore que celle de Coqué. Les uns voulaient m'emmener dans leur case, les autres prenaient mon cheval par la bride pour m'obliger d'y entrer; ceux-ci m'offraient du lait, ceux-là examinaient mon fusil, et pendant tout ce tumulte, on m'enleva, sans que je m'en fusse aperçu, le poignard que je portais à mon côté. Sortis enfin de Bala, nous fîmes halte à peu de distance hors de son enceinte. J'étais épuisé par la faim et la fatigue; mes compagnons de voyage me firent partager leur souper: c'était du lait; jamais festin ne me parut si délicieux. Tandis que je le savourais, un de ces nègres m'ayant demandé mon poignard pour raccommoder ses sandales, je ne le trouvai plus. Mes convives, instruits de cet accident, me dirent qu'il fallait retourner tout de suite au village à la recherche de mon poignard ; je n'étais pas de leur avis, mais ils me pressèrent tant que je finis par me rendre à leurs instances. Ce ne fut pas une chose facile que de rentrer dans Bala ; tous les chemins étaient obstrués par les nombreux troupeaux que les Poules ramenaient dans ce village. Mes compagnons prévinrent le chef de Bala que l'on m'avait volé ; ces hommes m'étaient tellement attachés, qu'il en resta deux auprès de moi pour écarter les importuns. Le chef répondit que nous pouvions retourner sans crainte au lieu où nous nous étions reposés, et qu'il allait s'occuper de me faire restituer ce qui m'appartenait. Je me conformai à cette invitation ; quelques instants après, son fils me rapporta mon poignard et me fit présent d'une gamelle de lait, en me priant de croire que les habitants de Bala étaient innocents du délit dont j'avais à me plaindre, et que son père, ainsi que lui, en avaient ressenti une peine très vive ; il finit par m'assurer que le coupable serait châtié. J'appris de ce jeune homme que le voleur avait été dénoncé par un de ses amis. Les soins qu'avait pris le chef de Bala de faire découvrir l'auteur du vol, méritaient une récompense ; je lui fis donc présent de trois charges de poudre.

Lorsque tous les gens de la caravane furent réunis, nous résolûmes de ne pas coucher dans ce village, dont les habitants passaient pour être peu hospitaliers, et nous nous rendîmes directement aux puits pour nous désaltérer et faire abreuver nos montures. Les puits n'ont pas plus de dix pieds de profondeur, la terre qu'on en retire est glaiseuse ; deux hommes y descendirent pour y puiser l'eau avec mes outres ; on la versa dans des auges en bois qui se trouvaient auprès ; les hommes et les chevaux s'y désaltérèrent également, car nous n'avions aucun vase avec nous. Après nous être abreuvés avec nos chevaux, il fallut les laver pour leur rendre de la vigueur : car la soif qui les dévorait les avait mis à peu près hors d'état de nous porter plus loin.

Des puits, on se rendit à Boqué dans la direction du nord-est, et l'on se reposa sous le bentang de ce village ; on nomme ainsi une place publique couverte.

23 février. — La nuit s'était passée tranquillement ; mais dès le point du jour le bentang, qui était le rendez-vous de tous les habitants du village, fut rempli d'une foule encore plus grande qu'à l'ordinaire ; ma figure et ma couleur excitèrent le rire universel ; mes culottes, qui étaient un peu étroites, furent surtout le sujet des plaisanteries de cette populace ; je les supportai patiemment pendant quelques heures ; mais la foule s'accroissant, je me fis conduire par Boukari dans la case d'un de ses intimes amis, qui était prêtre mahométan.

Pendant que mon hôte faisait préparer mon déjeuner un marabout m'apporta du lait et de la farine de mil ; je fus flatté de ce présent, mais je ne sais pourquoi je supposai qu'il était intéressé : je ne me trompais pas. Il sortit, et un moment après il m'amena sa mère, affligée d'un abcès très gros sur la joue ; je proposai l'opération, la malade et son fils s'y refusèrent obstinément.

Ces gens auraient voulu des charmes, cependant ils n'osèrent m'en demander. Ainsi ce ne fut pas encore là que je commençai à vendre des amulettes. Pendant tout le temps que je passai dans la case du marabout, la porte était assiégée par la foule des curieux ; mon hôte eut beaucoup de peine à les empêcher de la forcer. La population de Boqué est très considérable, elle est composée en partie d'Iolofs. Ce village est riche en troupeaux et en grains. Lorsque la nuit approcha, mon hôte alla secrètement seller mon cheval ; et lorsqu'il fut prêt, il vint me dire qu'il fallait m'habiller en Maure pour échapper aux Poules de Boqué, qui détestaient les blancs ; je ne jugeai pas à propos de suivre son conseil ; mais, enfourchant résolument mon cheval, je sortis du village au galop ; bien m'en prit, j'en fus quitte pour des huées et des injures. La vitesse de mon cheval me délivra enfin de cette cohue qui me poursuivait à toutes jambes. La grossièreté de ces villageois tient peut-être à leur genre de vie ; étant constamment dans les bois avec leurs troupeaux, ils contractent naturellement une âpreté de caractère qui s'effacerait par des communications plus fréquentes avec d'autres hommes.

Je continuai à marcher à l'est, à travers un pays qui me parut riche et bien cultivé ; le bois y était rare. Vers la fin du jour nous fîmes halte à Longangi, village habité par des Iolofs. Un de mes compagnons de voyage me fit donner l'hospitalité par un de ses parents, qui me logea dans une vaste case bâtie en terre ; il y avait dans l'intérieur un grenier auquel on montait avec une échelle. Ce fut là que, pour la première fois, j'entendis annoncer l'heure de la prière par un aveugle, usage qui est général dans le pays de Foute. Chacun s'empressa d'aller remplir de mil ou de farine la calebasse du muézin.

24 février. — Le pays riche et fertile que nous parcourions depuis la veille cessa au village de Galoé. Nous ne vîmes ensuite que des plaines sablonneuses et incultes jusqu'à Diaba, où nous étions à midi ; le chef de ce village invita mes compagnons de voyage à partager son dîner ; seul je ne reçus pas cet honneur ; il chercha à s'excuser en disant que les mets qu'il avait à m'offrir n'étaient pas accommodés au goût des blancs, et que certainement ils me répugneraient. Mais Boukari m'apprit, depuis, que cet homme, observateur zélé de sa religion, eût cru se souiller d'un péché en admettant un chrétien à sa table.

La rivière de Saldé, ainsi nommée parce qu'elle se jette dans le Sénégal au village de Saldé, passe à un quart de lieue au nord de Diaba; elle coule du nord au nord-ouest, et prend sa source près de Tionko, village à une journée de marche au nord de Diaba. Cette rivière, dans l'endroit où je la vis, a environ vingt pas de large; ses rives sont peu élevées, son fond est glaiseux; de chaque côté, à une distance d'une demi-lieue, elle est bordée de terres d'alluvion, comparables à nos meilleurs terrains. Cet espace est couvert de plantations de gros mil de la végétation la plus vigoureuse. La belle verdure de ces champs réjouit et repose l'œil du voyageur, fatigué de la vue de plaines arides ou desséchées par les ardeurs du soleil.

Il était trois heures après midi lorsque nous quittâmes Diaba; nous n'en étions pas encore très éloignés, lorsque des gens se disant envoyés par Almamy, le chef du Foutatoro, vinrent me dire de me rendre tout de suite auprès de leur prince, en laissant à Diaba mes armes, mes marchandises et mon âne sous la garde de Boukari. La figure de ces hommes m'inspirait une grande défiance sur la vérité de leurs discours; toutefois je me préparais à obéir, quand un Toucolor[1], accourant à nous, nous dit que ces hommes étaient des coquins qui n'avaient d'autre dessein que de piller notre bagage; je me trouvais fort embarrassé pour savoir dans quelles mains je me mettrais. Je crus cependant qu'il était plus sage de retourner au village que d'avoir une dispute avec ces gens au milieu de la campagne. Les marabouts qui m'avaient accompagné depuis le pays des Iolofs, loin d'imiter l'exemple donné

---

1. *Toucolor*, métis de Poule et de nègre.

trop fréquemment dans les pays policés, d'abandonner lâchement ses amis lorsqu'ils se trouvent aux prises avec les agents du gouvernement, déclarèrent aux envoyés d'Almamy que je leur avais été recommandé par le Bourb-Iolofs, et que jamais ils n'abandonneraient un blanc qu'ils avaient pris sous leur protection. Alors me faisant placer entre eux, ils me conduisirent au village. Étonnés de notre retour subit, les habitants remplissaient tous les chemins pour nous voir passer. Je descendis de cheval à la porte de la cour du chef et j'allai le saluer; le conseil des vieillards s'assemble aussitôt et l'on m'invite à plaider ma cause contre les prétendus émissaires du roi. J'avais un avocat plein de zèle dans ce Boubakar qui ne m'avait jamais vu auparavant, et dans le marabout Moutoupha, avec lequel j'avais voyagé depuis le pays des Iolofs. Je demandai au chef pour quelle raison Almamy voulait me voir et refusait de laisser passer mes marchandises : « J'ignore, me répondit-il, quel est le motif qui a déterminé Almamy à agir ainsi, mais il faut obéir à ses ordres, et souviens-toi, ajouta-t-il, que si tu es maître sur l'eau, tu ne l'es pas sur terre ; tu laisseras ici tes marchandises, tu en compteras le nombre, et je te jure par Mahomet que tu les retrouveras dans l'état où tu les auras laissées. » Comme je balançais à prendre mon parti : « Crois-tu donc, reprit-il avec fureur, que nous sommes des brigands et que nous voulons te piller ? » Ce jugement mécontenta les vieillards, mais fit triompher la populace qui voyait la cause des faux envoyés d'Almamy gagnée. Boubakar, honteux de ce que son crédit et son éloquence avaient échoué si complètement, mit en usage tous les moyens qui lui restaient pour me délivrer des mains des brigands au pouvoir desquels j'étais tombé. Cette fois ses efforts ne furent pas entièrement infructueux, car bientôt il revint m'annoncer que l'on permettait à mon marabout de partir avec nous, et que l'on me rendait mes marchandises. J'avais peine à ajouter foi à ce discours ; je ne pouvais concevoir qu'un jugement qui semblait avoir été rendu avec toute la solennité requise en pareil cas ne fût pas irrévocable; il me paraissait peu probable que Boubakar jouît d'une influence assez considérable pour l'avoir fait casser; mais peu d'instants après mes doutes furent dissipés : je vis paraître Boukari avec toutes mes marchandises intactes. Les services d'un avocat si zélé n'étaient pas à un prix bien élevé : un grain de corail les paya. Boubakar était cependant un homme riche, et l'on sait qu'en Europe c'est une raison d'exiger davantage d'un client.

Comme je craignais d'être exposé à de nouveaux périls, je pris le parti, lorsque nous fûmes à quelque distance de Diaba, de voyager seul avec Moutoupha et ses amis ; je recommandai donc à Boukari de rester un peu en arrière, jusqu'à ce que nous eussions vu Almamy, et de dire que les marchandises lui appartenaient, et qu'il était chargé seulement de me conduire dans le Oulli pour y voir ma famille. Nous n'arrivâmes que fort tard à Agnam, où nous fûmes logés chez des Iolofs. Notre hôte avait rassemblé plusieurs de ses amis, tous marabouts. Les questions qu'ils m'adressèrent me mirent à même de juger quelle idée médiocre les nègres se font de nos connaissances et de nos richesses.

« Savez-vous écrire ? me demandaient-ils ; pouvez-vous monter à cheval, tirer une arme à feu ? Avez-vous des chevaux, des troupeaux, de l'eau, des pierres ? » Ces dernières questions leur étaient suggérées par l'attention avec laquelle j'examinais toutes ces choses.

25 février. — Partis avant le jour, nous eûmes bientôt laissé derrière nous Padé, village habité par des Iolofs. Pour tirer l'eau des puits de ce lieu, on y descend avec une corde un enfant, qui remplit des seaux de cuir. Une colline assez rapide que nous gravîmes ensuite était absolument nue; ses flancs n'offraient qu'une surface qui semblait brûlée par l'action du feu et que perçaient çà et là des roches ferrugineuses. Mais du sommet de cette colline un coup d'œil magnifique s'offre à nos regards. Depuis que je m'étais enfoncé dans l'intérieur de l'Afrique, mes yeux n'avaient rien aperçu de si beau. Une vaste plaine bien cultivée se déployait devant moi; des champs étaient entremêlés de bouquets d'arbres; plusieurs grands villages annonçaient la richesse du pays, au milieu duquel s'élevait Sedo, ville dont la population peut monter à six mille âmes. Almamy, ou le chef du Foutatoro, s'y trouvait en ce moment. Mes compagnons de voyage me conduisirent chez eux; toute la partie du village qu'ils occupaient était habitée uniquement par des Iolofs; il est difficile de se représenter la joie de ces bonnes gens en se revoyant. Les femmes se jetaient dans les bras de leurs maris, qu'elles serraient étroitement sans leur donner de baisers; cependant la satisfaction qu'elles éprouvaient était si vive, que des larmes inondaient leur visage; les enfants se cachaient et n'osaient paraître devant les voyageurs, qui demandaient à les voir et à les embrasser; les voisins, informés de notre arrivée, accoururent avec empressement pour demander des nouvelles de leurs amis, et surtout de l'état dans lequel se trouvait le pays du Bourb-Iolofs, qu'ils regrettaient toujours comme leur ancienne patrie; Moutoupha, devenu mon hôte, leur faisait une peinture brillante de leur patrie commune : « L'abondance y règne actuellement, disait-il; chacun peut à présent *mettre la poule au pot*[1]; les troupeaux se multiplient, chacun

---

1. Ce fut réellement l'expression qu'il employa.

possède plusieurs pagnes, et l'on y jouit du bonheur, malgré les incursions de nos éternels ennemis les Maures. » Ce récit prouve que l'amour national peut faire illusion même aux nègres sur la situation réelle de leur pays; car les contrées habitées par les Iolofs m'avaient paru misérables. Bientôt toute la case fut en mouvement, car Moutoupha était riche et avait un grand nombre d'esclaves; les uns dessellaient nos chevaux, les autres nous apportaient à boire. Lorsque les premiers moments de la joie furent passés, les yeux se fixèrent sur moi, d'autant plus que Moutoupha m'avait fait asseoir auprès de lui. « Ce blanc, dit-il à ses amis, m'a été recommandé par notre roi, et j'espère que vous aurez pour lui les égards qui sont dus à un prince des blancs. » Dans le moment où il faisait un éloge aussi pompeux de ma personne, j'étais occupé à raccommoder mes souliers et à rapiécer mes vêtements; mais on est prince en Afrique lorsqu'on a un fusil et un cheval. Après notre dîner, auquel chacun s'empressa de contribuer en nous apportant du beurre et du lait, Almamy me fit appeler. Au moment où nous nous présentâmes chez lui, il était à la prière; on nous fit asseoir, en l'attendant, sur des peaux de moutons qu'on étendit à terre. Un grand nombre de curieux nous entourèrent bientôt; mais, ce qui me surprit, ils furent respectueux pour moi. Enfin Almamy parut. Mamadou[1], c'est son nom, pouvait avoir soixante ans; sa figure ne manquait pas d'expression; je dirai plus, son front annonçait un homme de génie, mais il portait aussi les traits de la cruauté. Son costume se composait d'une large culotte blanche; il portait sur ses épaules une tunique de coton à grandes manches; sa tête était couverte d'un bonnet d'écarlate, ceint d'un pagne en

---

1. *Almamy*, ou *iman*, indique la dignité (voir page 170).

forme de turban. Dès qu'il se fut assis, je lui donnai la main, et nous nous adressâmes réciproquement des questions de politesse sur l'état de notre santé; ensuite il s'informa de mon nom et me demanda dans quel pays je portais mes pas. Je lui répondis que j'allais dans le Oulli pleurer sur la tombe de mon père, que les païens y avaient assassiné; que l'objet de mon voyage était de recueillir les restes de sa fortune, et que j'espérais à mon retour pouvoir largement reconnaître les bons services qu'il me rendrait. Il approuva ma résolution, donna de grands éloges à ma piété filiale, et me dit que j'étais libre de partir. Il désavoua hautement la conduite des hommes qui m'avaient arrêté à Diaba et me promit de les faire punir, non seulement à cause de la vexation que j'avais éprouvée de leur part, mais surtout pour l'audace qu'ils avaient eue de se servir de son nom. Un silence profond avait régné dans cette assemblée tant que la conversation entre Almamy et moi avait duré. A l'instant où je me levai, commença un tumulte épouvantable. Le gouvernement du Foutatoro est une oligarchie, et le peuple même n'y est pas sans pouvoir; les uns approuvaient, les autres blâmaient le congé que m'avait accordé Almamy; chacun criait de son côté; cependant personne ne m'empêcha de passer quand je voulus sortir. A peine étais-je hors de la case du roi, que la foule, affamée de voir un blanc, me reconduisit jusqu'à ma case. Mais à part le désagrément d'être entouré de tout ce monde, je n'eus qu'à me louer des procédés des nègres. Les uns venaient affectueusement me prendre la main ou me toucher la barbe; d'autres exprimaient leur haute opinion de ma personne, déclarant que j'étais un marabout, un savant, un docteur de la loi, puisque je savais écrire.

26 février. — Almamy était venu à Sedo pour recruter son armée; ce prince avait alors la guerre contre

Sembaïassin, roi de Galam; plusieurs de ses généraux profitèrent de cette circonstance pour éveiller ses soupçons sur le but de mon voyage; quelques personnes considérables de sa cour vinrent, dans la journée, me demander pourquoi je ne m'étais pas embarqué sur un bâtiment pour aller dans le Oulli; pourquoi, avec les richesses que j'avais, je n'étais pas resté tranquille à Saint-Louis, plutôt que de m'exposer aux ardeurs d'un soleil insupportable pour les Européens. Ils s'imaginaient, je le supposai, que j'allais porter de la poudre au roi de Galam. Toutes ces questions, dont je feignais de ne pas comprendre le sens, me faisaient supporter avec impatience l'absence de Boukari. J'allai le soir, avec le frère de mon hôte, me promener sur la route de Diaba, tant je désirais le voir arriver; mes vœux furent comblés, je l'aperçus. Une indisposition, à ce qu'il m'assura, l'avait retenu en route. Ce n'était pas le moment de lui adresser des reproches; je lui témoignai la joie que j'avais de le revoir, et j'exprimais ce que je sentais : car ce fidèle compagnon de mes voyages avait tellement gagné mon affection que c'était un ami que je ne pouvais plus quitter.

Un grand nombre d'étrangers étaient, sur ces entrefaites, arrivés chez Moutoupha, qui me pria d'aller coucher chez un iman; celui-ci, comme je l'appris depuis, était alors chargé des ignobles fonctions de bourreau; mais chacun étant dans ce pays susceptible de les remplir, selon l'ordre qu'il en reçoit d'Almamy, cette place n'imprime pas comme en Europe un déshonneur à celui qui en est chargé.

27 février. — Au lever du soleil, Almamy me fit dire de me présenter devant lui; je fus longtemps à parvenir jusqu'à sa personne, car une foule nombreuse l'entourait pour entendre le jugement qu'il allait prononcer contre un homme qui avait négligé de se rendre à l'armée. Le coupable, quoique assez avancé en âge, fut condamné à avoir les fers aux pieds et à suivre l'armée en cet état; un iman reçut l'ordre de lui donner plusieurs coups de fouet; l'exécution eut lieu sur-le-champ en présence d'Almamy; le peuple, avide, dans tous les pays, de ce genre de spectacle, accourait en foule pour voir le châtiment qu'on infligeait à ce malheureux; comme il opposait de la résistance, les uns le saisissaient par le bras, les autres lui criaient : « Obéis à Almamy; » tous poussaient des cris de joie en voyant battre ce vieillard. Après qu'on eut rendu d'autres jugements semblables et réglé plusieurs affaires qui avaient rapport au recrutement de l'armée, je fus admis à l'audience d'Almamy. Mon interprète commença par lui dire à l'oreille qu'il avait à lui offrir un présent de ma part; alors ils passèrent avec moi derrière un des murs de sa cour, et Moutoupha mit dans la main de Almamy dix grains de corail. Nous fîmes ensuite appeler Aldondou, le plus puissant chef du Foutatoro; comme Almamy ne prend aucune décision sans le consulter, je lui donnai de même dix grains de corail. J'étais surpris que des hommes qui occupaient les plus hautes dignités de l'État acceptassent un don si mince; mais les peuples de l'Afrique, comme ceux de l'Asie, n'attachent pas tant d'importance à la valeur intrinsèque d'un présent qu'au don même, qu'ils regardent comme un hommage rendu au pouvoir. Les deux chefs nègres, en recevant mon corail, me promirent leur appui, ajoutant que j'étais libre de retourner à ma case et de partir quand je le jugerais à propos. La considération que me valut la protection d'Almamy m'attira des visites sans fin; c'était à qui viendrait voir le blanc du roi.

28 février. — Les soins que m'avaient prodigués Moutoupha et toute sa famille, la manière dont il m'avait défendu à Diaba et à Sedo, méritaient une récompense;

j'étais d'ailleurs resté plusieurs jours chez lui. Pour tant de services signalés il se contenta de six têtes de tabac et de deux feuilles de papier, de deux coups de poudre et de deux grains de corail. Il voulut même nous conduire hors de l'enceinte du village, et un de ses fils nous servit de guide. Je perdais un ami sincère en quittant Moutoupha; aussi il s'aperçut aisément combien cette séparation me faisait de peine, et sans pouvoir exprimer la douleur qu'il éprouvait lui-même, il porta ma main à son front. Je dois encore dire que je suis redevable à ce brave homme d'un avis qui me fut très utile : il me conseilla de me couvrir de ma couverture de laine pour être moins remarqué; je pris ce parti par la suite, et je m'en trouvai très bien.

A midi nous fîmes halte à Mogo, chez un de mes compagnons de voyage; j'éprouvai dans sa case la même hospitalité qu'à Sedo. Notre hôte était Iolof, et j'ai observé dans mon voyage que cette nation a dans le caractère plus de cordialité et de générosité que les Poules; chez ces derniers, il n'y avait ni la même affection pour les étrangers, ni la même abondance que chez les Iolofs. Mon hôte fit prévenir plusieurs habitants qu'il avait chez lui un blanc; la plupart me regardaient avec plaisir, mais l'un d'eux s'écria avec effroi : « Je ne voudrais pas me trouver seul avec cet homme; sa figure blanche me fait peur; je craindrais qu'il ne me tuât. » Ce n'était pas, au reste, la première fois que je remarquais l'impression désagréable que notre couleur, nos traits, toute la personne d'un blanc, en un mot, produit sur les nègres, car une jeune fille, m'examinant un jour avec attention et tâtant ma chevelure, s'écria : « Il a des cheveux comme des crins de cheval ! »

J'attendais avec impatience le moment du départ, tant j'étais obsédé par les curieux. Aussi dès que le vent brûlant de l'est eut diminué, je montai à cheval. Nous marchâmes jusqu'à six heures pour atteindre le village d'Amadi Chaumaret ; quand nous nous présentâmes chez lui pour y être logés, ses femmes, qui s'y trouvaient seules, répondirent qu'elles ne voulaient pas recevoir un Maure ; on devine que c'était moi qu'elles désignaient par ce nom. Ce refus, que j'essuyais pour la première fois, me faisait appréhender de me voir souvent exposé à de semblables accidents par la suite. Mes craintes furent bientôt dissipées pour cette fois : car, nous étant assis devant la mosquée, un Toucolor vint, après la prière, nous inviter à entrer chez lui ; on nous tendit une natte dans sa cour, et malgré les rugissements continuels des lions qui rôdaient dans les environs, nous passâmes une nuit tranquille.

Dans la soirée nous traversâmes le village de Sénocai Ioabé, dont les habitants voulaient contraindre Boukar à passer la nuit chez eux. Comme il n'entrait pas dans nos arrangements de faire halte en cet endroit, je fus obligé de courir à bride abattue sur ces nègres pour retirer Boukari de leurs mains ; je n'éprouvai aucune résistance de leur part ; ils furent même si peu choqués de ma conduite, qu'ils nous donnèrent des guides pour nous mener à Ogo. Quand nous y arrivâmes, on avertit Fonebé, le chef du pays, qu'un blanc était à sa porte. « Qu'il descende de cheval, cria-t-il, et qu'il vienne me voir ! » Lorsque je fus devant lui, il me dit, à ma grande surprise, en français : « *Bonjour, Monsieur,* » et il ajouta en iolof : « Voici votre maison ; si vous avez faim, on vous donnera à manger ; si vous avez soif, vous boirez ; si vous êtes fatigué, vous vous reposerez ; » et, sans me laisser le temps de lui répondre, il me prit par la main, me fit traverser plusieurs cours et s'arrêta dans la dernière ; vingt esclaves étaient en mouvement à ses ordres ; il fit conduire mes montures dans la cour de ma case, ce qui n'a jamais lieu, et lui-même leur donna à manger; un esclave arriva ensuite avec une énorme peau de mouton et une natte, il les étendit à terre et Fonebé m'invita à m'y asseoir; il fit également apporter un coussin en maroquin pour reposer ma tête. Cependant les nègres, mus par la curiosité, accouraient pour me voir; il se mit à les chasser, en leur disant qu'ils ne devaient pas m'importuner; puis il entama l'éloge des blancs et déclara qu'il les estimait beaucoup, parce que, dans un voyage qu'il avait fait à Saint-Louis, il en avait reçu un très bon accueil. Ensuite il m'apporta lui-même un grand vase rempli de miel et d'eau, dont je savourai la douceur avec un plaisir infini; puis, s'asseyant auprès de moi, il me prit la main et ne cessa de me demander comment je me portais. J'étais vraiment émerveillé; je me croyais dans le pays des illusions; je ne me serais jamais imaginé, avant mon voyage, qu'un noir, au milieu de l'Afrique, pût avoir des manières aussi affables. Ayant remarqué qu'il tenait un trousseau de clefs à la main, je lui en demandai l'usage; à l'instant il me fit traverser plusieurs cours, dans l'une desquelles étaient sa femme et ses filles, toutes très jolies; il me les présenta, puis il m'ouvrit plusieurs magasins, où je vis une grande quantité de mil, preuve de son intelligence et de sa prudence; il me le montrait avec un certain orgueil, que j'étais loin de blâmer. J'admirai la simplicité des serrures et des clefs; les premières sont en bois, les secondes ressemblent aux *rossignols* de nos serruriers.

Quand je fus revenu sur mon lit, il me demanda ce que je désirais pour mon souper; je devais naturellement m'en rapporter à ses soins : c'est ce que je fis.

L'heure de la prière arrivée, j'accompagnai Fonebé au diakra ou mosquée, que je voulais voir. C'était un grand bâtiment en terre et haut de douze pieds, avec toit et des gouttières saillantes pour l'écoulement des eaux. Comme il ne m'était pas permis d'entrer dans ce temple, je regardai l'intérieur par une des portes ; il y en avait trois, une à la façade et une sur chacun des côtés adjacents ; je n'aperçus pas de niche ni même d'enfoncement le long du mur tourné vers La Mecque ; le seul objet que je remarquai fut un petit escalier en terre qui servait à l'aveugle faisant les fonctions de muézin pour monter sur le toit du diakra. Des pilastres en terre supportent le comble de ce temple ; il y en a quatre sur chaque côté.

En m'éloignant de cet endroit, je rencontrai deux vieux imans qui me demandèrent pourquoi j'étais venu dans le Foutatoro, pourquoi je mettais des pantalons aussi serrés, pourquoi le chef du village m'avait logé, pourquoi, enfin, je n'étais pas allé dans le Oulli sur un bâtiment : car ces gens ne croient pas qu'un blanc puisse voyager s'il n'a un navire sous ses pieds. Je me gardai bien de répondre à toutes ces questions, et mon hôte vint fort à propos leur imposer silence ; il me dit en iolof : « Faites ce que vous voudrez, examinez, écrivez, courez, vous êtes le maître ; ces vieux imans ne sont que des radoteurs. » Je le suivis à sa case, mais je remarquai que, sans avoir tout à fait changé à mon égard, il avait secrètement prêté l'oreille aux suggestions des imans, car il m'adressa plusieurs propositions insidieuses : « Si vous voulez, me dit-il, une lettre pour le Bondou, ou le Bambouck, je vous la donnerai ; si vous voulez aller dans le pays de Bambaras, je vous prêterai un esclave qui vous y conduira. » Je lui répondis que je n'allais pas dans le Bambara, et que mes affaires m'appelaient dans le Oulli. « Je ne vous cache pas, reprit-il, que mes compatriotes les Toucoiors, en vous voyant, prétendront que vous allez chez les Bambaras ; ainsi je vous conseille de vous habiller en Maure. »

Suivre un avis semblable m'eût exposé à un danger imminent chez des hommes fanatiques, qui, dès qu'ils auraient reconnu mon travestissement, auraient voulu me forcer à embrasser leur religion.

Le soir on nous fit servir pour notre souper du couscous avec du beurre, du sel et deux espèces de lait; mon marabout n'avait jamais fait si bonne chère, et le gîte lui semblait si agréable qu'il ne cessait de me demander si mon intention n'était pas d'y séjourner longtemps. Notre hôte se leva la nuit et vint nous dire que le temps était trop froid pour coucher en plein air, et qu'il fallait venir reposer dans sa case; nous l'y suivîmes; le feu fut aussitôt allumé; les nattes et les peaux furent étalées, et tous trois nous passâmes fort tranquillement la nuit, l'un près de l'autre.

2 mars. — Je donnai à mon hôte un gros grain d'ambre et trois coups de poudre; je crus que jamais il ne mettrait fin à ses remercîments; il monta à cheval et nous conduisit pendant un quart de lieue. Fonebé, qui m'avait si bien traité, est le chef de plusieurs villages. Comme les autres chefs, il tire son revenu de la location et de la vente des terres qui lui appartiennent en cette qualité. Son caractère franc et généreux le fait jouir d'une grande considération; dans un temps de disette il a seul nourri tout le Foutatoro; le nombre de ses esclaves est très considérable; il y a peu d'années qu'il fit présent au roi de Cassoun d'un cheval estimé treize captifs. Fonebé est d'une taille ordinaire, maigre et d'une faible constitution; ses joues sont creuses, ses traits sont moins allongés que ceux des Poules, la couleur de sa peau est plus foncée; il a le regard spirituel et la tête ronde comme tous les hommes de sa nation, ce qui les distingue des nègres purs. Il est très vif, parle avec une volubilité inconcevable, ne reste jamais cinq minutes dans la même place; il donne des ordres aux uns, court écouter les autres, et semble connaître sa supériorité sur tous les hommes de sa couleur. Grand admirateur des blancs et de leurs arts, il a, de plus que ses compatriotes, quelques idées du beau; son costume ressemble à celui d'Almamy, que j'ai déjà décrit; cependant, par-dessus son bonnet d'écarlate il porte un chapeau rond, qu'on lui a donné à Saint-Louis. Fonebé avait bien étudié le caractère des blancs, sa conduite le prouvait; il savait que par de bons traitements l'on obtient aisément d'eux des marques de bienveillance.

Le pays que j'ai traversé aujourd'hui est plat et entrecoupé de bouquets de gommiers; la surface inculte de ces plaines ne se compose que de pierres ferrugineuses, qui sont de même en grande quantité dans les montagnes qui bornent l'horizon. Après avoir parcouru ces espaces, où rien n'annonce le travail de l'homme, nous arrivâmes à Senopalé; la nuit nous ayant surpris dans ce village, j'engageai mon marabout à y chercher un logement; il semblait illuminé, parce que la coutume dans le Foutatoro est de faire la cuisine dans les cours; peut-être veut-on écarter au moyen du feu les bêtes féroces qui rôdent quelquesfois dans les rues des villages.

Mon marabout était entré dans une grande case; je vis, à ma surprise extrême, deux femmes se jeter à son col et le serrer étroitement de leurs bras : c'étaient sa sœur et sa nièce; j'eus aussi ma part de leurs caresses; ce bon accueil ne se borna pas là; elles prirent nos fusils, m'aidèrent à descendre de cheval et le dessellèrent, oubliant le préjugé qui dans ce pays ne permet pas à une femme de toucher à ces deux objets. Malgré les moments que ces deux femmes donnaient au plaisir de revoir leur parent, le souper fut bientôt préparé; on nous servit du lait et du couscous, ensuite on alluma un grand feu dans la cour, et on me tendit un lit auprès de ce foyer. Chez les gens riches, la coutume est de se réveiller pendant la nuit pour manger. Vers deux heures du matin, conformément à cet usage, l'on nous donna du couscous et de la viande ; loin de prendre du repos, nos deux hôtesses avaient, pendant toute la nuit, parcouru le village pour se procurer chez leurs voisins des poules ou d'autres provisions, afin de célébrer notre heureuse arrivée.

3 mars. — Mon marabout était au comble de la joie ; il me demanda la permission de rester avec sa famille jusqu'à l'heure à laquelle la chaleur cessait de se faire sentir. Je prenais une part si vive à son bonheur, que je me rendis à ses vœux. « Tout ce que je souhaite, me dit-il, est de pouvoir venir un jour habiter le Foutatoro ; nous autres nègres, lorsque nous allons nous établir dans un pays étranger, nous nous empressons de ramasser une petite fortune afin de retourner le plus tôt qu'il nous est possible dans le lieu qui nous a vus naître et où habitent nos parents. » L'amour de la patrie est donc, dans tous les pays, un des sentiments les plus vifs dans le cœur de l'homme. L'ambition ni la cupidité ne peuvent l'émousser. La sœur et la nièce de Boukari s'étaient richement parées pour nous faire honneur ; leurs oreilles, leurs cheveux, leur cou étaient chargés d'or, de corail et d'ambre ; elles portaient aussi beaucoup de grelots d'argent. Si les diamants attirent en France les regards sur les femmes qui en sont parées, dans le Foutatoro le bruit que font les grelots lorsqu'elles marchent fixe aussi l'attention sur elles. Sous tous les climats la coquetterie a inventé quelque moyen de charmer les yeux et de plaire. Les deux parentes de Boukari étaient jolies ; elles avaient le visage long, les traits fins, les formes délicates, la taille svelte et bien prise, la peau d'un noir d'ébène ; car de même que les métis sont d'un blanc plus mat que les Européens, les Toucolors, issus des Poules et des nègres, sont d'un noir plus foncé que ces derniers. La modestie de ces deux femmes m'enchantait ; chaque fois que je les regardais, elles baissaient les yeux et se couvraient de leur voile de mousseline. Je crus devoir, en galant chevalier français, faire leur éloge devant mon marabout ; mais ce philosophe africain ne me répondit que par un sourire qui n'était pas fort approbatif. Malgré le plaisir que je goûtais à contempler la jolie figure de ces deux Africaines, je les quittai pour aller jeter un coup d'œil sur les environs de Senopalé ; ils sont occupés par des champs de riz sec qui, pour la bonté, égale, je ne crains pas de l'avancer, celui de la Caroline. La chaleur m'obligea bientôt de rentrer à la case, où je fus aussitôt obsédé par une foule de Toucolors qui, pour la première fois, m'adressèrent à l'envi des questions sur mes opinions religieuses ; ils parurent assez scandalisés de ce que je ne croyais pas comme eux que Mahomet fût le prophète de Dieu. « Pourquoi, disaient-ils, ne respectes-tu pas notre prophète comme un envoyé du Très-Haut, puisque nous reconnaissons le Christ comme tel ? » Pendant cette discussion théologique, des enfants, qui s'étaient glissés dans la foule, ayant remarqué avec surprise combien la plante de mes pieds était sensible, s'amusaient à me chatouiller cette partie, ce qui mit ma patience à bout. Pour me délivrer de tous ces importuns, j'ordonnai à Boukari de seller mon cheval et fis mes adieux à sa sœur en lui donnant un grain de corail. Nous fûmes obligés d'aller aux puits chercher nos vêtements, que la nièce de mon marabout blanchissait ; car en Afrique les femmes les plus riches, semblables à la belle Nausica, trouvent tout naturel de remplir les fonctions les plus simples du ménage.

La plaine de Sénopalé que nous traversâmes renferme un grand nombre de villages tellement rapprochés les uns des autres, qu'ils semblent n'en former qu'un seul; la population de cette plaine s'élève au moins à vingt-cinq mille âmes. Les feux de toutes ces cases répandaient une clarté si considérable qu'on eût cru voir un de ces incendies si communs dans les déserts de l'Afrique.

Nous eussions été longtemps sans trouver un gîte, si un Toucolor ne nous eût offert son magasin pour asile et n'eût partagé son souper avec nous. Quel pays civilisé offrirait un tel exemple d'hospitalité? Sans argent, sans ordre du souverain, sans recommandation, on est toujours sûr en Afrique de trouver une hôtellerie. D'ailleurs ce n'est pas un gîte qu'on offre par commisération au voyageur inconnu et pauvre, comme il arrive très souvent en Europe; ce n'est pas une botte de paille que la pitié lui fait donner comme aux animaux; si on lui donne à manger, on ne lui offre pas avec une dédaigneuse libéralité les restes de la table où l'on s'est assis; au contraire, on le traite comme un ami; pendant une demi-heure au moins on s'informe, avec une attention particulière, de l'état de sa santé; on le fait asseoir à côté de soi; on s'excuse de la médiocrité du repas qu'on lui offre. C'est peut-être en Afrique qu'il faudrait envoyer les hommes engoués de notre civilisation et de notre humanité; ils y verraient ceux qu'ils traitent de grossiers et de sauvages pratiquer la vertu sans ostentation; ils y trouveraient de bons modèles à citer aux Européens [1].

Près du village où nous couchions demeurait un marabout qui avait fait le pèlerinage de La Mecque; j'allai avec Boukari le consulter sur le cours du Niger;

---

1. Voy. dans LE VAILLANT, *Voyage chez les Hottentots et chez les Cafres* (qui fait partie de la même collection que le présent volume) **plusieurs observations analogues.**

il me répondit qu'en deçà et au delà de Tombouctou on rencontrait des États entièrement habités par les Poules ; que le Dyaliba se jetait dans le Nil, et que ses eaux, après s'être mêlées à celles du fleuve de l'Égypte, se rendaient dans la mer.

4 mars. — Le chant des coqs fut le signal de notre départ ; nos hôtes voulurent nous servir de guides. Nous n'avions encore fait que très peu de chemin, lorsque des gens expédiés par le chef du village de Banaï où nous allions, vinrent nous arrêter ; l'un d'eux saisit même mon fusil par le canon ; j'eus le temps de l'armer, et je menaçai ce nègre de le tuer s'il ne lâchait pas mon arme. Me voyant déterminé à exécuter mes menaces, il abandonna mon fusil ; honteux cependant d'avoir cédé si vite, il revint encore à la charge ; alors je fus obligé de tirer mon poignard et de me préparer à la défense ; nos deux guides, qui étaient un peu en arrière, arrivèrent fort à propos pour faire cesser ce combat inégal, car nos antagonistes étaient six contre deux, et ils m'engagèrent à me rendre sans résistance devant le chef de Banaï ; je les y suivis. Lorsque nous fûmes en présence de ce chef, il s'assit sous un arbre et nous interrogea ; il prétendit que nous déguisions le but de notre voyage, et que nous allions chez les Bambaras. Je lui répondis que j'avais vu Almamy, et que ce prince m'avait permis de traverser ses États.

« Pourquoi ne vous a-t-il pas donné une lettre ? » répliqua-t-il. Cette observation ne me parut pas déplacée et me prouva que, dans cette partie de l'Afrique au moins, les naturels ont une idée assez exacte de la police des routes ; je ne pouvais me plaindre que l'on commît une injustice à mon égard ; car, en Europe, l'oubli de mon passeport m'eût de même fait arrêter. Il fut décidé, après une longue délibération, que mon marabout monterait à cheval et irait trouver Almamy, et qu'en attendant son retour mes marchandises seraient déposées dans un magasin, pour être à l'abri du pillage. Une décision semblable fait voir, mieux que mille raisonnements, que le Foutatoro a réellement un gouvernement régulier; que la police s'y exerce au nom du prince, et que tout marche bien pour l'intérêt commun. Le magasin qui renfermait mes marchandises avait trente-deux pieds de circonférence et dix-huit dans sa plus grande hauteur; la porte formait un ovale large comme le corps d'un homme; c'était plutôt un œil de bœuf qu'une porte; elle avait une serrure que je fermai dès que je me fus établi dans l'intérieur. Cependant tous les enfants du village, grands et petits, rassemblés à la porte, la poussaient pour entrer, et j'étais obligé de la soutenir contre leurs efforts; je les voyais à travers une fente me présenter leur col, en me faisant signe qu'on allait couper le mien; d'autres me montraient le poing, enfin quelques-uns se bornaient à me faire des grimaces. Répondre à leurs insultes eût été s'exposer à succomber sous leurs mauvais traitements. Entièrement livré à mes tristes réflexions, j'attendis avec patience l'heure où l'on m'apporta mon souper. Dans ma disgrâce je fus d'autant plus touché de cette attention que je me rappelai qu'en France un maire ne s'occupe pas de donner à manger aux voyageurs qu'il arrête parce que leurs papiers ne sont pas en règle. Le chef du village africain, beaucoup moins civilisé mais plus humain, fit servir à son prisonnier un excellent repas à la mode du pays; enfin il poussa l'obligeance jusqu'à aller couper lui-même de la paille pour mon âne. C'était, il en faut convenir, pousser la bienfaisance au plus haut degré. « Quelle leçon, me disais-je, pour tant de blancs chargés de l'exécution des lois, et qui ont tant de peine à montrer de la bienveillance, lorsqu'elles ne la leur prescrivent pas! »

La fraîcheur de la soirée m'invitait à sortir de ma prison pour respirer un peu plus librement; je m'assis donc à la porte; mais par malheur l'école était dans mon voisinage. Dès que les enfants eurent éteint le feu qu'on allume pour qu'ils puissent lire à sa clarté, ils vinrent tous s'asseoir à mes côtés. J'ai toujours, je l'avoue, frémi dans mon voyage à l'aspect d'une troupe d'enfants ou de femmes; ces êtres faibles font le tourment éternel du voyageur dans l'intérieur de l'Afrique. Cette quantité d'enfants, qui étaient au moins au nombre de cinquante, me mit à la torture : les uns m'ôtaient mes souliers et m'écorchaient les pieds en s'amusant à me rechausser de nouveau; les autres essayaient mon chapeau et riaient de leur figure sous ce nouvel ajustement de tête; quelques-uns me déboutonnaient, et, sans la présence de trois vieilles duègnes, ils m'eussent mis, je pense, *in naturalibus*.

5 mars. — Pendant que j'étais occupé à examiner la bibliothèque de mon hôte, qui consistait en quatre volumes de prières, mon marabout arriva avec deux gens d'Almamy; ce roi avait répondu que j'avais eu tort de ne pas attendre le guide qu'il se proposait de me donner, et qu'il m'enjoignait, si je ne voulais pas être obligé de retourner à Saint-Louis, de revenir auprès de lui. Un chef, quelle que soit sa couleur ou son origine, a toujours raison. J'obéis à l'ordre d'Almamy; mais, pour rendre hommage à la vérité, je dois déclarer qu'il ne m'avait jamais proposé de guide; regrettant sans doute de m'avoir si facilement congédié, il espérait que la résistance que j'opposerais à ses ordres justifierait auprès du gouverneur français les mesures arbitraires qu'il voulait vraisemblablement prendre à mon égard; mais les sages conseils de Boukari me firent sentir que la patience et l'obéissance étaient les seuls moyens qui me restaient pour réussir dans mon entreprise. Je croyais partir le jour même. Je demandai donc aux gens d'Almamy s'ils étaient disposés à me mener à l'instant devant leur roi; ils me répondirent que le lendemain ils m'y conduiraient. Furieux d'être à la merci de tels hommes, je tempêtais, je menaçais; mais les nègres ne faisaient que rire de ces menaces. Un Toucolor me fit une réponse à laquelle, je l'avoue, je ne trouvai pas de réplique : « Tu te plains, me dit-il, d'être sans cesse questionné, d'être exposé à mille vexations; mais nous, nous sommes bien autrement tourmentés lorsque nous allons à Saint-Louis; un soldat a voulu un jour me tuer pour n'avoir pas répondu au mot... « Ti vive! », que je ne comprends pas. »

6 mars. — Au moment où nous allions partir, nous vîmes arriver une caravane de Serracolets; car, malgré la guerre qui existait entre eux et les Poules, les marchands des deux nations commerçaient librement et avec sécurité; ils n'étaient pas même soumis à ces perquisitions qui, chez nous, exposent les négociants à tant de vexations. Se reposant sur la bonne foi des marchands, les gouvernements les protègent, et l'on n'a jamais pu me citer l'exemple d'une caravane pillée par l'une des deux armées. La sagesse naturelle des Africains leur a donné des institutions que la science de la politique, après des siècles de systèmes et d'essais, leur procurerait difficilement.

A peu de distance de Banaï, nous quittâmes notre hôte, qui fut fort mécontent du présent que je lui fis. Nous nous dirigeâmes vers le nord, et nous fûmes obligés de passer devant Senopalé; la sœur de Boukari nous eut bientôt aperçus; elle accourut tout effrayée pour connaître le sujet de notre arrestation; dès qu'elle l'eut appris, elle courut auprès du frère d'Almamy, qui nous accompagnait, et chercha à dissiper les soupçons odieux qui planaient sur nous. Boukari, touché des efforts de sa sœur pour le défendre, lui donna sa bague comme gage de souvenir; cette femme intéressante nous quitta en nous serrant affectueusement la main.

Arrivés à Canel, où se trouvait Almamy de Bondou, vieillard de soixante ans, j'allai lui rendre visite; j'eus beaucoup de peine à parvenir jusqu'à sa case, à cause du grand nombre de courtisans et de soldats qui en occupaient toutes les avenues. Ce roi était couché sur un lit; il s'informa de ma santé, me demanda où j'allais, puis m'offrit sa protection pour traverser ses États; il me fit tendre ensuite une peau de mouton sur le sable et m'engagea à m'y asseoir, me questionna sur différents habitants de Saint-Louis avec lesquels il était lié, et enfin me congédia. Je reçus l'hospitalité chez le chef du village. Depuis plusieurs jours la fièvre m'avait tellement épuisé, qu'il me fut impossible de monter à cheval; on fut obligé de m'y placer. En sortant de ce village, une foule innombrable de jeunes gens me suivit en me couvrant de huées; quelques-uns même crièrent qu'il fallait me tuer. Ces cris et la douleur que j'éprouvais enflammèrent tellement ma colère que, prenant la bride de mon cheval entre mes dents, je courus au grand galop sur cette troupe d'assassins, prêt à tirer sur eux. L'approche d'un régiment n'eût pas produit une terreur plus grande; la multitude s'éparpilla dans les champs; m'en voyant enfin délivré, je rejoignis mes compagnons de voyage, qui approuvèrent ma conduite. Enfin nous arrivâmes dans le village qu'habitait le roi Almamy. Un iman m'offrit sa case, que j'acceptai.

7 mars. — Pendant que je reposais, on vint appeler mon marabout de la part d'Almamy; on ne peut s'imaginer quelle fut la surprise de ce roi lorsqu'il apprit que j'avais obéi à ses ordres. Toutefois, il eut l'air de vouloir me prendre en défaut, car il interrogea Boukari sur plusieurs griefs dont nous étions accusés. « Pourquoi, lui demanda-t-il d'abord, êtes-vous partis sans connaître mes ordres ultérieurs ? Tu n'ignores pas qu'il est défendu de voyager pendant la nuit, et cependant tu es sorti de Senopalé lorsque le soleil était couché. Votre intention était donc de fuir ? Ton blanc s'est surtout rendu coupable en se défendant contre les gens du chef de Banaï. — Almamy, lui répondit mon marabout, le jour même où nous te fûmes présentés, tu partis sans nous faire connaître ta volonté; et l'approbation que tu donnas au but de notre voyage nous fit croire que tu ne t'opposais pas à notre départ; originaire du Foutatoro, j'en connais et j'en respecte les lois; mais tandis que nous étions à prendre à la fontaine notre linge que nous avions donné à blanchir, la nuit nous surprit, et nous fûmes cependant obligés de continuer notre route; si j'ai négligé d'aller informer le chef de Setiababanhi de notre arrivée, son absence et les ténèbres de la nuit en ont été la cause; car dans tous les lieux où nous avons couché, j'ai toujours rempli cette formalité, prescrite par nos usages; je ne craindrai pas de te le dire, puissant Almamy, la défense de mon blanc est légitime; on voulait le désarmer; aucun homme n'a le droit d'en désarmer un autre avant que celui-ci soit condamné, et tu sais d'ailleurs que la nation des blancs souffre impatiemment qu'on l'insulte. » Ce discours, s'étant trouvé entièrement conforme à la vérité, produisit sur l'esprit d'Almamy l'effet qu'on devait en attendre. « Si ton blanc, reprit-il, veut retourner au Sénégal ou aller dans le Oulli, je lui donnerai un guide; je le prends sous ma protection : il n'a rien à craindre. » Quelques instants après Almamy se mit en route pour Canel, où il devait avoir une conférence avec Almamy de Bondou, son allié. Après le départ de ce prince et des chefs, le village fut comme abandonné; il n'y restait que les femmes, les enfants et les estropiés, dont la foule assiégeait ma case. Quoique la maladie eût épuisé mes forces, on me conseilla de monter à cheval et d'accompagner Almamy, dont l'orgueil serait sans doute flatté d'avoir un Européen à sa suite. Tous les chemins que nous traversâmes étaient couverts de fantassins et de cavaliers qui allaient rejoindre l'armée. J'étais souvent exposé aux insultes de cette troupe; mais je dois dire aussi que chaque fois qu'un chef passait, on feignait d'avoir pour moi les égards les plus respectueux. Quelques soldats avaient des bottes en cuir sans semelles, d'autres des chapeaux de paille; tous étaient couverts de plusieurs pagnes. La plupart des fusils étaient dans le plus mauvais état; le bois de quelques-uns avait été façonné par les nègres eux-mêmes. Plusieurs étaient armés de lances, quelques-uns d'un sabre; des ânes étaient chargés du bagage des principaux chefs de l'armée, car les simples soldats portaient avec eux tout ce qui pouvait leur être nécessaire, entre autres les provisions de bouche, qui consistaient en une petite calebasse d'eau et un sac de couscous sec. La plupart des cornes à poudre étaient presque vides. En France les soldats dépensent en route leur solde pour se procurer du vin et des liqueurs; en Afrique ils payent avec leur poudre le lait qu'ils boivent ou les volailles qu'ils achètent, de sorte que lorsqu'ils arrivent au combat il ne leur reste souvent qu'une seule charge de poudre. Almamy avait fait halte dans la partie la plus touffue d'un bois, et reposait au pied d'un arbre. En descendant de cheval, j'allai, comme le reste des guerriers, lui prendre la main; il m'accorda la haute faveur de me faire tendre auprès de lui une peau de mouton, sur laquelle je m'assis;

je faisais là une bien triste figure, car ceux qui venaient rendre leurs hommages au prince ne manquaient pas de rire de moi; cependant sa présence contenait un peu les mauvais plaisants. Almamy était à une grande distance de ses sujets, qui reposaient sous d'autres arbres et s'entretenaient ensemble de la guerre qu'ils allaient entreprendre. A un signal donné, tout le monde fut à cheval. Lorsque Almamy fut sur le point de partir, tous les enfants vinrent lui prendre la main, sans que ce chef en écartât un seul.

Cette petite armée présentait un coup d'œil assez imposant, car tous les hommes du Foutatoro ont pour la guerre un costume semblable à celui des mamelouks. Tous ces turbans blancs et ces robes de la même couleur, ces chevaux qui, au nombre de trois cents, marchaient sur deux lignes, comme dans un de nos escadrons, produisaient un effet magnifique. Par derrière la cavalerie venaient les fantassins, la plupart armés de fusils. Toutes ces troupes pouvaient s'élever à douze cents hommes. Quant à moi, je me tenais à une grande distance, craignant surtout les fantassins, qui ne sont que la lie du peuple. Dès que nous fûmes arrivés dans le village, nous allâmes chez notre hôte de la veille; il voulut bien me loger, ainsi que mon marabout, mais il refusait de recevoir les Toucolors, qui payèrent son refus de mille injures. Comme je ne voulais pas abandonner mes compagnons de voyage, nous fûmes obligés de retourner sur la place publique; nous y vîmes le chef du village occupé à assigner les logements à tous les gens de guerre; il n'eut pas le temps de nous répondre, mais deux aides de camp d'Almamy qui étaient avec moi lui enjoignirent de nous en indiquer un; aussitôt il donna ordre à un habitant de nous recevoir chez lui; celui-ci obéit. Nous étions six de notre troupe. Quoique épuisé par la maladie et par une médecine composée de lait et de sel que m'avait donnée un nègre, il me restait assez de forces pour soutenir une conversation. Je consultai donc des marabouts de Canel sur la position de deux rivières que j'avais aperçues. Ils m'apprirent que dans le village d'Ouanondé, à une journée de marche au nord de Banaï, se trouve la source du Guiloum, rivière qui coule au nord et se jette dans le Sénégal, à Beldialo.

A peu de distance à l'est de Canel coule le Guiloulou, petite rivière dont la source est au nord, à une journée de marche dans le village du même nom; elle se jette dans le Guiloum, à une journée et demie de Canel, près du village de Ouaondi.

La fièvre, les rugissements des lions, mais plus encore l'intarissable causerie des nègres me tinrent éveillé toute la nuit. Curieux de connaître le sujet d'une conversation si animée, je priai Boukari de me la communiquer en iolof. Quand je fus au fait, je vis que les Africains, comme les Européens ignorants, sont enclins à déraisonner sur ce qu'ils ne connaissent pas. Ces nègres croyaient que les Européens ne vivent que sur l'eau, qu'ils n'ont ni terre, ni maison, ni bestiaux; ils ajoutaient que les fleuves et les grandes eaux nous appartenaient, de même que toutes les terres étaient leur patrimoine; je jugeai que c'était pour cette raison que les blancs seuls étaient forcés de payer des coutumes aux rois nègres, qui les regardaient comme leurs tributaires. Ils n'avaient pas grande opinion de notre courage; ils disaient que nous ne savions pas même tirer un coup de fusil, et que cette science était exclusivement le partage des Maures et des Poules.

Pendant que j'écoutais attentivement leur conversation, l'un de ces nègres, s'adressant à moi, me pria de lui écrire le nom de Jésus-Christ, assurant à ses camarades que c'était en prononçant ce nom sacré que nous obtenions toute sorte de richesses ; quand il eut obtenu ce qu'il désirait, il me demanda ce qu'il devait faire pour obtenir d'Issa toute sorte de biens ; je lui répondis qu'il fallait beaucoup travailler et peu dormir. Ce moyen ne parut pas remplir l'attente dont il s'était bercé : car ajoutant plus de foi aux effets des gris-gris qu'aux résultats futurs de mes conseils, il me demanda un autre gris-gris ; je lui écrivis une prière sur un petit morceau de papier ; les nègres adoreraient le moindre fétu s'ils pensaient qu'il a le pouvoir de les enrichir : on les croit très heureux, parce qu'on les suppose à l'abri de toute ambition ; mais là comme ailleurs la soif de l'or tourmente l'homme, et il aime de même à le gagner sans peine.

9 mars. — Grâce au tamarin, que je buvais en grande quantité, je recouvrai la santé ; la nature, bienfaisante, a eu soin de multiplier à l'infini cet arbre dans les régions chaudes de l'Afrique ; c'est la panacée du nègre, c'était aussi la mienne ; par l'effet de ce remède simple et agréable, je me vis délivré d'une fièvre qui me semblait d'abord devoir abréger la durée de mon voyage. Me sentant entièrement rétabli comme par enchantement, je me mis en route pour visiter les environs de Canel ; j'étais accompagné d'un homme qui avait perdu l'ouïe d'une manière fort singulière. Il règne dans le Foutatoro une coutume non moins barbare qu'extraordinaire : l'esclave qui veut changer de maître va, par surprise ou par force, couper l'oreille à l'homme qu'il affectionne ; dès ce moment il lui appartient, et son ancien maître ne peut le reprendre ; tel était l'accident qui avait rendu sourd mon compagnon de voyage ; deux esclaves lui avaient successivement coupé chacun une oreille à ras de la tête, et la plaie, en se fermant, avait entièrement bouché le conduit auditif. Voilà, certes, un homme bien malheureux de sa réputation de bonté, qui attirait vers lui les esclaves. A présent, gare à ses chevaux : car puisqu'il n'a plus d'oreilles, ce seront celles de ces animaux que les esclaves fugitifs viendront couper.

Je crois que si l'on voulait former un établissement dans l'intérieur de ce pays, on ne pourrait choisir une position plus agréable que celle de Canel, dont la population peut monter à cinq ou six mille âmes. Au nord s'élèvent de hautes montagnes pelées que couronnent des arbustes entièrement dépouillés de verdure; à l'ouest coule une rivière dont la vue est dérobée par les arbres qui l'ombragent; un bois épais borne l'horizon au sud et à l'orient. Après avoir admiré le riant aspect qu'offrait cet immense village, je voulus me rendre sur les bords de la rivière; je fus obligé, pour y arriver, de traverser une vaste plaine; c'est une terre d'alluvion de la plus grande fertilité; elle était alors couverte de gros mil qui promettait d'abondantes récoltes.

Les bords de la rivière sont peu élevés et peu boisés; mais des deux côtés se déploie au loin la plus belle verdure, spectacle vraiment enchanteur au milieu des plaines arides de l'Afrique. On croit voir les riches prairies de la Normandie. Pendant le jour, on laisse paître les chevaux dans ces gras pâturages; le soir, on a soin de les en retirer, à cause du grand nombre de lions qui viennent en cet endroit se désaltérer dans la rivière. Elle coule du nord au sud; elle est peu large dans cette saison; son fond est glaiseux. Je laissai mes chevaux pâturer en liberté dans ces herbages, et après être resté assis quelque temps sous un arbre à contempler avec délices ces campagnes fertiles, je ne pus résister au désir de me baigner, malgré mes récents accès de fièvre; je ne craignais pas que l'eau par sa fraîcheur me causât la mort; dans ces contrées brûlantes elle est toujours tiède, et si elle n'est pas agréable à boire, du moins elle n'est pas malfaisante. Ce bain me fut très salutaire et je me sentis, en sortant de l'eau, une vigueur nouvelle; je jugeai que la maladie m'avait enfin quitté : le courage me revint et je me mis à couper de l'herbe pour mon cheval et mon âne, j'en fis plusieurs bottes et je regagnai Canel avant le coucher du soleil, me promettant bien de recommencer une semblable course le lendemain.

10 mars. — J'avais remarqué sur le bord du Guiloulou des débris de fourneaux en terre, dans lesquels les Toucolor fondent leur fer, d'après la manière décrite par Mungo-Park. Ayant appris que la mine de fer se trouvait à une lieue de distance, dans les collines situées à l'ouest de Canel, j'y allai à cheval, dès le matin, accompagné d'un marabout du pays, à qui je donnai pour ce service deux colliers de verroterie. Après avoir traversé un terrain assez bien cultivé, nous arrivâmes dans un endroit entièrement inculte et couvert de pierres ferrugineuses; nous apercevions de chaque côté des champs inondés par les torrents descendus des montagnes et qui annonçaient une grande fertilité; des gommiers épars s'étendaient jusqu'au pied des hauteurs.

J'escaladai la montagne la plus élevée; elle était très rapide, son flanc n'offrait qu'une masse de pierres ferrugineuses, non adhérentes les unes aux autres, et par conséquent sujettes à glisser aisément; à diverses distances, des rochers de couleur blanche, à sommets arrondis et de forme à peu près quadrangulaire, sortaient du milieu de ces pierres; mais les angles de ces rochers étaient presque obtus et en quelque sorte effacés. Parvenu au sommet de la montagne, je découvris une étendue immense du pays; à la base de la montagne s'élevait une chaîne qui se dirigeait vers le sud-est, en forme de fer à cheval très ovale. Un seul baobab s'élève dans cette plaine désolée ; le marabout que j'avais laissé au bas de la montagne avec nos chevaux, les avait attachés à un arbre et était venu me rejoindre ; me voyant regarder avec beaucoup d'attention les pierres dont le sol était couvert, il fit avec son poignard un trou dans une terre grisâtre qui est placée sous la première couche des pierres et qui semble mêlée de cendre, il en tira de petites pierres jaunâtres, en me disant : « Voilà les pierres que les Maures et les Toucolors viennent chercher ; ils creusent des trous de la longueur du bras, tirent une grande quantité de ces pierres, dont ils chargent leurs ânes, et vont les fondre dans des fourneaux ; elles rendent beaucoup de fer ; plus on creuse profondément, ajouta-t-il, plus on en trouve. » Après en avoir ramassé quelques-unes nous nous en retournâmes ; nos pas étaient mal assurés en descendant la montagne, et nous fûmes souvent sur le point de tomber, parce que les pierres, étant arrondies, glissent aisément sous les pieds.

A peine étais-je de retour dans le village, qu'un de mes amis vint avec effroi m'annoncer des nouvelles qui en effet n'étaient pas rassurantes. « Le Toucolor que vous avez couché en joue à Banaï, me dit ce nègre, vient d'arriver pour demander justice à Almamy ; il est soutenu par un parti puissant. Je crois devoir encore vous avertir, ajouta-t-il, que deux imans, Mollet et Bella-Pinda, ont voulu engager Almamy d'aller à Banaï ; ils profiteront de son absence pour partager vos dépouilles, donnant pour prétexte de cette injustice que vous allez passer chez Sembaiassin pour lui donner du secours. Mollet s'est réservé votre fusil, Bella-Pinda votre cheval ; cependant il faut avouer que, sourd à leur délation, Almamy a déclaré qu'il vous avait pris sous sa protection et que vous iriez dans le Oulli, parce qu'il avait une confiance entière dans votre parole. » Je ne voyais plus que dangers de toutes parts ; à qui pouvais-je désormais me fier, puisque cet iman Mollet, qui devait peut-être me poignarder, était venu la veille me prendre la main et s'informer de ma santé ; d'un autre côté, le peuple, qui est souvent plus inquiet et plus vigilant sur ses intérêts que ne le sont ses chefs, répétait tout haut chaque jour que j'allais chez les Bambaras. Malgré les bonnes dispositions d'Almamy à mon égard, pouvait-il longtemps résister au torrent de l'opinion, lui dont l'autorité ne dure qu'autant qu'il s'y conforme ? Tout bien considéré, j'envoyai à l'instant même Boukari solliciter le passeport qui m'avait été promis ; après beaucoup de peines et d'objections ce fidèle serviteur réussit à l'obtenir. Je fus obligé (car en Afrique les bureaux ne sont pas aussi bien montés qu'en Europe) de fournir au secrétaire qui devait rédiger le passeport une feuille de papier pour en hâter l'expédition, et j'y joignis un présent de deux autres feuilles. Enfin, pour mettre de mon parti tous les agents du gouvernement, je donnai deux colliers de verroterie au frère d'Almamy. Boukari, après deux heures au moins de sollicitations et de démarches, m'apporta avec des cris de joie ce fameux passeport, véritable lettre de grâce, puisqu'il changeait entièrement ma position en me rendant la considération que mon arrestation m'avait fait perdre. Voici la traduction de cette pièce ; elle était écrite en arabe : « Almamy Mamadou, et les excellents personnages qui forment son conseil, Aldondou, Eliman Siré, Sembaiené, Boumandouet, Eliman Rindiau, Ardosambadadé, Dembanaiel, nous avons écrit cette lettre pour qu'elle fût lue par tous ceux qui rencontreraient ce blanc, et qu'ils apprissent qu'il est venu nous voir, et que nous l'avons laissé aller ; le prince des croyants et tous les grands de Fouta lui ont dit : « Va-t'en. » Tous les villages lui donneront l'hospitalité et ne l'arrêteront pas jusqu'à la frontière. »

Un nègre qui remplissait les fonctions d'aide de camp me conduisit chez le roi ; j'eus beaucoup de peine à traverser une foule de guerriers qui venaient lui faire leur cour ou prendre ses ordres. Ce prince était assis sous une espèce de galerie en paille, construite devant sa case pour y donner ses audiences ; il était alors occupé à se faire faire des gris-gris pour la guerre ; m'étant approché de lui pour le remercier de la permission qu'il m'avait accordée de voyager dans ses États, il me fit asseoir auprès de lui et me serra deux fois la main très affectueusement. Alors je détachai un cordon rouge tressé en laine, dont on m'avait dit qu'il avait envie, et je lui en fis cadeau ; puis je pris congé de lui et j'allai chez Aldondou. C'étaient des visites d'adieu, d'étiquette et d'obligation comme en Europe. Aldondou me reçut plus froidement que le roi. Au sortir de chez Aldondou j'allai chez Almamy de Bondou : il n'était pas visible en ce moment ; l'audience fut remise au soir. Ceux qui souffrent impatiemment de semblables contre-temps chez nos grands pourront s'étonner de la patience avec laquelle je supportais tous ces rebuts ; mais, dans la position où je me trouvais, il fallait faire de nécessité vertu. Je rentrai ensuite dans ma case pour me préparer à partir le lendemain, et lorsque la nuit fut venue je retournai chez Almamy de Bondou, que je trouvai couché dans sa cour sur une petite élévation, auprès d'un brasier ardent ; un cercle de nègres assez nombreux était assis autour de lui et fumait. Almamy de Bondou est un vieillard assez gai ; je n'ai eu qu'à me louer de lui ; il porte un bonnet d'écarlate sur la tête, une tunique en coton et des babouches ; son costume et la couleur de son visage lui donnent une grande ressemblance avec les Maures. Je le saluai et m'assis à ses côtés ; cette façon d'agir lui parut sûrement un peu familière, car il me fit étendre une peau sur le sable pour m'y asseoir un peu au-dessous de lui ; après plusieurs questions oiseuses sur mon voyage et de grands éloges de Boukari, qu'il aimait beaucoup, il fut convenu que j'irais dans le Fouta-Diallon et que j'aurais pour guide un nommé Maka, que je connaissais sous de bons rapports. Me trouvant à la suite de l'armée de Fouta, épuisé par la maladie et la soif, Maka m'avait donné, pour me rafraîchir, l'eau qu'il portait ; ce trait d'humanité m'avait tellement attaché à lui que je l'avais demandé, de préférence à tout autre, pour mon compagnon de voyage.

Tout bon office demande une récompense ; cependant je n'osais donner à Almamy mon présent devant tout son peuple ; s'apercevant de mon embarras, il me fit passer derrière lui, et je lui mis dans la main ma poire à poudre, convoitée par trop de gens pour n'être pas volée un jour ou l'autre. Almamy m'adressa beaucoup de remerciements, ajoutant qu'il était bien fâché de ne posséder rien qui fût digne de m'être offert ; ensuite il me congédia et retint auprès de lui mon marabout. A peine étais-je endormi dans ma case, que Boukari vint me réveiller et me dit : « Almamy de Bondou demande si vous n'avez rien à donner à ses enfants. » J'ignorais que je fusse obligé de faire des présents à la progéniture de Sa Majesté ; mais, comme j'avais besoin de son consentement pour traverser ses États, je remis quatre grains d'ambre à Boukari pour les offrir aux petits princes.

11 mars. — Au moment où j'allais partir, beaucoup de gens se présentèrent pour obtenir de moi des récompenses : car ces mêmes hommes qui m'auraient pillé si Almamy l'avait permis, se vantaient d'avoir fait accélérer mon départ; je fus obligé, pour m'en débarrasser, de leur jeter quelques grains de verroterie.

Nous nous arrêtâmes pendant la chaleur du jour à Santiobambi, où l'on nous servit du couscous et du lait; comme je voulais manger dans une calebasse qui avait servi à traire les vaches, on m'en empêcha, en m'assurant que si j'en faisais usage ces vaches mourraient toutes.

A trois heures nous nous mîmes de nouveau en route et nous nous dirigeâmes vers le sud. Nous n'avions pas encore fait beaucoup de chemin, lorsque Maka rencontra son frère, qui m'offrit une mesure de mil, que je payai avec un collier de verroterie pour ses jolies filles; ensuite il me tendit la main; je crus qu'il me demandait encore quelque chose, mais on me dit de mettre ma main dans la sienne; tout le monde en fit autant; alors il prononça des prières pour la réussite de notre voyage, et lorsqu'il eut fini chacun se passa la main sur la figure.

Après avoir quitté le frère de notre guide, nous traversâmes un pays inculte, mais qui néanmoins paraissait fertile. Dans le prochain village que je rencontrai j'eus beaucoup de peine à résister aux instances d'un nègre qui, pour ses affaires, était allé plusieurs fois à Saint-Louis; il voulait absolument me retenir chez lui pour y passer la nuit. A peu de distance du village qu'habitait cet homme hospitalier, nous vîmes quatre fourneaux où l'on fond le fer; ils sont de forme conique et hauts de six pieds. Maka me dit qu'une fois un de ces fourneaux n'avait pas produit grand'chose; l'on n'en avait retiré qu'une immense quantité de scories. Le fer qui se fabrique dans ce pays est d'une excellente qualité; les nègres de l'intérieur n'en emploient pas d'autre, tant il est abondant; ils battent leurs chaudières et ne les fondent pas, ce qui prouve la malléabilité du métal, fait dont on doutait encore. Le minerai que l'on emploie dans ces fourneaux est tiré des collines voisines d'un village nommé Quiellom, qui est situé au sud-ouest. Après avoir traversé un petit bois, nous entrâmes dans le village de Ouarenicour, où nous fîmes halte.

12 mars. — Habitué à faire de longs voyages, Maka piquait d'honneur mon marabout par ses railleries; nous en marchions plus vite et plus longtemps. Il avait acheté tout son accoutrement dans le Fouta-Diallon, et il était enthousiaste de ce pays, comme tous les voyageurs le sont pour les contrées qu'ils ont visitées. Il portait un arc fait avec un bambou fendu; une côte de cette plante en formait la corde; son carquois contenait trente-quatre flèches empoisonnées; il y avait en outre un poignard et un arrache-épines[1] en fer; en faut-il davantage en Afrique pour ne rien craindre?

Maka nous fit lever de bonne heure et parcourir un pays très boisé; le terrain en était sablonneux.

Vers midi, accablé par la fatigue, je proposai à mes compagnons de nous reposer au milieu de la campagne, et Boukari alla dans le village voisin acheter notre provision de lait. Nous fûmes bientôt joints par une caravane de Toucolors conduisant des ânes chargés de coton et qui vinrent partager notre frugal repas. Après le dîner la politique fut le sujet de la conversation; elle me mit à même de savoir que le Foutatoro, le Bondou et le Fouta-Diallon ont formé une alliance sacrée pour éteindre l'idolâtrie et faire une

---

[1]. C'est une petite pince en fer; l'une des branches qui la composent est pointue, tandis que l'autre, semblable au tranchet de nos cordonniers, sert à couper la chair pour en retirer l'épine.

guerre éternelle aux païens qui ne veulent pas se soumettre aux privations auxquelles la loi de Mahomet les astreindrait s'ils l'embrassaient.

Lorsque le vent d'est eut cessé de souffler, nous nous remîmes en route.

13 mars. — Malgré les accès de la fièvre qui m'avait repris, je fis partir mon monde de bonne heure. Étant allé, selon l'usage de tout pays civilisé, prendre congé du chef, je lui fis présent d'un grain d'ambre, ce qui lui causa une surprise à le rendre tout interdit, puisqu'il ne m'avait pas donné lui-même l'hospitalité. La chaleur nous ayant surpris dans les bois, nous nous y reposâmes, et comme les arbres offraient peu d'ombrage, Maka me fit une tente avec ma couverture. Je ne pus, cette fois, monter mon cheval; ce pauvre compagnon de mes travaux avait la vue très affaiblie, et pendant la dernière nuit il m'avait deux ou trois fois fait heurter contre des arbres. Nous couchâmes à Diotte.

14 mars. — Le pays que nous traversions étant très boisé, je fus à même de me convaincre de la vérité de l'assertion d'un auteur moderne, que la chaleur est plus forte à l'heure de midi dans les forêts que dans les pays découverts. La soif dont j'étais tourmenté depuis le matin et l'ardeur du soleil m'obligèrent de m'asseoir sous un arbre pour prendre quelque repos; mais, cédant aux conseils de mes guides, je surmontai mes douleurs et me remis en route.

Le terrain sur lequel nous marchions était montagneux et boisé; il semblait avoir été déchiré par le feu; la chaleur était si étouffante dans ces lieux que mon marabout me demanda si je ne pensais pas qu'ils fussent le foyer de quelque feu souterrain. Enfin, après une marche assez longue, nous arrivâmes auprès du puits du village voisin; il était presque à sec; nous n'obtînmes un peu d'eau des femmes qui y puisaient qu'à force de prières; après nous être désaltérés, nous nous mîmes, à peu de distance de là, à l'abri des rayons brûlants du soleil, sous des arbres dont le feuillage formait un toit impénétrable à la chaleur; la verdure qui couvrait le sol, jadis inondé, semblait augmenter la fraîcheur de ce lieu.

Maka ressentait depuis deux jours des maux de dents qui le faisaient beaucoup souffrir; pour des hommes qui chérissent le repos, c'était un prétexte excellent pour ne pas marcher; la peur de rester en route me rendit dentiste : heureusement je n'avais pas affaire à un de ces sultans qui font tuer leurs médecins lorsqu'ils échouent dans leurs opérations. Je pris un fil de coton très fort; Boukari voulait que j'employasse mon tire-balle; ayant fortement attaché le fil à la dent, quoique je craignisse pour mes doigts, en une seconde elle fut enlevée; j'étais moi-même étonné de mon succès. J'avais quitté mon déjeuner pour soulager Maka; en récompense de ma peine, je le priai de m'aller chercher un peu d'eau dont j'avais le plus grand besoin; il commença par prendre à loisir sa prise de tabac, et malgré toutes ses protestations de reconnaissance, j'attendis au moins une heure avant qu'il m'eût rendu le service que je réclamais de sa gratitude.

Pressé d'arriver aux frontières du Foutatoro, je partis pendant la plus grande ardeur du soleil, dont je parvins à me garantir en me couvrant d'une grosse couverture de laine que j'avais emportée avec moi. La vitesse avec laquelle nous marchions nous fit arriver avant la nuit à Dendoudé Tiali, dernier village du Foutatoro du côté du Bondou. Ce village est ainsi appelé parce que dans son voisinage se trouve un étang (en poule *tiali*). Lorsque les pluies le grossissent, ses eaux débordent, d'un côté dans la Gambie, à Kambia, dans le Oulli; de l'autre dans le Sénégal, à Kougnem, dans le Bondou[1]; alors les pirogues de la Gambie le remontent jusqu'à Dendoulé; c'est le dernier point où elles puissent aller. J'ai vu l'arbre où ces nègres les attachaient, car ce terrain était alors à sec.

On supposait depuis longtemps qu'il existait dans le haut du pays une communication entre la Gambie et le Sénégal; elle a réellement lieu, mais elle ne peut être d'aucune utilité pour le commerce, puisque aucun bâtiment ne peut naviguer dans les eaux qui vont d'un fleuve à l'autre. Ce ne serait que par des travaux qui exigeraient des dépenses considérables que l'on pourrait creuser un canal pour faire communiquer constamment les deux fleuves par le moyen de l'étang qui fournirait l'eau nécessaire.

15 mars. — J'avais passé la nuit en plein air; le froid m'avait réveillé de bonne heure; j'étais debout avant le jour; notre hôte et un vieil iman nous conduisirent hors de l'enceinte du village. Lorsque nous fûmes au moment de nous quitter, ils mirent tous leurs mains dans la mienne, puis l'iman récita de longues prières et cracha sur nos doigts; chacun s'en frotta le visage; malgré l'habitude que j'avais prise de me conformer aux usages du pays, je me contentai de passer légèrement ma main sur ma figure.

Dès que j'eus mis le pied sur le territoire du Bondou, je rendis grâces à Dieu de m'avoir fait échapper à tous les dangers qui m'avaient menacé dans le Foutatoro. Je commençai à respirer plus librement; la joie que j'éprouvais de me voir à l'abri de la perfidie des Poules qui habitent ce royaume, me fit trouver bien courte la distance que je parcourus jusqu'à Boquequillé, premier village du Bondou. J'avais pour compagnon de voyage

---

1. Cette communication du Sénégal et de la Gambie est nommée la Nérico, sur les cartes.

un fils d'Almamy de Bondou. Ce prince me fit loger dans la meilleure case du village; on ne négligea rien pour que je reconnusse la main qui me faisait prodiguer tous ces soins. La chaleur que j'éprouvai à Boquequillé était excessive ; dans ces contrées brûlantes on serait tenté de croire que l'on a constamment la fièvre ; il m'était impossible, vers trois heures après midi, d'empoigner le canon de mon fusil. Lorsque les rayons du soleil furent devenus moins ardents, nous nous remîmes en route; après avoir parcouru une distance de deux lieues, nous nous arrêtâmes auprès d'un puits, autour duquel étaient rangées beaucoup de femmes; une d'elles s'écria: « Voilà un blanc ! » A l'instant toutes prirent la fuite, renversant leurs seaux et leurs cruches. Il s'en trouva cependant une plus hardie, qui vint me prendre la main; aussitôt toutes ses compagnes imitèrent son exemple, avec cet air d'assurance qu'on affecte au moment même où l'on est encore glacé d'effroi. Toutes ces naïades étaient jeunes, jolies et bien faites, malgré leur teint d'ébène. Je quittai avec quelque regret ces jeunes filles; leurs adieux me prouvèrent que ma présence n'inspirait plus la frayeur et qu'à ce sentiment avait succédé celui de la bienveillance et de l'amitié.

Quoique mes vêtements, tombant en lambeaux, dussent plutôt exciter la pitié que le respect pour ma personne, Amadi (c'était le nom du fils d'Almamy) me dit, lorsque je voulus seller mon cheval pour partir: « Laisse faire les esclaves, il n'appartient pas à un prince comme toi de travailler. »

A Doubel, où nous couchâmes, il me fit reposer dans sa case, quoique sa femme s'y trouvât: c'était un honneur insigne que je n'avais pas encore reçu.

Le Foutatoro, que je venais de quitter, est un des plus grands États de cette partie de l'Afrique; borné à l'ouest par le pays du Bourb-Iolofs et le royaume de

Brack, le Sénégal le sépare au nord des contrées habitées par les Maures; à l'est il a le Bondou, enfin le Oulli au sud. La fécondité du sol procure à ses habitants des richesses considérables. Plusieurs petites rivières qui le traversent pourraient fournir au commerce des facilités pour le transport des marchandises, si on les joignait par des canaux. Les terres situées le long de ces rivières sont, pour la fertilité, comparables aux meilleures terres de France. Les habitants les cultivent avec un grand soin, mais ils négligent la plantation des arbres; aussi le bois n'est-il pas très commun dans le pays. On s'y chauffe avec la fiente des vaches ou avec de la paille de mil, tandis qu'il pourrait y avoir de belles forêts si l'on voulait prendre la peine de seconder les bienfaits de la nature.

On y cultive le gros et le petit mil, le coton, qui est très beau; le riz, qui est excellent; l'indigo et le tabac, que les habitants n'emploient que pour fumer. L'eau est abondante dans la plupart des puits et il ne faut pas creuser profondément pour la trouver.

Les lions, les panthères, les hyènes, les chacals, sont très communs; l'éléphant est plus rare; les espèces d'oiseaux sont peu variées. On voit quelques autruches, des vautours en grand nombre, des pintades, des rolliers, des corbeaux à collier blanc, des tourterelles, des perdrix et des perruches à collier noir.

Le Foutatoro, privé de mines d'or, jouit de l'avantage inappréciable de posséder d'excellentes et nombreuses mines de fer.

La température de ce pays est brûlante; le thermomètre, à midi, y monte souvent à 32 degrés à l'ombre (degrés Réaumur équivalant à 40 centigrades).

La population est très considérable; elle peut s'élever à deux millions d'âmes. Les habitants de ce pays commercent avec les Maures du Oualet et du Ludamar, avec les Poules du Fouta-Diallon et avec les Européens établis à l'île Saint-Louis. Les premiers leur apportent du sel et prennent en retour des pagnes, du coton et du mil. Le Fouta-Diallon leur livre des captifs et un peu d'or. Les Européens leur fournissent les guinées bleues dont ils se vêtissent, les armes à feu et de la quincaillerie ; ils emportent du mil et du coton.

L'origine de ce peuple est peu connue. Voici ce que rapporte la tradition : Les Poules habitaient anciennement les contrées fertiles situées dans la partie septentrionale de l'Afrique, peut-être la Numidie ; ils étaient pasteurs et nomades. La forme des cases qu'ils construisent encore aujourd'hui, prouve qu'ils avaient l'habitude de vivre sous des tentes. Les Iolofs habitaient aussi cette partie du continent africain; c'était, je crois, un peuple plus sédentaire. Lorsque les Sarrasins s'emparèrent de ces contrées, les Iolofs et les Poules, effrayés de ce débordement de conquérants farouches, traversèrent le désert et vinrent s'établir dans les pays qu'ils occupent à présent. Les Serrères, peuple nègre, en étaient alors les maîtres. A la vue d'hommes montés sur des chameaux et sur des chevaux, ils s'enfuirent vers le sud-ouest, où ils ont formé d'autres États qui subsistent encore sous les noms de royaumes de Baol et de Sin. Cependant les Maures suivirent les Poules au sud du Sénégal et les chassèrent des contrées dont ils s'étaient emparés. Les Poules, qui avaient jusqu'alors reculé devant leurs ennemis, ne voulurent pas quitter à jamais un pays fertile pour s'enfoncer dans des contrées qui ne le valaient pas. Ils songèrent donc à racheter la conquête dont ils avaient été dépossédés et s'engagèrent à payer aux Maures un tribut de dix moules de mil par chaque chef de famille et à recevoir la religion de Mahomet ; elle est la seule tolérée dans le pays, et le tribut s'acquitte exactement chaque année.

Cette grande nation des Poules, ou hommes de couleur rouge, n'existe presque plus. Ce peuple, ayant contracté des mariages avec les Iolofs et les Serrères, a donné naissance à une race de mulâtres appelée Torodos; c'est de ces derniers que la province de Toro, dans le pays de Foute, a pris son nom, qui a même passé à *toute la contrée*, parce que ces Torodos en sont devenus les maîtres en chassant les Poules rouges qui l'occupaient auparavant. Ceux-ci, dispersés dans les solitudes des royaumes du Bourb-Iolofs, du Cayor et de Salum, y mènent encore la vie nomade de leurs ancêtres, dont cependant un petit nombre a conservé la couleur. Ces Poules rouges et les Torodos parlent la langue de leurs pères, mais mélangée de mots serrères et iolofs.

Quant aux Serrères, on voit que c'est le peuple le plus ancien de cette partie de l'Afrique. Leur langue, extrêmement simple, est probablement une des plus anciennes; leurs mœurs sauvages n'ont éprouvé aucun changement.

Les Poules firent également irruption dans les régions situées plus à l'est, car ils occupent le Massina et plusieurs pays au delà de Tombouctou : le Kassoun, où ils parlent le mandingue; le Ouassellon, où ils sont païens; le Sangarari, le Bondou et le Fouta-Diallon; c'est là le terme de leurs conquêtes au sud. Partout ils s'unirent avec les peuples noirs qu'ils avaient conquis; aussi leur race a disparu presque en entier pour faire place à une autre, composée d'hommes rougeâtres ou noirs; ceux-ci eurent des demeures fixes et prirent en partie les mœurs des nègres.

La famille des Deliankés était en possession de l'autorité souveraine chez les Torodos quand ils devinrent les maîtres du pays de Foute. Son chef, qui portait le titre d'Amtoro, exerçait le pouvoir suprême; cette famille était païenne et se conduisait de la manière la plus tyrannique, notamment envers les mahométans. Une révolution, causée par le despotisme cruel de l'Amtoro, amena dans la forme du gouvernement un changement dont l'Afrique n'offrait pas d'exemple. Vers la fin du dix-huitième siècle, Abdoul, simple prêtre mahométan, lève l'étendard de la révolte; l'enthousiasme de la liberté et le fanatisme religieux rendent sa petite troupe invincible; il remporte la victoire et fait l'Amtoro prisonnier, l'expose un jour entier à l'ardeur du soleil, puis le dépouille publiquement des marques de la royauté et le fait entrer dans la condition de simple sujet. Les Deliankés, battus de toutes parts, se sauvèrent dans le Kaarta, où ils excitèrent et excitent encore le roi à faire la guerre aux Poules, leurs ennemis les plus cruels, puisque les Deliankés n'ont pas cessé d'être païens.

En changeant de maître, les Poules n'avaient fait que changer de tyran. Abdoul, qui conserva pendant dix ans le pouvoir souverain qu'on ne lui avait confié que momentanément, n'en fit usage que pour tyranniser son pays; mais son adresse et la force de son caractère maintenaient tout dans l'ordre; à sa mort, le gouvernement reçut une forme démocratique.

Le Foutatoro est à présent une espèce d'oligarchie théocratique, dans laquelle le peuple exerce une grande influence. Aldondou, El-Iman-Siré, Sambaïéné, Boumandouet, El-Iman-Rindiao, Erdosambadédé, Dembadaiel, sont les chefs du pays; ils descendent vraisemblablement d'anciens chefs des tribus des Poules, quand ils étaient nomades. Ils sont chacun propriétaires d'une portion du pays et exercent en commun l'autorité souveraine : toutefois, les deux premiers ont une espèce de prééminence sur les autres, car leurs deux voix font la majorité dans le conseil; mais pour rendre leurs volontés plus respectables au peuple, ils créent un Almamy (iman), qu'ils prennent parmi les simples marabouts; c'est en son nom que se font tous les actes du gouvernement; mais cet Almamy ne peut rien faire sans prendre l'avis du conseil. Lorsqu'ils sont mécontents de ce chef, ils se retirent pendant la nuit sur un lieu élevé; après une longue délibération l'Almamy est renvoyé; un autre est sur-le-champ élu à sa place; ils le font venir devant eux et lui adressent ces mots : « Nous t'avons choisi pour gouverner notre pays avec sagesse, » et sans doute ils ajoutent : pour exécuter notre volonté. L'Almamy prend alors le Coran et dit : « Je suivrai à la lettre ce que prescrit le livre de Dieu; s'il me commande de donner mes richesses, de sacrifier mes enfants, je le ferai sans balancer. » Ensuite Aldondou d'un côté et El-Iman-Siré de l'autre présentent le nouvel Almamy au peuple et s'écrient : « Voici votre roi, obéissez-lui. » Le peuple applaudit, et l'élévation du nouveau prince au trône est célébrée par des salves de mousqueterie. Almamy fait des présents aux sept chefs et reçoit à son tour des habitants du pays des troupeaux ou des esclaves en don. Chacun des sept chefs est remplacé à sa mort par son frère. Lorsque la déposition de l'Almamy est prononcée, ce sont des enfants qui la lui annoncent en poussant des cris et en jetant des pierres et de la boue sur sa case; alors il se retire, abandonnant toutes les marques de l'autorité, et rentre dans la classe des simples citoyens. S'il n'obéit pas aux ordres de son successeur, il s'expose à être fustigé pas ses anciens sujets. Rien n'est moins durable dans ce pays que le pouvoir suprême; en 1818 on a vu paraître successivement jusqu'à trois Almamys.

Il existe dans le Foutatoro et chez les Maures une espèce de franc-maçonnerie dont le secret n'a jamais été dévoilé; l'adepte est renfermé pendant huit jours dans une case, où on ne lui donne à manger qu'une fois par jour; il ne voit que l'esclave chargé de lui apporter ses aliments; au bout de ce terme, des hommes masqués se présentent et emploient tous les moyens possibles pour mettre son courage à l'épreuve; s'il s'en tire à son honneur, il est admis. Les initiés prétendent qu'en ce momnet on leur fait voir tous les royaumes de la terre, que l'avenir leur est dévoilé, et que le ciel, dès lors, se montre favorable à toutes leurs demandes. Dans les villages où ces initiés demeurent, ils remplissent les fonctions de devins et portent le nom d'almousseri. Un jour, Boukari me racontait, après m'avoir fait les serments les plus solennels, que se trouvant avec un de ces hommes sur sa pirogue, il tomba une pluie si abondante qu'il ne voulait pas partir; cédant cependant à l'envie qu'en avait l'almousseri, son compagnon, il mit à la voile; « des torrents de pluie tombaient de tous côtés, me dit Boukari, mais tout était à sec sur notre pirogue, et nos voiles étaient enflées par un vent favorable. Je demandai, ajouta Boukari, à cet almousseri son secret; il me répondit que s'il le révélait ses frères le feraient périr ».

Une autre classe d'hommes joue un rôle très remarquable dans le Foutatoro; ce sont les diavandos; ils occupent les villages de Senopalé et de Canel; ils sont les griots de ces pays; voués au mépris par leur état, ils sont parvenus cependant à se rendre redoutables, en devenant les maîtres de l'opinion publique par les éloges ou les satires dont ils sont également prodigues. Ils parlent avec beaucoup de facilité, sont instruits dans la langue arabe et zélés mahométans. Leur trafic de louanges et d'invectives leur a procuré des richesses considérables. Si un de ces hommes demande un cheval ou un fusil au roi, le prince n'ose le lui refuser. « Oui, me disait Boukari, si un diavando exigeait mon fusil, je le lui donnerais sans balancer, car si je ne consentais pas à lui en faire présent, il irait trouver mes amis et me noircirait tellement dans leur esprit, qu'ils m'abandonneraient tous. » Ceci prouve que dans l'intérieur de l'Afrique, comme en Europe, la calomnie produit des effets bien funestes, et qu'il existe peu d'hommes assez sûrs de leur jugement pour n'être pas ébranlés par une insinuation perfide envers le prochain; toutefois un Poule ne donnerait pas sa fille en mariage à un diavando; au reste, ce n'est pas la seule classe d'habitants vouée au mépris, mais la ligne de démarcation n'y est pas aussi forte entre elles que dans l'Hindoustan; en apparence elles sont toutes confondues. J'ai déjà dit que les griots, les forgerons, les tisserands, les cordonniers, habitent et mangent avec les autres nègres, mais ils ne s'unissent jamais avec eux par des mariages.

Les Poules élèvent beaucoup de bétail; il forme leurs principales richesses; il est l'objet de soins si particuliers que, malgré le prix excessif du sel, on en donne aux bœufs pour les engraisser. Les Poules ont aussi beaucoup d'ânes; leurs chevaux sont de petite taille, mais excellents à la course.

Tous les Poules sont mahométans et rigides observateurs des préceptes de la religion; enflammés du zèle du prosélytisme, ils poussent l'intolérance jusqu'à la fureur. C'est assurément une des nations les plus orgueilleuses qui existent. Le Foutatoro est, selon ses habitants, le premier du monde, et le Poule est l'homme par excellence. Dans leur opinion, l'Européen ne se distingue que par son industrie, mais il est lâche et sans force. Le nègre est destiné à vivre dans l'esclavage, et après sa mort à être précipté dans les feux de l'enfer; le Maure seul a de la bravoure, il peut être placé après le Poule. Cependant ce peuple fier et présomptueux a deux fois été complètement battu par les Iolofs. S'il exerce l'hospitalité envers l'étranger, ce n'est point par un motif de bienfaisance : c'est ordinairement par ostentation qu'il offre un asile au voyageur. Le caractère du Poule est violent, il s'irrite facilement; son intelligence est prompte et facile, mais son esprit, quoique vif, est, comme celui du nègre, trop paresseux pour réfléchir longtemps; perfide et dissimulé, c'est au moment où le Poule donne la main à quelqu'un qu'il forme dans son âme le projet de l'assassiner. Le Poule, dont la couleur est d'un noir foncé, n'est susceptible d'aucun sentiment affectueux. De même que toutes les races de mulâtres, les Poules méprisent les nègres et détestent le Poule primitif, ou rouge, auquel ils doivent la naissance. Sans cesse ils demandent des présents; s'ils essuient un refus, ils accablent d'un torrent d'injures ou crachent au visage. Malgré ces défauts odieux, ils possèdent une grande qualité : ils ont un esprit national. Jamais ils ne se vendent entre eux; c'est ce dont quelques peuples civilisés de l'Europe ne peuvent se vanter. Quand ils apprennent qu'un de leurs compatriotes a été vendu, ils vont l'enlever des mains de ceux qui l'ont acheté.

Le Poule est industrieux; sa case est bien construite; ses étoffes sont tissues avec soin; il les orne de dessins d'un goût délicat; ses ouvrages en fer et en cuir, quoique bien faits, le cèdent cependant à ceux des Maures. Chaque village a des tisserands, des cordonniers et des forgerons. C'est tout ce qu'il faut à un peuple qui ne connaît d'autres besoins que ceux que la nature a imposés à tous les hommes.

J'ai vu des sandales d'un goût recherché faites en maroquin rouge d'une nuance éclatante; le mécanisme des serrures, quoique simple, montre que les forgerons ne manquent pas d'industrie. Leurs étriers, leurs grelots d'argent, leurs boucles d'oreilles et d'autres objets de bijouterie annoncent quelque talent dans l'ouvrier. L'art du tisserand est assez avancé; ils sont parvenus à fabriquer de la mousseline grossière, mais de bon usage.

Les champs, en général, sont cultivés avec soin, et, sur les bords du Sénégal, les Poules, en quelques endroits, ont même la patience d'entourer chaque épi de mil d'un bouchon de paille; sans cette précaution, les oiseaux, et surtout les perruches, dont le nombre est infini, détruiraient leurs récoltes.

L'architecture est tout à fait dans l'enfance chez ces peuples; leurs maisons sont en terre mêlée de fiente de bestiaux; le toit se compose de longues perches; lorsque les murs sont bien secs, on pose le toit sur la maison sans l'y attacher, sa forme conique l'empêche d'être renversé; on le couvre ensuite avec de la paille. Ces cases n'ont qu'une porte et sont beaucoup plus chaudes que celles des Iolofs; si l'on ferme la porte, on n'y distingue plus rien, désagrément qui n'a pas lieu dans les cases des derniers, parce que le jour pénètre à travers les roseaux qui en forment les murs.

La manière dont les Poules fabriquent leur poterie est extrêmement simple. Après avoir façonné leurs vases, ils les placent les uns sur les autres au milieu d'un champ, recouvrant le tout avec de la paille qu'ils allument : ce qui suffit pour leur donner le degré de cuisson convenable.

Les Poules noirs sont plus nombreux que les Poules rouges, qui sont les anciens habitants du pays. Ils sont d'une taille ordinaire et assez bien faits; les uns portent les cheveux longs, les autres les coupent tout ras; ils ont une culotte très large et une longue tunique à grandes manches; leur tête est couverte d'un petit bonnet de coton; ils sont presque tous armés de fusils.

Les femmes sont jolies et bien faites; elles ont le visage long et les traits fins; leurs cheveux sont longs, elles les tressent autour de la tête; elles ont le pied petit, mais les jambes un peu arquées; elles sont généralement moins grosses que les négresses. Elles chargent leurs cheveux d'ornements d'ambre jaune et de corail, leur cou de verroterie ou d'or; elles mettent un voile de mousseline sur la tête; quelques-unes portent une camisole à manches; elles ont, comme les négresses, un pagne autour des reins. Elles ont toujours un air riant, mais elles sont peu susceptibles d'un attachement délicat ou même durable; très malignes, selon l'expression de mon marabout, elles emploient leurs charmes pour secouer le joug et partager l'empire de la case; ce ne sont plus des esclaves comme les femmes iolofes, ce sont des épouses vraiment maîtresses de maison. Elles obéissent, mais seulement lorsqu'elles le veulent, et les maris sont souvent obligés de céder; quelquefois elles les menacent de les conduire chez le chef du village pour divorcer; si les choses en viennent à ce point, elles ont recours aux larmes pour toucher leur juge. « Pourquoi maltraites-tu ta femme, dit celui-ci au mari? Une femme est un être faible, sans force, sans appui, tandis que l'homme possède tout; va rappeler la tienne, et, pour apaiser sa juste colère, fais-lui un présent. » Jamais la paix n'est signée qu'il n'en coûte au mari un bœuf ou un esclave. Cette différence de mœurs entre les Iolofs et les Poules donne lieu de penser que la civilisation est plus avancée chez ces derniers que chez les nègres : car on a observé que dans les pays où les femmes jouissent de quelques droits, elle a fait plus de progrès que dans ceux où elles ne sont comptées pour rien.

Plusieurs fois j'ai été à même de me convaincre que l'union ne régnait pas toujours dans les ménages ; j'ai été témoin de disputes fréquentes et assez vives, mais qui n'allaient pas toujours jusqu'à la violence. Le sujet de ces querelles, on le devine aisément, n'était pas bien important aux yeux d'un Européen : il s'agissait du dîner qui n'était pas prêt, ou d'une pièce d'étoffe que la femme réclamait comme lui appartenant ; mais la faim et l'amour de la parure peuvent, en Afrique, mettre une case en feu.

Cependant les femmes seules sont chargées des travaux du ménage ; elles dorment peu : car pendant la plus grande partie de la nuit elles sont occupées à piler le mil, besogne très fatigante. Jamais un mot affectueux de la part de leurs maris, jamais admises à l'honneur de partager leurs repas : telle est l'existence d'une femme en Afrique.

Les Poules, depuis qu'ils sont mahométans, ont renoncé aux divertissements favoris des autres noirs, la danse et la musique ; je n'ai vu chez eux d'autre instrument qu'une espèce de guimbarde : le son n'en peut plaire qu'à une oreille africaine ; les griots de ce pays se bornent à réciter des prières, dont la mélodie ressemble au chant de nos psaumes.

Tous les Poules font le commerce, mais on ne peut donner le nom de marchands qu'à ceux qui portent les denrées d'un pays dans un autre ; ceux-ci sont plus éclairés que le reste de leurs compatriotes. Par une suite naturelle de leurs courses lointaines, ils ont une grande estime pour les Européens. Au reste, comme tous les gens de leur état, ils sont égoïstes et surtout très intéressés. J'ai vu dans ce pays beaucoup de bègues, d'aveugles et d'imbéciles, peu de sourds ; il ne s'y trouve pas de fous, puisqu'il y a peu de passions.

Lorsqu'un homme riche veut se marier, il va trouver

son père et lui fait part du désir qu'il a de prendre telle fille pour épouse ; le père du jeune homme va chez celui de la jeune fille. Après qu'il a communiqué sa proposition, le jeune homme tue un bœuf et l'envoie chez son futur beau-père ; si celui-ci en mange, c'est signe que les vœux du galant sont accueillis. Dès lors, il ne voit plus sa promise ni sa belle-mère ; s'il les rencontre dans un chemin, il les évite. Quelque temps après, il envoie encore un bœuf. Quand le jour des noces est arrêté, il fait présent à sa fiancée de trois captifs ; à son beau-père, à sa belle-mère et à leurs enfants, d'un bœuf pour chacun ; les parents de la fille lui donnent trois captifs, dix bœufs, quarante pagnes pour elle, quatre culottes et quatre tuniques pour leur gendre. Dans le cas de divorce, la femme reprend sa dot, qui, à sa mort, appartient à ses enfants ; ceux-ci restent avec le père s'il y a divorce. Un homme qui a plusieurs femmes entretient la jalousie parmi elles pour qu'elles achètent ses attentions par des présents. Quelquefois les promis restent trois ans sans se marier, mais se font sans cesse quelques présents.

L'homme qui n'a pas d'esclaves pour payer la dot de sa femme travaille pour son beau-père ; c'est ainsi que Jacob passa quatorze ans au service de Laban.

Je ne peux me dispenser de citer un fait qui a donné aux Poules du Foutatoro une grande célébrité dans nos établissements du Sénégal. En 18.., M. Ribet, à la tête de vingt-cinq soldats européens et de quatre cents nègres du Sénégal, avait pillé, par mesure de représailles, tous les villages qui bordent la rivière. Arrivé à Gaet, une de leurs grandes bourgades, il ne voit personne se présenter au combat ; tous les nègres s'étaient cachés derrière leurs palissades, et ainsi retranchés faisaient feu sur ses gens. Cependant deux pièces de campagne dont il était accompagné causèrent un ravage incroyable parmi les Poules; mais, au moment où il croyait la victoire assurée, un taureau franchit les palissades et s'élance avec fureur sur nos combattants; une divinité descendue du ciel n'eût point produit un effet plus extraordinaire. Les nègres du Sénégal, persuadés que leur vie dépendait de celle du taureau, arrêtent nos soldats prêts à le frapper, en criant que si on le tue, toutes sortes de malheurs les accableront. Le stratagème des Poules, car c'étaient eux qui avaient lâché le taureau, eut un plein succès. Les nègres, dispersés, s'enfuirent en désordre vers les bâtiments. Fuir devant des noirs eût déshonoré les vingt-cinq Européens qui accompagnaient M. Ribet; seuls ils soutiennent le feu de six mille Poules et périssent victimes de leur bravoure. Tel est l'événement qui a illustré la nation des Poules, et qui a exposé les habitants du Sénégal à recevoir de sa part les outrages les plus sanglants, sans que l'on ait jusqu'à présent cherché à y mettre un terme en déployant contre elle des forces redoutables.

IV

Arrivée sur les terres du Bondou. — L'auteur est bien reçu par les habitants. — Vive dispute avec les guides. — Ils veulent abandonner l'auteur. — Il est sur le point de se battre avec eux. — Il part avec une caravane pour le Fouta-Diallon. — Détails sur le Bondou et le Bambouk.

16 mars. — Après une marche assez pénible à travers les bois, nous cherchâmes le repos à l'abri d'un coss, dont le feuillage était impénétrable aux rayons du soleil. Boukari alla au village voisin acheter nos provisions. Bientôt une foule d'enfants vint former un cercle autour de moi; leurs parents, remarquant l'inquiétude que m'inspirait leur nombre, les firent retirer, et je pus librement reposer. La fraîcheur délicieuse de cet endroit me laissait regretter que la nature ne les eût pas multipliés davantage en Afrique; cependant il nous fut désigné par les habitants comme très dangereux, à cause du grand nombre de serpents que l'humidité y attire. Je vis plusieurs fusils qui étaient couverts avec leurs peaux. On peut juger de la grandeur et de la force de ces reptiles, puisqu'ils dévorent les hommes et les bœufs. Accoutumés aux dangers, nous passâmes plusieurs heures dans cette prairie; Boukari employa ce temps à me façonner un habillement complet à la manière des nègres. Depuis longtemps je sentais le besoin de vêtements larges, qui, en me préservant davantage de la chaleur du jour, me missent moins en butte aux risées des noirs. Dès que j'eus endossé mon nouveau costume, Maka, poussant un cri d'admiration, me dit : « Te voilà habillé comme doit l'être un homme : avec des habits européens tu ressemblais à une femme. » Je dois avouer que Maka avait raison. Le costume arabe est beaucoup plus noble que le nôtre ; il pare surtout le nègre, tandis que le nôtre le défigure. Un nègre en habits européens est gauche et ressemble à un singe habillé ; revêtu de sa tunique, il est rempli de dignité.

Nous étions à Diemore avant le coucher du soleil ; ici l'eau prend la teinte du fond des puits, de sorte que dans la même soirée je bus de l'eau rouge et de l'eau jaune, sans que ce changement de couleur lui donnât un goût désagréable. La chaleur était si forte que je couchai en plein air, ainsi que mes compagnons. Sous le bentang de Diemore, on a élevé, à trois pieds de terre, une estrade d'une largeur considérable, construite avec des arbres fendus en deux : c'est le lit des étrangers. Mon corps n'était pas habitué à se reposer sur de semblables matelas ; je fis donc mettre une natte à terre dans la cour, et je m'y couchai. A peine je m'endormais, que les hyènes qui précèdent toujours les lions, m'éveillèrent par leurs hurlements lugubres ; elles étaient si près de moi, que je les entendais marcher au milieu des gerbes de mil ; les chiens venaient chercher un asile derrière moi et n'osaient aboyer ; je croyais à chaque instant que les bêtes féroces allaient fondre sur nous pour nous mettre en pièces, et je ne pus m'endormir que lorsque je cessai de les entendre.

17 mars. — Nous fîmes halte à Boqui, où nous voulions faire nos provisions ; mais ce village était dans la disette ; en conséquence je me disposais à en sortir, lorsque le chef, vieillard sexagénaire, me pria de rester. Aussitôt l'on étendit des nattes à terre, et l'on me fit un abri contre les rayons du soleil. Je ne pouvais refuser de me rendre aux vœux d'un vieillard si obligeant. Cet infortuné était affligé de l'éléphantiasis, maladie assez commune parmi les noirs. Tandis que j'écrivais mon journal, il s'approcha de moi, et, me présentant un morceau de papier, il me supplia de lui écrire un gris-gris; lorsqu'il fut achevé, il me dit, en le portant à son front, qu'il allait le coudre dans un morceau de pagne et le pendre à son cou, afin que ce charme opérât sa parfaite guérison.

Quelle différence entre les habitants du Bondou et ceux du Foutatoro! La forme du gouvernement en est, je crois, la cause. Ce n'était plus avec des rires immodérés que l'on m'accueillait, c'était en me serrant la main, en m'admirant, si je puis me servir de cette expression. Les enfants, les hommes faits, se tenaient à une distance respectueuse de moi et se parlaient à voix basse. Ce n'était plus des questions ridicules et continuelles, c'était la douce hospitalité du pays des Iolofs. J'ai remarqué en Afrique que les peuples les plus riches étaient les moins hospitaliers, et que les peuples républicains étaient cruels et insolents; enfin, que plus la civilisation a fait de progrès, comme dans le Foutatoro, plus le cœur des habitants est corrompu.

Une coutume assez générale en Afrique, et que beaucoup de personnes désireraient sans doute voir s'établir en France, est de fermer les yeux pour se délivrer des fâcheux; dès que l'on croit que la personne près de laquelle on se trouve est endormie, chacun se retire; c'est le seul moyen qu'un étranger puisse employer pour goûter quelque repos. Toutefois, cette ruse ne me réussissait pas toujours. A Boqui, par exemple, le vent d'est avait été si brûlant, la chaleur dévorante qui circulait dans l'air était en même temps si accablante, que le plus profond sommeil n'avait pas tardé à engourdir mes sens ; ce fut ce moment que choisirent les femmes du village pour venir m'examiner. Auparavant elles n'avaient pas osé s'approcher de moi ; le moindre mouvement que je faisais les mettait en fuite. Quelle fut ma surprise, en me réveillant, de me voir entre les mains d'une troupe de négresses qui m'examinaient curieusement ? Quand j'ouvris les yeux, elles poussèrent des cris d'effroi, qui répandirent la terreur dans tout le village.

Lorsque nous nous mîmes en route, le peuple, précédé d'un chanteur, nous conduisit jusqu'à l'entrée d'un bois assez éloigné, où nous vîmes plusieurs troupeaux de bœufs sauvages. Malgré la promptitude de notre marche, nous n'arrivâmes qu'au coucher du soleil à Goumel, village habité en grande partie par des Iolofs. C'était l'heure de la prière ; tous les noirs étaient rassemblés devant la mosquée, bâtiment carré construit en terre et couvert en paille. La prière finie, un nègre nous mena dans sa case, où nous passâmes la nuit. Les frontières du royaume du Oulli sont à une demi-journée au sud-ouest de Goumel.

18 mars. — Notre marche fut pénible ; pendant l'ardeur du soleil nous ne sortîmes pas des bois épais où l'air ne pouvait circuler. Langué, village où nous fîmes halte, est habité par des Iolofs que la famine a chassés du Oulli. Le maître de la case qui nous fut offerte, nous prévint qu'on ne pouvait rien nous donner à manger, et pour la première fois nous fûmes mis à la diète. Les richesses de Langué consistent dans la récolte du miel, qui est ordinairement très abondante. Les ruches sont faites comme les nôtres, mais placées dans le sens de la longueur ; l'entrée se trouve au fond, qui est garni de paille; on les suspend aux branches des arbres.

Les fleurs sont si rares, que je ne sais où les abeilles peuvent faire leur provision; cependant il y en a des quantités innombrables; leur miel a un goût sauvage et cependant fade, fort désagréable pour l'Européen qui n'y est pas accoutumé; il est rempli de débris de feuilles qui lui donnent une couleur noire.

Après avoir engagé Maka à nous servir de guide dans le Fouta-Diallon, moyennant dix grains de corail, je ne crus pas devoir rester plus longtemps dans un village dépourvu de toute espèce de provisions; mais au moment de nous mettre en route, Boukari eut une querelle assez violente avec un nègre qui lui adressait des reproches de n'avoir pas fait ses adieux au maître de la maison; Boukari avait cependant prévenu celui-ci de notre départ; mais les principes de la civilité africaine exigent qu'on aille soi-même remercier l'hôte de son hospitalité.

Les nègres soupaient lorsque nous entrâmes à Bodé; des gens qui depuis un jour entier n'avaient pas mangé ne pouvaient arriver à une heure plus convenable, et l'hospitalité d'un habitant de Bodé ne nous laissa pas longtemps languir après notre repas.

19 mars. — Notre marche se dirigea vers le sud-est. Après avoir fait deux lieues, nous tournâmes à l'est pour traverser un village qui était assez étendu. Tous les Poules qui habitent dans le Bondou, au milieu des bois, se bornent à la culture du petit mil et du coton. Ils ont quelques vaches, des poules et point de chevaux. Leurs villages sont extrêmement misérables. Nous marchâmes longtemps sans voir d'habitations. Nous atteignîmes enfin un petit village où se trouvait un seul homme, qui nous fit présent d'une calebasse pleine d'un excellent miel qu'il avait eu le soin d'épurer. Comme toutes les femmes étaient absentes, il fallut aller, malgré la chaleur accablante du jour, jusqu'à Médina[1], qui était aussi en proie à la famine. Nous nous assîmes sous un cobaï, grand arbre dont les feuilles très larges, sans dentelures et à grosses nervures, donnent un ombrage très frais; son fruit, de la grosseur d'une noisette, est, selon les habitants, si délicieux qu'on n'a plus besoin de rien lorsqu'on en peut manger. Pendant que nous nous reposions, beaucoup d'hommes se présentèrent pour que je leur permisse de mener mon cheval aux fontaines, car aucun d'eux n'en avait jamais monté, ni même vu, cette partie du pays n'étant pas fréquentée par les caravanes qui mènent avec elles des chevaux.

Un habitant du Fouta-Diallon qui était venu acheter des pagnes dans ce village, où l'on en fabrique une grande quantité, me voyant épuisé par la faim, s'empressa de partager avec moi son dîner, qui consistait dans une petite portion de couscous mêlé avec du miel et de la farine de pistaches. Il m'apprit que peu de temps auparavant une troupe d'Anglais (c'était l'expédition conduite par le major Peddie), ayant voulu traverser le Fouta-Diallon, avait essuyé un refus formel. Le grand nombre de gens qui composaient cette troupe avait fait supposer aux nègres qu'elle venait dans des intentions hostiles. Cette nouvelle était loin de me tranquilliser. Je craignais que la défiance naturelle de ce peuple ne mît aussi un obstacle à mon passage; je n'en continuai pas moins à suivre la direction du sud. Nous arrivâmes le soir à Cogna-Amadi, où le chef du village nous donna lui-même l'hospitalité.

20 mars. — Almamy de Bondou, que j'avais vu dans le Foulatoro, m'avait permis de traverser son pays

---

[1]. Beaucoup de lieux habités portent ce même nom, qui signifie « ville ».

pour pénétrer dans le Fouta-Diallon. J'appris, à Cogna-Amadi, que ce roi était de retour dans ses États; cette nouvelle me fit craindre que pour m'extorquer un présent plus considérable que celui que je lui avais donné, il ne donnât l'ordre de courir après moi. J'éveillai donc mes gens avant le lever du soleil. La surface du pays était inégale. Nous trouvâmes au pied d'un coteau escarpé que nous descendîmes, un petit ruisseau dont l'eau presque stagnante était peu profonde ; malgré nos précautions et nos efforts, mon âne s'y jeta avec toutes mes marchandises, et nous eûmes beaucoup de peine à le tirer de cette espèce de bourbier. L'eau de cet endroit, que les hommes peuvent boire, est un poison pour les chevaux et les bestiaux ; le voisinage d'un arbre appelé *tali* en est cause. C'est un des plus beaux arbres que j'aie rencontrés dans cette partie de l'Afrique ; il est très gros et très haut, son feuillage est extrêmement touffu. Les nègres n'en emploient le bois à aucun usage. Le soleil était au milieu de sa course lorsque nous pûmes nous remettre en route. Peu de temps après nous arrivâmes à Cognède. N'ayant pu, dans ce village, me procurer d'autres provisions qu'une poignée de pistaches, j'envoyai Boukari en acheter dans les hameaux environnants ; nous n'avions, pour objets d'échange, que de l'ambre et du corail ; mais l'écarlate, les fusils et les clous de girofle ayant seuls du prix dans cet endroit, nous fûmes obligés de remettre au lendemain l'espoir d'avoir à dîner.

La faim nous chassa de Cognède avant que la chaleur fût dissipée ; nous nous mîmes en route pour aller chercher un meilleur gîte. La curiosité du chef d'un village que je traversai et où je remarquai un grand nombre de papayers, me retarda bien mal à propos ; il nous arrêta sous le prétexte de connaître le motif de notre voyage ; j'employai à son égard un argument qui triomphe assez généralement partout : un présent que je lui fis me valut la liberté de partir. La nuit était déjà noire, lorsque nous découvrîmes de loin les feux de Santimatiou ; tout à coup mon cheval, dont le pas, depuis un mois, était très paisible, prit le mors aux dents. Le bruit que j'avais entendu dans un buisson, joint à la secousse qu'il m'avait fait éprouver, me donnèrent lieu de croire qu'il était poursuivi par une bête féroce. La peur de me trouver aux prises avec quelques lions, qui sont fort communs dans ce pays, m'empêcha de retenir mon cheval, qui ne s'arrêta que dans le village. Mes guides, ne sachant à quelle cause attribuer ma fuite précipitée, m'eurent bientôt rejoint. Ils m'apprirent que c'était un vautour énorme caché dans le buisson qui avait, en s'envolant, effrayé mon cheval. Le maître du village nous dit qu'il ne pouvait ni nous loger ni nous nourrir ; en effet, les gens de ce village, qui ne se livrent qu'à la culture du coton, ont peu de mil ; je craignais déjà d'être obligé de me passer de souper, comme je m'étais passé de dîner, lorsqu'on nous conseilla d'aller dans une case située à peu de distance de la route.

En y entrant, je vis un grand nombre de personnes en mouvement ; des feux étaient allumés dans toute la cour, et au-dessus étaient placées d'énormes chaudières. C'étaient les préparatifs du festin de noces du fils de la maison, qui venait de se marier : des gens affamés ne pouvaient arriver plus à propos. Les apprêts du souper nous donnaient lieu de supposer que notre repas serait copieux ; le maître du logis nous fit conduire dans une case éloignée ; nous couchâmes à la porte, car dans toute cette partie de l'Afrique c'est en dehors des habitations que reposent les étrangers. Il nous fut impossible de dormir, parce que les coups de fusil que tiraient les gens de la noce mirent en mouvement une troupe de gros singes, qui ne cessèrent d'aboyer [1] pendant toute la nuit. Mon cheval était si tourmenté par la soif qu'il ne voulait plus brouter, et je me voyais exposé à perdre ce précieux compagnon de mes voyages. Personne ne voulut le conduire à la source, car on redoutait la rencontre des lions, qui viennent ordinairement s'y désaltérer. Je pris mon parti, je glissai quelques balles dans mon fusil, et, accompagné de Maka, j'allai jusqu'à cet endroit périlleux. Jamais site plus agréable ne s'offrit à ma vue, et sans la crainte des bêtes féroces j'y serais resté plus longtemps, car la clarté de la lune me permettait de contempler la beauté de ce lieu. La source jaillissait d'un rocher situé au milieu d'un ravin, où les gommiers en fleur répandaient un parfum délicieux. Cette source formait un petit ruisseau sur le bord duquel on a construit des fourneaux pour la fonte du fer.

Je revenais, lorsqu'un bruit confus que j'entendis me fit juger que la mariée allait quitter ses parents pour suivre son époux ; je hâtai le pas et je fus témoin de la douleur de la jeune personne ; je la trouvai enveloppée dans ses pagnes, moins parée que ses compagnes et couchée entre les jambes de sa mère. Les vieillards et les femmes les entouraient, et les grands-parents étaient assis à leurs côtés. Les filles dansaient. C'était en claquant des mains que les spectateurs excitaient les danseuses, parce que les griots sont rares dans les pays mahométans. Les autres invités se tenaient à l'écart et causaient entre eux ; tous les convives étaient vêtus en blanc, chacun avait son habit de fête : c'était véritablement, pour la gaieté, une de nos noces champêtres. Ma présence interrompit les jeux, et toute la jeunesse quitta la mariée pour considérer un invité tel

---

[1]. C'est le cri des singes dans cette partie de l'Afrique.

qu'il en paraît rarement dans les noces africaines. On avait tué un bœuf pour célébrer cette fête : l'arrivée d'un esclave griot (car jamais un mahométan ne prendrait le tambour) et la bonne chère firent prolonger le bal jusqu'au jour. Quant à nous, on nous envoya une gamelle pleine de couscous, avec un morceau de viande si coriace qu'il fallait ne pas avoir déjeuné pour toucher à un souper si détestable.

21 mars. — Nous nous arrêtâmes dans la journée à Konomba, où nous fîmes provision de farine de mil mêlée avec du miel et des pistaches broyées, car nous allions traverser les solitudes qui séparent le Bondou du Fouta-Diallon. Un noir dont la vue était très faible me demanda un gris-gris : je l'écrivis sur une feuill de rondier, que l'on emploie en Afrique quand on n'a pas de papier. Lorsque les femmes de Konomba eurent fini de préparer nos provisions, nous nous remîmes en route.

Le pays que nous traversions était bien boisé ; la surface du sol, entièrement couverte de pierres ferrugineuses, était tellement brûlante, que mes gens crurent qu'il renfermait un feu souterrain.

22 mars. — Au moment où nous allions entrer dans le bois qui se trouve sur les confins du Bondou et du Fouta-Diallon, Boukari, à ma surprise extrême, refusa de venir avec moi si je n'emportais pas deux outres d'eau ; cette proposition était d'autant plus ridicule que dans les solitudes où nous allions nous enfoncer on rencontre des sources abondantes, et que mes montures étaient tellement harassées qu'elles auraient succombé sous le nouveau poids dont il aurait fallu les charger. Voyant l'entêtement de cet homme si fidèle jusqu'alors, je le renvoyai. Son exemple entraîna Maka, qui exigea son congé. Il n'y avait pas moyen de refuser, je les congédiai tous deux ; ils partirent.

Abandonné à moi-même, je déchargeai mon âne, je mis une partie de mes effets sur mon cheval, et je distribuai l'autre aux habitants du village; puis je pris mon cheval par la bride, et je me disposai à faire seul un voyage qui n'offrait plus que des dangers sans nombre. Devant moi se présentaient des solitudes de trois jours de marche : sans guide, n'entendant ni le poule ni le mandingue, je me voyais exposé à une mort certaine; cependant je résolus de poursuivre mon entreprise. Après que j'eus fait quelques pas, je cherchai vainement ma poudre; aussitôt je rappelai mes guides pour savoir s'ils l'avaient enlevée avec un de mes fusils, qu'ils avaient emporté malgré mes efforts. Ils revinrent et me firent voir ma poudre au fond d'une de mes outres. Cette circonstance amena une explication; les habitants de Maramasita, touchés de ma position, reprochèrent à mes guides leur infidélité; ils dessellèrent mon cheval et le ramenèrent malgré moi dans ma case. Abattu par tous ces contre-temps et par l'abandon où me laissaient des hommes dans lesquels j'avais placé toute ma confiance, je m'assis sous un arbre et j'y passai une partie de la nuit, accablé par les réflexions les plus tristes, et par l'accès de la fièvre qui ne m'avait pas quitté. A peine je commençais à m'endormir qu'un nègre vint me réveiller et me supplia d'entrer dans sa case, m'assurant que les brigands mandingues pourraient m'assassiner dans le lieu où je reposais; je suivis le conseil de cet homme charitable, et je trouvai chez lui mes guides infidèles.

23 mars. — Au lever du soleil je voulus partir; mes guides s'y opposèrent. Maka jeta à terre mes marchandises et jura qu'il ne me laisserait pas aller si je ne le payais sur-le-champ. Je lui jetai une filière de corail; cet homme, chez qui une probité sans exemple

l'emportait sur la fureur qui l'animait, n'en prit que cinq grains et me rendit le reste, en me disant que comme il ne m'avait conduit qu'à la moitié de la distance qu'il était convenu de parcourir avec moi en me servant de guide, il ne lui revenait que la moitié du salaire fixé. Son compagnon, comme je l'ai déjà dit plus haut, s'était emparé de mon fusil; je voulus le reprendre : il me menaça de faire feu sur moi; ce geste accrut tellement ma colère que, le couchant en joue, j'allais me délivrer pour toujours de ce perfide, si une caravane de Poules qui arriva fort à propos ne nous avait pas séparés en mettant leurs arcs entre nous deux. Ma fermeté en cette occasion m'attacha irrévocablement ce guide, qui, la veille, voulait m'abandonner. Effrayé des dangers que je voulais courir sans être accompagné d'une force armée suffisante pour nous protéger, craignant de mourir de soif dans des pays où il se figurait que nous ne rencontrerions pas de sources, la tête avait tourné à Boukari, puisqu'il avait pu oublier son devoir et sortir des bornes du respect; mais depuis il a trop bien réparé ses torts, il a trop bien contribué à ma conservation par le dévouement le plus entier et la douceur la plus inaltérable, pour que je n'aie pas oublié ce moment d'erreur, et ne l'aie constamment regardé comme un ami sincère à qui je devais mon existence. Quelques calebasses de lait rétablirent la concorde et la paix, et l'espoir de nous mettre bientôt en route nous fit perdre le souvenir de nos différends.

Le royaume de Bondou a une forme allongée qui se rapproche de celle d'un arc; nous avons parcouru, dans notre route, la corde de cet arc. Ce royaume n'est, à proprement parler, qu'une vaste forêt. On y rencontre, de distance en distance, des espaces défrichés où l'on voit de petits villages mal bâtis ou presque abandonnés. La plus grande partie du sol est couverte de pierres ferrugineuses; le terrain est, en général, montagneux. L'eau est rare et ne se trouve qu'à une grande profondeur; cependant les sources sont assez communes, et la terre offre de la verdure dans la partie qui avoisine le Fouta-Diallon. Les terres qui ne sont pas couvertes par les pierres ferrugineuses sont généralement fertiles; mais la sécheresse excessive qui les dévore ne permet de les cultiver que durant la saison pluvieuse. Le coton, le maïs, l'indigo, le mil, appelé niéniko, dont la paille sert à teindre le cuir en rouge; quelques calebassiers, des melons d'eau, croissent dans la plupart des champs. Les rayons brûlants du soleil dépouillent presque tous les arbres de leur feuillage pendant la saison chaude; celui qu'on nomme bani fait seul exception.

La partie occidentale du Bondou renferme des mines de fer; la partie orientale, des mines d'or. Les cantons arrosés par la Falemé sont d'une fertilité admirable. On y cultive en grande quantité le tabac, que les nègres appellent tankoro, et dont la qualité est excellente; il enivre un peu lorsqu'on n'y est pas habitué. Pour le prendre en poudre, les nègres se servent d'une petite cuiller en fer. Les bêtes féroces sont nombreuses, le gibier est commun et offre au chasseur une proie abondante : ce sont des biches et des bœufs sauvages. On voit peu de bétail; les chevaux et les ânes sont très rares.

La couronne est en quelque sorte élective, mais seulement dans la famille du roi; le frère du défunt est presque toujours préféré. Le gouvernement est despotique. Lorsque le roi de Bondou fait la guerre, les propriétaires des mines sont obligés de lui livrer l'or qu'ils ont amassé : il leur est payé en troupeaux et en captifs à la fin de la campagne. Les tambours donnent, comme en Europe, le signal de la bataille et de la retraite. Lorsque le combat est engagé, les guerriers se dispersent et vont séparément se battre corps à corps. Les fils du roi commandent chacun un détachement. Les armes à feu sont rares; l'arc les remplace. Le peuple du Bondou est généralement pauvre et peu industrieux. Les pagnes et les autres objets qu'il fabrique ne dénotent pas autant d'adresse et d'habileté que ceux qui viennent du Foutatoro. L'architecture a fait quelques pas, car l'entrée des cases est construite d'une manière un peu plus commode que dans les autres pays des nègres; elle est aussi large que les portes de nos appartements.

Autant j'ai eu à me plaindre des habitants du Foutatoro, autant j'ai eu à me louer de ceux du Bondou; c'est le plus bel éloge que je puisse en faire : ils sont doux, tranquilles, d'un grand sang-froid, accueillent l'étranger avec affabilité, et, comme je l'ai fait observer plus haut, ne l'obsèdent pas par une curiosité incommode; mais d'un autre côté on vit moins bien chez eux que dans le Foutatoro.

La langue poule, dont les finales sont presque toutes en *e* ou en *a*, est extrêmement douce; elle renferme beaucoup de mots iolofs et de mots arabes, que la religion mahométane y a introduits.

Les hommes du Bondou ne sont pas généralement beaux; on voit parmi eux un grand nombre de gens contrefaits; mais les maladies cutanées sont rares. Le costume est le même que dans le Foutatoro; les femmes n'ont pas non plus l'agrément de celles de ce pays : par leurs formes et leur couleur elles ressemblent plus aux négresses, quoiqu'elles aient la même origine que les Poules du Foutatoro. Elles portent beaucoup moins d'ornements et leurs vêtements ne sont pas drapés avec autant d'art; mais si elles sont dépourvues de leurs grâces, elles sont peut-être exemptes de leurs défauts.

En France, la dévotion est plus commune parmi les femmes que parmi les hommes, c'est le contraire dans le Bondou; cependant les hommes, quoique zélés sectateurs de Mahomet, n'ont ni le fanatisme ni l'intolérance de leurs voisins. Dans le Bondou et dans le Foutatoro on tranche la tête aux assassins, ou bien on les fusille; mais dans le dernier pays il est aisé, avec des présents, d'échapper au supplice. La confiance aveugle des habitants du Bondou dans leurs grisgris devrait en faire des héros, si la race des noirs était susceptible d'en produire. Le commerce du pays consiste en esclaves, or, ivoire, tabac, pagnes et coton, qui s'exportent dans les pays voisins; on reçoit en retour du mil, des armes, de la poudre et des bestiaux.

Un esclave coûte un fusil à deux coups et deux bouteilles de poudre; c'est le prix de cinq bœufs et de cent pagnes. Rien ne se donne, tout se paye; voici le prix des objets de première nécessité que j'ai achetés : une calebasse pleine d'eau se paye avec un collier de verroterie; un moule de mil, deux colliers; une mesure de lait, un collier; une brassée de foin, un collier. Malgré la douceur avec laquelle les esclaves du Bondou sont traités par leurs maîtres, ils ont tant de facilité à s'échapper dans les bois que souvent ils s'y rassemblent au nombre de deux ou trois cents, pour se sauver dans le Bambouk, où ils sont sûrs d'être protégés par le roi, qui les reçoit au nombre de ses sujets.

Le royaume de Bambouk, dont les mines d'or ont été si longtemps l'objet des recherches des peuples européens, est situé à l'est du Bondou; les Portugais qui, dès les premiers temps de la découverte de l'Afrique, avaient construit des forts dans le Bambouk, furent obligés de les abandonner, soit par suite des guerres qu'ils eurent à soutenir contre les habitants du pays, soit par les ravages que causa parmi leurs soldats l'insalubrité du climat.

Le Bambouk a toujours été regardé comme le Pérou de l'Afrique, et les relations de certains explorateurs ont confirmé jusqu'à un certain point les descriptions pompeuses qu'en avaient faites les nègres.

La guerre des Poules du Foutatoro et du Bondou contre les Bambaras et les Serracolets, en m'empêchant de suivre la route de l'est, ne me permit pas d'entrer dans le Bambouk. Ce fut peut-être un bonheur pour moi, car il est possible que les habitants de ce pays m'eussent donné la mort pour prix de ma curiosité et de ma hardiesse.

V

Marche de la caravane dans le désert du Fouta-Diallon. — Arrivée sur les bords de la Gambie. — Élévation des montagnes. — Cacagné, premier village du Fouta-Diallon. — L'auteur est arrêté à Niébel par l'iman Ali. — Portrait de sa femme. — Vexations qu'elle fait éprouver à l'auteur. — Ali exige plusieurs présents. — Il donne un passeport à l'auteur. — Boubou s'offre pour guide. — Hospitalité du chef de Lenguebana. — Montagnes de Tangué. — Leur hauteur. — Difficulté de parvenir au sommet. — Dangers que court l'auteur. — Arrivée à Bandeia. — L'auteur laisse son cheval chez Boubou. — Il prend un second guide. — Sources du Rio-Grande et de la Gambie. — Arrivée à Boié. — Générosité du chef. — L'auteur y devient médecin. — Fertilité du pays. — Source de la Falémé. — L'auteur est obligé de faire des talismans pour son hôte. — Il se rend à Niogo. — Entrée à Timbo, capitale du Fouta-Diallon. — L'auteur est menacé d'y être retenu. — Il obtient la permission de partir. — Description de Timbo.

24 mars. — Enfin, sur les quatre heures la caravane partit de Maramasita ; elle était composée de cinquante Poules, habitants du Fouta-Diallon, qui portaient leurs marchandises sur leur tête, dans des paniers oblongs. Ils contenaient surtout du coton et des pagnes, que ces nègres achètent dans le Bondou, en échange de bœufs, de chèvres, d'or, de limons et d'arcs. Trois marchands du Foutatoro avaient des ânes chargés de pagnes roulés en forme de gros cylindres aplatis, et de sacs en cuir remplis de sel. Chaque voyageur avait sa petite chaudière en terre, et dans une outre ses provisions de couscous sec ou de pistaches. Mes compagnons de voyage étaient vêtus de pagnes qui tombaient en lambeaux; ces vêtements déchirés et l'arc dont ils étaient armés leur donnait un air tout à fait sauvage. Deux Poules du Fouta-Diallon avaient amené leurs femmes avec eux.

A peine étions-nous dans les bois qui se trouvent sur les confins du Bondou et du Fouta-Diallon, que nous entendîmes à deux cents pas de nous, au milieu des hautes herbes qui couvrent le sol au-dessous des arbres, le bruit d'une troupe d'éléphants. Peu curieux de nous rencontrer avec ces créatures colossales, nous hâtâmes le pas.

Les Poules, malgré leur caractère vif et leur constitution robuste, ne sont pas grands marcheurs. Ils sont obligés de se reposer toutes les heures. Ils ont moins de vigueur que les Iolofs, mais ils savent mieux supporter les privations. A minuit nous nous étendîmes auprès de quelques cases mandingues. Ayant attaché mes montures à un arbre, j'allai chercher de la paille dans les bois, car Boukari était si fatigué qu'il ne pouvait plus marcher.

25 mars. — Le soleil était levé depuis longtemps lorsque nous partîmes; aussi la chaleur était-elle insupportable. Nous fîmes halte près d'un ruisseau qui arrosait une immense prairie. Le cours de l'eau était tranquille. On voyait à sa surface des nénuphars en fleur, dont la blancheur éclatante se distinguait au loin.

Tous mes compagnons se dispersèrent dans les bois, les uns pour chercher des rayons de miel, qu'ils vinrent ensuite m'offrir; les autres pour couper des joncs, avec lesquels ils fabriquaient des paniers. Après quelques instants de repos, nous nous remîmes en route; les chemins, en plusieurs endroits, étaient impraticables à cause des larges trous qu'y avait laissés l'empreinte des pieds des éléphants. Je mesurai un de ces trous : il avait trois pieds de circonférence. Les traces de ces animaux me firent juger qu'ils devaient être en grand nombre.

Au coucher du soleil, notre caravane offrit un spectacle vraiment imposant, en se prosternant pour adorer l'Éternel. Les chants de ces hommes pieux qui interrompirent tout à coup le silence de ces vastes solitudes remplirent mon âme d'un sentiment religieux. Cet hommage, simple et touchant, rendu au milieu d'un désert au Créateur du monde, devait naturellement produire cet effet sur moi, quoique ma croyance ne fût pas celle de ces nègres. Je rougissais de cette troupe d'hommes à genoux qui remerciaient Dieu de les avoir protégés dans leur voyage. La prière finie, l'un d'eux s'approcha de moi et me demanda si je ne priais jamais. Je lui répondis que mon journal était le livre où j'écrivais mes prières. Ce stratagème, que j'avais toujours employé, m'avait servi à détourner les soupçons sur le but de mon voyage.

Notre troupe s'enfonça ensuite dans le plus épais du bois pour y attendre le lever de la lune, qui seul pouvait nous guider pendant la nuit dans des chemins dont il est si facile de perdre la trace. Dès que cet astre eut paru sur l'horizon, un vieux marchand poule nommé Boubou, qui avait amené sa femme, donna le signal du départ. Après une marche longue et pénible, dans un chemin montant, couvert de pierres ferrugineuses, nous nous arrêtâmes au milieu d'une plaine qui semblait avoir été désolée par le feu, car on n'y apercevait presque aucune apparence de verdure. Quelques pierres servirent à reposer nos membres fatigués. Pendant que plusieurs de mes compagnons allaient chercher au loin des feuilles pour me faire un lit, nous allumâmes des feux pour écarter les bêtes féroces et préparer notre souper.

25 *mars*. — Après la prière, nous nous remîmes en route. Arrivés près d'un endroit découvert, un Poule nous exhorta à doubler le pas, nous assurant que ce lieu était infesté par des brigands mandingues, qui attaquent ordinairement les caravanes. J'avais le plus vif désir de suivre mes compagnons ; mais mon cheval, accoutumé à parcourir un pays sablonneux, avait le sabot tout usé et n'avançait qu'avec peine. A midi nous passâmes devant la route du Tenda à notre droite, et celle du Dentilia à notre gauche. Des torrents arrêtaient à chaque instant notre marche ; il n'y en avait qu'un petit nombre à sec ; la plupart étaient remplis d'eau, on ne pouvait les traverser qu'à gué. Leurs rives, composées de roches ferrugineuses, étaient si escarpées qu'elles formaient de vrais précipices où nous avions une peine infinie à faire descendre nos ânes. Le mien glissa et tomba dans un ruisseau dont le cours était fort rapide ; toute ma poudre fut mouillée. Il eût été peut-être impossible de le tirer de ce mauvais pas, si tous mes compagnons de voyage, accourus à notre aide, ne l'eussent porté avec nous sur le bord opposé. En sortant de ce lieu nous entrâmes pour la première fois dans un bois rempli de bambous, dont la hauteur surpassait celle des arbres les plus élevés.

Nous aperçûmes enfin à deux journées de distance, dans le sud-est du lieu où nous étions, les montagnes de Badon, qui élèvent leurs sommets jusque dans la région des nuages. Nous étions tellement épuisés par la fatigue, la chaleur et le peu d'aliments que nous avions pris depuis la veille, que, malgré les exhortations d'un vieux marabout qui craignait beaucoup que nous fussions attaqués par les brigands mandingues, nous nous reposâmes auprès de deux sources situées dans le creux d'énormes roches ferrugineuses. Les feuilles sèches de bambou composèrent nos lits et servirent à nourrir nos montures qui, jusqu'à ce moment, n'avaient rien trouvé à manger.

27 mars. — Mon cheval était si harassé qu'il lui fut impossible de me porter; je le fis marcher devant moi. Nos fatigues étaient incroyables à cause de l'escarpement et de l'âpreté des montagnes que nous gravissions. Nous n'avancions qu'avec beaucoup de difficulté au milieu des rochers dont elles étaient hérissées. Mais combien je fus dédommagé de mes peines, lorsque j'aperçus devant moi la Gambie, coulant du nord-est au sud-ouest! Les Poules lui donnent en cet endroit le nom de Diman. Ses bords étaient peu élevés mais escarpés. Une verdure charmante sous ce climat brûlant tapissait les plaines qu'elle traversait. La largeur de ce fleuve égalait, en cet endroit, celle de la Seine au pont des Arts. Ses eaux, extrêmement limpides, produisaient, en roulant sur les rochers, un bruit semblable à celui de la mer qui se brise sur ses rivages. Nous n'avions de l'eau que jusqu'aux genoux, mais le fond du fleuve était rempli de cailloux tellement aigus que je fus obligé de marcher avec mes souliers pour empêcher que mes pieds ne fussent en sang. L'opération de faire traverser le fleuve à mon cheval et à nos ânes nous prit à peu près une heure. Trois personnes étaient employées pour chaque âne; cet animal, si utile dans les montagnes, cause une peine infinie au passage des rivières, par son caractère peureux et rétif. Impatienté de ces retards, je pris le mien par les deux pieds de devant, tandis que deux de mes compagnons le saisirent par ceux de derrière; nous le transportâmes ainsi au bord opposé.

Arrivés sur le territoire du Fouta-Diallon, nous commençâmes à gravir de hautes montagnes composées de diabases granitoïdes et de pierres ferrugineuses. Quelles tristes réflexions vinrent affliger mon esprit, lorsque du sommet de ces hauteurs je découvris une étendue considérable de pays entièrement hérissée de montagnes rocailleuses, dont la crête se perdait dans les nuages et que séparaient des précipices affreux. Partout l'image de la désolation : quelques prairies situées au pied de ces monts escarpés rompaient çà et là cette triste uniformité. Le pays plat où nous descendîmes ensuite, presque toujours inondé par les torrents qui descendent des montagnes, paraît fertile, car il est couvert d'une belle verdure. Elle repose agréablement les yeux fatigués de la vue continuelle des montagnes arides. Le premier lieu habité par les hommes qui s'offrit à nos yeux fut Cacagné; le chef de ce village nous reçut chez lui, et cette première marque d'hospitalité fut d'un bon augure.

28 mars. — Après une marche si longue, nous avions besoin de repos; je résolus donc de passer la journée à Cacagné. La chaleur y est étouffante, parce que les hautes montagnes qui entourent de tous côtés ce village mettent obstacle à la libre circulation de l'air. On cultive dans son territoire du tabac, du riz, du maïs, du mil et un peu de coton. Ce lieu est une espèce d'entrepôt, où les marchands du Bondou viennent chercher les produits du Fouta-Diallon. Je passai ma journée à composer des gris-gris, que les habitants venaient me demander pour avoir des richesses aussi considérables que celles des blancs. Les uns me les payèrent avec du miel, les autres avec du lait. Je fus aussi consulté pour savoir à quelle partie du corps il était le plus avantageux de les attacher. Boukari était, de son côté, fort occupé à la même besogne : un nègre vint même le prier de lui écrire des prières sur son pied, qui était malade. Boukari exauça ses désirs. On conviendra que ce fétiche était éminemment mystérieux, car il fallait de bien bons yeux pour déchiffrer sur un pied noir des mots écrits avec de l'encre.

29 mars. — Deux hommes du Foutatoro qui allaient à Labbé, fort aises sans doute que je fisse pour eux les frais du voyage, me proposèrent de m'accompagner; j'acceptai leur demande : ils avaient une bonne provision de sel, et j'en manquais.

Nous traversâmes d'abord une gorge étroite entre deux chaînes de montagnes. On voyait de petits villages sur des pointes saillantes près de leur sommet, composé de blocs énormes de pierres ferrugineuses, tandis que le pied était schisteux; cette base formait une rampe sur laquelle nous marchions. De nombreux ruisseaux d'une eau limpide et froide coulaient dans ces ravines. J'attribue à ces eaux le mauvais état des dents des habitants du pays : au milieu du jour, nous gravîmes le penchant d'une montagne pour arriver à Landieni. Une foule assez considérable était rassemblée sur la place publique, autour d'un Mandingue qui jouait du violon[1]. Les cordes et l'archet de cet instrument sont en crin; le musicien tenait l'archet de la main gauche; les sons qu'il tirait de son violon étaient aussi doux et aussi purs que ceux d'une flûte. Si les oreilles de ces nègres étaient sensibles à l'harmonie, leur cœur ne fut guère touché de nos prières : car ce ne fut qu'à prix d'argent que nous obtînmes quelques provisions. Rebuté de la dureté de ces gens, je conseillai à mes compagnons de ne pas nous arrêter longtemps dans ce lieu, et je me mis à siffler en appelant mon cheval; alors un habitant du village me demanda en ricanant

---

1. Ce sont les Maures qui ont introduit le violon et la guitare en Afrique.

si dans mon pays j'étais gardeur de vaches. Chez ce peuple, comme en France, siffler en public est regardé comme un vice d'éducation.

En sortant de Landieni, nous côtoyâmes des montagnes d'une élévation considérable. Depuis le milieu de leur pente jusqu'en bas on apercevait des baobabs épars et très chétifs, ainsi que des gommiers. Il fallut ensuite monter pour arriver à Niébel; la pente était si raide, que je fus obligé de descendre de cheval. Ce village, quoique dans une position très élevée, est entouré de montagnes beaucoup plus hautes. Les torrents, en se précipitant du haut de ces monts, ont creusé dans leurs flancs des ravines si profondes que des masses énormes de rochers restent comme suspendues en l'air et menacent à chaque instant d'écraser le village par leur chute. Niébel, comme tous les hameaux de ces contrées, ressemble à un camp. Les cases en paille, dont la forme est celle d'une tente, sont placées à quelque distance les unes des autres; il y a peu de maisons en terre; cependant on voit une mosquée au pied d'un baobab, dont le tronc est serré par les branches d'un arbre grimpant. Ce village, situé dans un canton entièrement désert, était absolument dépourvu de provisions; je fus obligé d'aller moi-même puiser mon eau et faire ma cuisine, car personne ne nous offrit à souper.

30 mars. — Nous étions prêts à partir lorsque Boukari rencontra un iman de Timbo qu'il avait vu à Saint-Louis; la conversation s'engagea aussitôt entre eux. Je pressai vivement Boukari de se lever; il était impossible de le faire bouger de place. Enfin, au moment où je m'y attendais le moins, il vint me dire de la part de l'iman que je devais rester dans ce village jusqu'à ce que l'on sût positivement si Almamy de Timbo voulait me voir ou me renvoyer. M'étant depuis longtemps fait un devoir de la patience et de la résignation, je pris aussitôt mon parti et j'allai décharger mes marchandises. Mes compagnons de voyage nous avaient quittés sans nous en prévenir. Dans ce pays, comme dans tant d'autres, on fuit la société d'un homme qui paraît suspect à l'autorité.

Assis sous un arbre, je songeais tristement à la nouvelle contrariété que j'éprouvais. Si près du but, on m'empêchait d'y atteindre. Je touchais presque aux sources de la Gambie et je me voyais dans l'impossibilité d'y parvenir. Au milieu de mes tristes réflexions, je me doutai que cet iman était un coquin qui voulait m'arracher des présents. Comme sa qualité lui donnait le pouvoir de me nuire, je résolus de faire quelques sacrifices pour obtenir la liberté de passer outre. Je fis appeler Boukari et je lui dis de me conduire chez l'iman. Ali, c'était le nom de ce dernier, me fit longtemps attendre dans sa cour; enfin, il vint s'y asseoir, car en Afrique c'est en public que se traitent toutes les affaires; et, avant d'écouter mes réclamations, il envoya chercher le chef et les principaux habitants du village. Dès qu'ils furent arrivés, je lui dis que le village de Niébel était dépourvu de tout; que l'eau y manquait au point que j'avais été obligé d'aller moi-même remplir mon outre à la fontaine; que le mil était si cher que je ne pouvais m'en procurer. « Je sais que tu es un homme juste, ajoutai-je, et que tu ne veux pas la mort des blancs. Si je suis obligé de travailler ici, je succomberai à la fatigue; laisse-moi aller jusqu'à Labbé; là, je m'arrêterai conformément à ton intention, pour connaître la réponse d'Almamy, à qui je veux faire un présent; je retournerai après à Saint-Louis. » Cet iman était un Poule, dont les traits et la couleur ressemblaient entièrement à ceux des Maures. « La moitié de mes compatriotes, me répondit-il, déteste les Européens; l'autre moitié, qui se compose de la classe des marchands, les aime beaucoup. Tu as donc contre toi un parti absolument déterminé à s'opposer à ton passage; reste ici deux jours, et je te donnerai des guides qui te conduiront jusqu'à Labbé. Tu es à présent sur les terres d'Almamy; tu ne peux marcher sans sa permission et sans la mienne. » Je feignis d'être content de cette décision, et je repartis que j'étais entièrement disposé à obéir; alors il nous congédia, et je remis mon présent à un autre moment.

La femme d'Ali, sœur d'Almamy, vint me voir. Cette princesse était sur le retour. Un pagne en guinée bleue composait son vêtement; des filières d'ambre jaune chargeaient sa chevelure. Elle mâchait continuellement du tabac. L'effronterie était peinte sur son front; l'air impérieux qu'elle prit en entrant dans ma case me fit pressentir la scène qui allait se passer. Un mouton la suivait; elle lui donna sans façon à boire l'eau que j'avais eu tant de peine à aller chercher le matin et lui fit manger le riz qui devait composer mon dîner. Voyant que je souffrais patiemment ces vexations, elle me demanda mon mouchoir pour en couvrir sa tête et ma couverture pour s'y reposer. Dans aucun pays une princesse ne peut essuyer un refus; j'obéis, m'estimant très heureux si elle se bornait à ces petits larcins. Je me trouvais seul; Boukari était allé courir après mon cheval, qui avait repris le chemin du village où nous avions couché le 28 mars. Lorsqu'il fut de retour, Maria (c'était le nom de la princesse) parla en ces termes à mon marabout : « Les femmes, dans le Fouta-Diallon, dirigent les affaires de leurs maris (ce qui signifiait : c'est moi qui t'ai fait arrêter); s'ils font la guerre ou la paix, c'est d'après leurs avis; dis à ton blanc que je puis le faire aller à Timbo en sûreté. » Ce discours calma mes inquiétudes et m'éclaircit sur le motif de mon arrestation. Je vis qu'à force de présents je lèverais tous les obstacles. En conséquence je donnai à la princesse Maria trois grains de corail; elle les jeta à terre avec un signe de mépris, en s'écriant qu'elle n'était pas venue pour recevoir de si minces présents, et que jamais elle ne s'avilirait au point de porter ce corail. Il était difficile en effet d'acheter la protection d'une princesse aussi puissante avec un cadeau aussi médiocre; j'ajoutai donc aux trois grains de corail trois grains d'ambre. « Qu'il est petit ! s'écria-t-elle; donne-moi du corail. » J'étais dans une position assez critique. Je m'apercevais que cette mégère m'arracherait en détail toutes mes marchandises ; je lui donnai cependant deux grains de corail de plus. « Cette couverture, me dit-elle ensuite, me plaît; fais-m'en présent. — Mais j'en ai besoin pendant la nuit, lui répondis-je. — Tu ne veux donc pas aller à Timbo ? » reprit-elle avec l'accent de la colère. Je tremblais en entendant cette menace; je donnai ma couverture à Boukari et la sienne à cette princesse. Elle la trouva si sale qu'elle me la jeta avec dépit à la figure, en disant : « Cet Européen n'est qu'un pauvre diable. Je reviendrai ce soir pour voir s'il a fait des réflexions sur sa situation, et s'il compte me traiter toujours d'une manière aussi indigne de mon rang. »

A quatre heures Ali m'envoya son fils avec une troupe d'estafiers de mauvaise mine, pour recevoir le présent que je lui destinais. Boukari me conseillait de lui en donner un; d'un autre côté, un de ses amis me disait qu'Ali ne jouissait d'aucun pouvoir et qu'il fallait tout lui refuser. Je suivis le premier avis, et je remis dix grains de corail au fils de l'iman, auquel on ne les porta qu'après avoir délibéré si on oserait les lui présenter; ensuite on vint m'annoncer qu'Ali m'attendait derrière la mosquée; j'y allai aussitôt. Ses gens formaient le cercle autour de lui; les figures de ces satellites suffisaient pour m'inspirer de vives craintes. « Je suis allé à Saint-Louis, me dit Ali; je sais que les blancs sont très riches, j'attends un présent digne de toi et de moi; ici nous sommes sur la frontière du Fouta-Diallon, j'y suis tout-puissant. — Que veux-tu? » lui répondis-je, sans faire éclater le moindre signe de dépit. Un de ses gens, dont les traits hideux montraient assez le rôle qu'il jouait à cette cour, s'écria: « Que le blanc donne d'abord trente grains de corail. — Mais si je les donne, répliquai-je, je n'aurai plus d'autre ressource que celle de manger du sable. » Ayant dit ces mots, je lui offris mon présent, qui consistait en dix grains de corail. Lorsque je les eus étalés à terre devant lui, l'œil d'Ali s'enflamma, et sa figure, qui ne respirait que la perfidie, prit les traits de la fureur. « Sache, me dit-il, que si tu peux me faire un semblable don, je puis t'en offrir un cent fois plus considérable. Le peuple de Kakandé[1] ne m'offre que des présents aussi grands que ma personne. — Qu'exiges-tu donc? m'écriai-je avec colère. — De l'argent, me répondit-il. — Je n'en ai pas. — De la poudre. — Je n'en ai que pour charger mes armes. — Des pagnes. — Je n'en porte pas; d'ailleurs, ajoutai-je, Almamy du Foutatoro et Almamy de Bondou n'ont reçu de moi que des présents fort modiques; ils les ont acceptés et m'en ont remercié. — Et que me fait Almamy du Foutatoro? s'écria Ali; quant à moi, je veux davantage. Tu n'ignores pas sans doute que les blancs payent des tributs au Foutatoro et au Bondou; j'en

---

1. Village situé sur le Rio-Nunez; les Européens y font un assez grand commerce.

exige aussi de toi à cause de ta couleur. — Mais je ne suis pas marchand. — Peu m'importe! Je suis ici ton roi; donne-moi vingt grains d'ambre, dix grains de corail, une masse de verroterie pour mes serviteurs, et onze grains d'ambre pour le maître du village. » La résistance à des ordres si péremptoires eût causé ma mort, car un seul mot d'Ali eût fait lever cent poignards sur ma tête. J'obéis donc, et à mesure que je tirais les grains d'ambre, les gens qui nous entouraient poussaient des éclats de rire.

« A présent, me dit l'iman, tu peux partir; je te donnerai même un guide. Que possèdes-tu? Fais-moi voir tes marchandises. » Sachant bien qu'il ne demandait à faire cet examen que pour me piller, je lui dis que je connaissais la quantité de ce qui me restait, et je lui en fis le détail de vive voix; bien entendu que ce ne fut pas avec exactitude. Personne, je le pense, ne me blâmera de n'avoir pas, en cette occasion, dit toute la vérité. « Je l'écrirai sur ton passeport, me répondit-il; tu n'as plus rien à craindre, lève-toi. » Il partagea alors avec ses gens ce que je lui avais donné; quelques-uns murmuraient, mais les menaces et l'aspect irrité d'un tyran imposent toujours silence aux plus mutins.

De retour dans ma case, tous les habitants du village m'entourèrent et se mirent à discuter sur la vexation que je venais d'éprouver. Boubou, marchand d'esclaves, qui nous avait accompagnés depuis Maramasita, s'écriait que Almamy tirerait sûrement vengeance d'un acte de violence si révoltant, et qu'Ali serait puni par le chef de Labbé, maître du village où nous étions. Le chef de Niébel même, que les menaces d'Ali avaient intimidé, désapprouvait aussi la conduite de cet iman, et jurait que quant à lui, pour n'être pas accusé de complicité, il ne toucherait pas aux présents qu'on avait arrachés au blanc; d'un autre côté, quelques nègres blâmaient Ali de n'avoir pas tout enlevé, et surtout de ne s'être pas emparé d'un cheval qui convenait plus à un chef de son rang qu'à un voyageur aussi misérable que moi.

Bien persuadé des périls auxquels j'étais exposé dans ces montagnes, dont les habitants, comme tous ceux qui demeurent dans les lieux élevés, sont ordinairement enclins au brigandage, je cherchai par tous les moyens possibles à m'attacher Boubou, qui m'avait montré tant de dévouement en défendant ma cause d'une manière si désintéressée; mais ce marchand me répondit qu'il ne pouvait m'accompagner, étant retenu à Niébel par ses affaires. Désespéré de me voir abandonné de tout le monde au milieu de ces pays barbares, je fis part de mes craintes à Boukari. « Mon ami, me répondit-il, il faut avoir le cœur large (c'est-à-dire de la patience) quand on voyage chez les noirs; dans une longue route on rencontre des hommes perfides et d'autres très humains. Toi-même, ajouta-t-il, ne m'as-tu pas dit que chez les blancs, si célèbres par leur humanité et leurs talents, on rencontre des hommes qui veulent massacrer les voyageurs pour s'emparer d'un morceau d'or ou d'argent? Ali t'a maltraité, je l'avoue, mais combien d'autres aussi t'ont reçu avec amitié; rassure-toi, l'Éternel nous sauvera. » Ces sages avis me rendirent tout mon courage, qui commençait à être ébranlé par tant de peines et de contrariétés.

Je rentrai dans ma case, ne songeant plus qu'aux moyens à employer pour arriver aux sources des fleuves, qui, d'après ce que l'on m'avait dit, se trouvaient dans l'intérieur du pays. Comme je craignais que pendant la nuit quelqu'un ne vînt m'attaquer, je mis tous mes effets dans la cour, et malgré la pluie qui ne cessa de tomber, nous couchâmes en plein air. Pendant la nuit je reçus la visite du fils d'Ali, qui m'apportait une petite calebasse de mil en présent de la part de son père; voyant que je faisais quelques difficultés pour l'accepter, il m'assura que nous allions traverser un pays en proie à la famine et où il ne me serait pas possible de m'en procurer. Les voleurs africains sont, comme on le voit, plus civilisés que les nôtres, puisqu'ils nourrissent les personnes qu'ils ont pillées.

31 mars. — Avant le jour, je réveillai Boukari pour préparer notre bagage; ensuite nous nous rendîmes ensemble chez Ali. Nous étions sur le point d'y entrer lorsque nous rencontrâmes Boubou, qui nous dit : « Retournez chez vous faire tous vos préparatifs : je vous accompagne. » Que l'on juge de ma joie en entendant ces mots; tous les obstacles étaient écartés, je pouvais partir; j'aurais, je crois, sauté au cou de Boubou, si sa couleur eût été moins foncée. C'était un homme d'une taille élevée, robuste, d'un caractère très vif et parlant très haut; habitué aux longs voyages, il était infatigable. Ses fréquentes relations de commerce avec les Européens lui avaient inspiré de l'affection pour eux; c'était par un effet de ce sentiment qu'il n'avait cessé de me suivre depuis le Bondou. En un instant tout fut prêt; nous allâmes ensuite prendre congé d'Ali, qui me remit une lettre conçue en ces termes : « Ali, fils du marabout Abdoulai Paty, a écrit cette lettre; elle sera remise aux anciens de Timbo; il leur a écrit pour les engager à ne pas empêcher le blanc de voyager librement, car c'est l'hôte d'Almamy et l'envoyé du chef de Saint-Louis. Il a des marchandises, ne le gênez pas dans la route jusqu'à ce qu'il soit auprès d'Almamy; quiconque le verra doit le traiter avec bonté; il ne porte avec lui que des présents pour Aïmamy. Salut' aux anciens de Timbo. »

Je fus passablement étonné de voir Boubou, qui avait blâmé hautement la conduite d'Ali et de ses gens, leur prendre affectueusement la main; mais je m'aperçus que dissimuler est un art aussi fréquemment employé en Nigritie qu'en Europe; on se déteste et l'on s'embrasse.

Notre marche se dirigea au sud; nous passâmes devant les ruines d'un fort en pierres, élevé jadis par des païens du pays, qui furent massacrés par l'armée de l'un des prédécesseurs de l'Almamy actuel. Si j'avais trouvé la marche de Boubou trop précipitée dans le désert, elle me semblait maintenant bien lente, ce qui me contrariait beaucoup, parce que je craignais qu'Ali, ne se repentant de m'avoir laissé emporter le reste de mes marchandises, ne mît des gens à ma poursuite pour me les enlever. Cette appréhension m'empêchait de faire attention aux difficultés du chemin qui, entrecoupé de rochers et de forêts, ne permettait pas de voyager avec célérité. Cependant à midi nous étions à Languébana, village habité par des Serracolets; ils avaient choisi cette position à cause du voisinage d'une petite rivière, car cette nation se fixe de préférence dans les lieux où le poisson est abondant. La plupart des habitants sont propriétaires de fourneaux à fondre le fer; c'est un genre d'industrie auquel les Serracolets s'adonnent le plus volontiers. Pour battre ce métal, on se sert de fragments de diabase granitoïde d'une forme arrondie, que l'on entoure d'une bande de cuir : cette bande est attachée à des courroies qu'un ouvrier tient dans les mains. Il soulève la pierre et la laisse tomber sur le fer placé sur une enclume très basse que l'on enfonce dans le sable. C'est par ce procédé grossier et fort long qu'ils forgent le fer et en forment des barres longues de huit pouces.

Le chef du village nous reçut dans sa case; elle était vaste et construite en bambous; le dedans était peint en jaune avec des raies noires. Notre hôte, après m'avoir fait servir du lait, tira de sa poche deux petits pains faits avec du maïs et du miel, et me les offrit. Depuis mon arrestation, à Niébel, je n'avais apaisé ma faim qu'avec quelques poignées de pistaches broyées; ces pains simplement séchés au soleil sans avoir été cuits au four me parurent exquis. Le chef de Languébana ne borna pas là ses soins : il fit donner à manger à nos montures et voulut absolument me retenir chez lui jusqu'au lendemain; ainsi se vérifia en peu de temps ce que m'avait dit Boukari, que dans une longue route on faisait souvent de bonnes et de mauvaises rencontres. Malgré les instances pressantes de notre hôte, nous nous remîmes en route. Nous ne sortimes pas des montagnes, et ce ne fut qu'après des fatigues incroyables que nous pûmes atteindre le soir Landaumari, village bâti sur le sommet d'une montagne très haute et tellement raide que les hommes ont été obligés de tracer un chemin en zigzag pour y arriver. Mon cheval s'enfonça le pied entre des éclats de rochers, et sans les précautions extrêmes que nous prîmes, tous ses efforts pour se dégager l'eussent fait rouler dans les précipices qui nous entouraient.

1er avril. — Nous marchions toujours vers le sud; l'espoir du succès pouvait seul me faire supporter les fatigues incroyables de la route : il fallait sans cesse gravir des rochers escarpés; leur élévation semblait augmenter à mesure que nous avancions.

2 avril. — Nous arrivâmes de bonne heure à Famère, village situé sur une montagne et entièrement bâti en bambous, à cause de la rareté de terre propre à la construction. Après avoir pris notre repas, nous descendîmes la montagne et nous traversâmes une plaine immense arrosée par plusieurs ruisseaux. Nous vînmes coucher à Kauta, situé au pied de la chaîne des monts Tangué ou Badon.

3 avril. — Nous allions toujours au sud; nous prîmes le chemin par où l'on fait passer les troupeaux. Ce chemin, presque impraticable même pour des hommes, a été creusé par les pluies sur le flanc de la montagne que nous gravissions. Il est rempli de diabases granitoïdes arrondies qui sont très glissantes. Au pied de la montagne il y avait quelques cases sur les bords d'un ruisseau qui sortait du milieu de la chaîne. Plus nous montions, plus le chemin était difficile ; sans les arbres qui le bordaient nous eussions vingt fois tombé dans les précipices, dont nous ne regardions la profondeur qu'avec effroi. Nous atteignîmes enfin un endroit tellement escarpé, que Boubou saisit le cheval par la bride, tandis que je me tins derrière pour le pousser. Les forces manquèrent au pauvre animal : il fit la culbute et entraîna Boubou dans sa chute. Je n'eus que le temps de me jeter de côté : sans ce mouvement j'étais écrasé; je m'empressai d'aller au secours de mon guide ; les arbres dont le flanc de la montagne était parsemé l'avaient empêché de rouler dans le gouffre effroyable qui était à notre droite; il n'était pas blessé, mais mon cheval avait reçu une si forte secousse en tombant sur les rochers que je jugeai dès lors que je ne pourrais plus m'en servir ; nous parvînmes cependant, avec beaucoup de peine, à le remettre sur ses jambes. Boubou fut longtemps incapable de marcher ; il avait d'autant plus souffert de sa chute qu'il portait sur sa tête un grand nombre de pagnes qui étaient tombés de côté et d'autre, et que ses bras étaient embarrassés de deux outres, sur lesquelles il avait, de plus, mis son carquois.

Il était près de deux heures lorsque nous atteignîmes le sommet du Tangué; il était composé de terre rougeâtre et de pierres ferrugineuses. De ce lieu, un spectacle magnifique s'offrit à ma vue; je découvrais le pays à vingt lieues à la ronde; les montagnes situées au pied de celle où je me trouvais ressemblaient à des plaines immenses couvertes d'un épais brouillard. Les monts Tangué sont extrêmement élevés et surmontés d'un pic qui est souvent caché dans les nuages; leur extrémité sud-est est formée de roches énormes de diabase. Durant la saison des pluies des nuées se ramassent autour de leurs cimes; le tonnerre ne cesse de s'y faire entendre, et des déluges de pluie inondent les pays qui sont au-dessous. Cette chaîne forme une barrière naturelle qui met le Fouta-Diallon à l'abri de ses ennemis du côté du nord, car une armée ne pourrait la franchir sans guides sûrs. L'air était si froid sur le sommet du Tangué que je cherchai avec empressement un endroit exposé aux rayons du soleil pour m'y asseoir; nous descendîmes ensuite dans un vallon couvert d'arbres, dont la verdure annonçait qu'il y règne un printemps perpétuel : c'est là que se trouve la source de la Coumba. Cette rivière jaillit du milieu des roches de granit, et, après avoir serpenté au milieu de ces montagnes, va joindre le Rio-Grande à l'ouest. Les gazons qui bordaient les rives de la Coumba, les baobabs et d'autres grands arbres qui l'ombrageaient, rendaient ce vallon délicieux; l'air pur que l'on y respirait et la fraîcheur des eaux de la rivière nous firent oublier les fatigues inouïes que nous avions supportées; c'était avec une joie infinie que nous contemplions les hauteurs inaccessibles que nous avions franchies. Après nous être reposés et avoir joui à loisir de ce spectacle magnifique auquel des troupes d'oiseaux d'un plumage varié ajoutaient un charme de plus par leur voix mélodieuse, la faim nous obligea de gagner des cases juchées sur la pente des montagnes qui se trouvaient en face de nous. La femme de Boubou nous prépara un ragoût détestable appelé mafit, composé de pistaches grillées et broyées et de farine de mil, le tout délayé avec de l'eau sans sel; l'appétit me le fit trouver délicieux. Nous quittâmes ensuite le lieu où nous avions fait halte pour gagner Mali, grand village entouré de haies vives et où l'on voit une mosquée en terre; le chemin que nous parcourions passait sur de hautes montagnes, mais était agréablement entrecoupé par des ruisseaux dont les eaux étaient très claires. On nous accorda le logement dans une case qui avait servi d'étable à des chèvres; l'odeur infecte qui s'en exhalait nous força d'aller coucher en plein air, malgré le froid, qui fut très vif pendant la nuit.

4 avril. — Boubou nous dit qu'il avait besoin de rester encore un jour à Mali, parce qu'il voulait acheter une chèvre. Je ne fus pas surpris du temps que cette affaire devait lui prendre : car, dans la Nigritie, un marché pour une chèvre ne se conclut pas plus vite que s'il s'agissait d'un esclave. Il en est de même pour tout. C'est pourquoi la première qualité, selon les nègres, est la patience. La vivacité n'est à leurs yeux qu'un vice : ils nous le reprochent sans cesse. « Ne te presse pas, » est l'axiome qu'ils ont sans cesse à la bouche ; il est parfaitement adapté à leur caractère paresseux et apathique. Les habitants des montagnes où nous étions sont si pauvres que nous ne pûmes nous y procurer qu'un peu de farine de maïs, dans laquelle on versa le suc du fruit d'un arbre nommé saugauli. L'odeur de manne qu'exhalait ce détestable ragoût, que les nègres ne mangent même que dans la disette, me causa une si grande répugnance que j'allai me coucher sans souper.

Depuis un certain temps je sentais ma santé s'affaiblir ; les marches continuelles et pénibles que j'étais contraint de faire à pied, le changement de température et de nourriture, le manque absolu d'aliments auxquels l'estomac des Européens est accoutumé, avaient altéré mes forces ; je m'en apercevais avec chagrin ; cependant je ne perdais pas courage.

5 *avril*. — Pendant toute cette journée nous grâvimes des montagnes. A leur pied coulaient des ruisseaux dont la plupart allaient se jeter dans la Gambie. En passant le long d'un de ces ruisseaux, je fus en un instant couvert de fourmis, qui me firent éprouver des douleurs si aiguës par leurs piqûres, que pour m'en délivrer il fallut me déshabiller entièrement ; ces douleurs et la fatigue de traîner sans cesse mon cheval par la bride me mirent dans un tel état d'épuisement, que je priai mes guides de s'arrêter sous un dioi. Il y avait auprès de cet arbre quelques cases dépourvues de toute espèce de provisions.

Le vent d'est soufflait avec violence. Dans les pays de plaine situés plus au nord il embrase l'atmosphère, tandis que dans ces régions montagneuses et dans la contrée qui s'étend immédiatement à l'ouest et au sud, il rafraîchit l'air. Cette différence donne lieu de conjecturer qu'avant d'arriver dans le Fouta-Diallon il passe sur des montagnes très élevées. Après avoir laissé à l'ouest une chaîne très haute et dominée par le pic de Miomri, nous gagnâmes Fobé. J'étais si abattu par le manque de nourriture, n'ayant pu manger depuis deux jours, que mes noirs m'avaient placé sur mon cheval, quoique ce pauvre animal, depuis longtemps réduit au même régime, pût à peine mettre une jambe devant l'autre.

En arrivant dans le village je m'adressai à plusieurs marabouts pour avoir de l'eau, mais je ne pus en obtenir. J'allai donc implorer la pitié du maître d'école, que je vis assis avec ses élèves devant sa maison. Après le salut d'usage, le nègre, levant la tête, s'écria : « Quoi, c'est un blanc qui demande de l'eau ! » Aussitôt il m'en fit donner ; puis, s'étant aperçu que je mangeais avec avidité un fruit nommé dans le pays coura : « Tu as donc bien faim ? me dit-il ; viens dans ma case, pauvre malheureux ! » Je suivis ce brave homme, qui rompit un gâteau composé de mil et de pistaches, et m'invita d'en prendre la moitié ; je crus ne devoir pas me montrer moins libéral, et j'allai partager ce précieux présent avec mes compagnons de voyage. Les autres habitants du village, piqués d'émulation par l'action généreuse du maître d'école, s'empressèrent de l'imiter et m'apportèrent chacun quelque chose pour mon souper ; l'un un petit rayon de miel ; l'autre deux épis de maïs ; un troisième, un petit morceau de viande bouillie enveloppé dans un linge. Je ne fus pas ingrat envers ces hommes si humains, qui se privaient du nécessaire pour nourrir un blanc, un étranger, un inconnu ; je payai largement leurs présents, modiques en réalité, mais d'une valeur bien grande par la manière dont ils étaient donnés. Le repas que nous fîmes avec d'aussi minces provisions ne put rétablir mes forces à beaucoup près, car les fruits que je n'avais cessé de manger avaient dérangé mon estomac par leur acidité ou leur crudité.

6 avril. — L'épuisement dans lequel m'avait jeté le peu d'aliments que j'avais pris depuis trois jours me fit plusieurs fois tomber en faiblesse durant la journée. Notre chemin se dirigea entièrement au travers de montagnes composées de roches granitoïdes. Nous n'avions encore parcouru que cinq lieues, lorsque le bêlement des moutons et le chant des coqs nous firent espérer de trouver des provisions à Ielata.

Malheureusement les Djalonkés, qui habitaient ce village, n'étaient pas en état de nous en fournir. Nous étions prêts à partir à jeun, lorsqu'un marabout qui se rendait au marché de Labbé me vendit un chevreau pour six grains d'ambre, et une petite mesure de sel pour un grain ; il y avait si longtemps que je n'avais goûté de sel, que je le mangeais avec autant de plaisir que du sucre. Impatienté de ne pas voir un de mes guides venir tuer mon chevreau, je chargeai un Djalonké de cette besogne. Un instant après Boubou et Boukari arrivèrent. A la vue de l'animal étendu à terre, leur figure prit un aspect sinistre, comme si un grand crime eût été commis. « Nous ne mangerons pas de ce chevreau, me dit Boukari, c'est un païen qui l'a tué. — Mais, répondis-je, vous recevez bien son dîner s'il vous l'offre ; vous logez dans sa case ; êtes-vous moins coupables alors aux yeux de Mahomet ? — Nous le serions, répliquèrent-ils, si nous touchions à cette viande impure. » Que répondre à des hommes que la superstition aveugle à ce point ? Quant à moi, comme ma religion ne m'ordonnait pas d'être si scrupuleux, je priai le païen de faire boucaner une partie de la viande et de me préparer une outre avec la peau. Mes forces et mon courage commencèrent à renaître à la vue seule du bon repas que j'allais faire, ce qui me montra que le physique a quelquefois un bien grand ascendant sur le moral. Mes guides, malgré le besoin qui les tourmentait, me regardèrent manger sans manifester le moindre désir de fausser leur serment. Quand je me sentis restauré, nous nous mîmes en route. Nous traversâmes d'abord la rivière de Iélata, qui coule à l'est et se jette dans la Gambie. La route au milieu des montagnes fut encore très pénible. Nous nous arrêtâmes à Foundatani. Le nègre qui nous reçut nous servit un copieux souper, mais ne nous donna d'autre gîte que sa cour, et d'autre lit que la terre.

7 avril. — Le bon repas de la veille avait rendu à Boukari et à Boubou toute leur vigueur; aussi nous étions en route avant le lever du soleil. Les chemins que nous traversions étaient d'autant plus difficiles que les habitants de ces montagnes, au lieu de retirer les pierres qui les couvrent, renversent et laissent sur la voie les arbres qu'ils coupent dans les bois. Nous passâmes à gué la rivière de Poré Coura, qui va se réunir à la Gambie. Les arbres élevés et touffus qui ombragent les bords de cette rivière étaient couverts de gros singes de quatre pieds de haut, qui aboyèrent de toutes leurs forces en nous voyant; mes guides m'empêchèrent de tirer sur eux, prétendant qu'ils viendraient tous m'assaillir, et que d'ailleurs c'était un crime de donner la mort à des hommes que leurs fautes avaient fait changer en singes. Nous franchîmes ensuite une montagne nue. Sa masse était composée de roches ferrugineuses, de cendres grisâtres. De ce point élevé nous découvrîmes Bandéin, situé sur le penchant d'une autre montagne. Ce fut la mosquée de ce village qui nous le fit apercevoir à la distance considérable où il était encore. Boubou y demeurait. Dès que nous y fûmes arrivés, il nous offrit l'hospitalité. Bientôt la nouvelle de son heureux retour amena chez lui tous ses voisins, qui vinrent le féliciter, quoiqu'il ne fût qu'un méchant homme, comme je l'appris depuis à mes dépens.

8 avril. — Nous avions besoin de prendre du repos et de faire quelques provisions; je séjournai donc à

Bandéia. Mon pauvre cheval était si accablé par la fatigue, qu'il refusait de manger. Je convins donc avec Boubou de le laisser chez lui jusqu'à mon retour de Timbo ; il s'engageait à lui donner deux mesures de mil par jour et une certaine quantité de foin ; je devais, de mon côté, lui payer dix grains d'ambre et trente coups de poudre par mois. Si à mon retour mon cheval était rétabli, je ferais un présent à Boubou, et dans le cas où l'animal mourrait, Boubou lui couperait la queue et les quatre pieds pour me les faire voir ; une semblable précaution est indispensable avec ces peuples. Cet arrangement terminé, je cherchai, pour hâter mon départ, à mettre dans mes intérêts Abdoul, chef du village, que sa parenté avec Almamy avait rendu très puissant dans le pays. Je lui fis donc présent de trois grains d'ambre, et j'ajoutai à ce don trois autres grains pour sa sœur, dont j'avais jusqu'alors ignoré l'illustre naissance : car je l'avais vue qui menait elle-même paître ses troupeaux, nouvel exemple des mœurs patriarcales de ces peuples. Abdoul donna de grands éloges au dévouement qui m'avait fait entreprendre un voyage aussi périlleux pour voir Almamy, et ajouta qu'il fallait que je fusse un homme bien courageux pour traverser tant de pays dans ce seul but. « Ce prince, s'écria-t-il, sera fier d'être visité par un blanc, et te fera aussi grand que lui. » La reconnaissance d'Abdoul ne se borna pas à ces discours pompeux ; il voulut absolument me nourrir pendant mon séjour à Bandéia, et m'assura qu'il était désolé de n'avoir pas un mouton ou un chevreau à m'offrir ; quand même cette excuse n'aurait pas été sincère, elle annonçait quelques principes de civilité. Il fit encore plus, et c'était ce que je désirais principalement : il me promit un guide jusqu'à Timbo. Je pensais qu'un homme du pays me serait très utile, parce que le connaissant mieux que mes deux autres guides, qui étaient étrangers, il pourrait m'indiquer tout ce qu'il y avait de curieux.

9 avril. — Pendant que je faisais préparer mes provisions, qui consistaient en quelques oignons et trente-six petits pains de riz séchés au soleil, je reçus les visites d'un grand nombre de femmes qui arrivaient de tous les villages voisins. Avant d'entrer dans ma case, elles s'agenouillaient à la porte, saluant les personnes qui se trouvaient dans l'intérieur; elles restaient ainsi dehors jusqu'à ce que je leur permisse d'entrer; d'ailleurs elles ne voulaient s'asseoir que sur la table. L'une d'elles m'apprit que le capitaine anglais Campbell, dans son expédition pour pénétrer dans l'intérieur de l'Afrique, en 1817, avait perdu tous ses ânes et qu'il s'était vu obligé de jeter dans la rivière de Thomine ou Dunzo la plus grande partie de ses marchandises. Pour prix des renseignements qu'elle me fournissait, cette femme me demanda un gris-gris, qu'elle destinait à mettre dans son bain, et elle m'offrit pour ma peine une douzaine d'oranges; la joie que j'éprouvai à la vue de ces fruits fut égale à celle que ressentit le sauvage de M. Bougainville en revoyant un cocotier. L'espoir de me promener dans peu de jours sous les arbres qui les produisaient, me portait à hâter mon départ. Mais Ali, mon guide, n'était pas encore prêt. J'étais accoutumé à de semblables retards : ils ne désarmaient plus ma patience; mais celui-ci me contrariait beaucoup, car la saison des pluies approchait. Une colonne immense de sable, dont le sommet touchait aux nuages, avait parcouru l'horizon dans la journée : c'est un indice infaillible de l'arrivée prochaine des pluies, qui, dans ces contrées intérieures, durent six mois.

10 avril. — Avant de nous mettre en route, mon

nouveau guide me demanda une avance sur la récompense que je lui avais promise. Je lui donnai trois grains d'ambre, lui promettant de le satisfaire au gré de ses désirs, si j'étais content de lui; de son côté il me jura de me mener partout où je voudrais porter mes pas.

Nous nous trouvions dans le Fouta-Diallon proprement dit. Les cantons de Niébel ou Niokolo et de Bandéia que nous venions de parcourir sont, à la vérité, soumis au même souverain que cet empire, mais son pouvoir n'y est pas si absolu.

L'aspect des montagnes du Niokolo et du Bandéia montre que ce pays a été volcanisé. Les tremblements de terre y sont très fréquents; lorsque je le traversai il n'y avait pas deux mois que l'on en avait ressenti un dont les secousses s'étaient étendues jusqu'à Timbo. Il avait été si violent, que les habitants avaient cru voir la fin du monde. La montagne située au nord de Bandéia, et qui est couverte de cendres, comme je l'ai dit plus haut, est souvent ébranlée. Mon guide me racontait qu'étant un jour assis avec ses camarades sous un arbre, de petites flammes sorties de terre brûlèrent des herbes desséchées qui se trouvaient auprès d'eux. « Ce sont des chercheurs de miel, » s'écrièrent-ils tous ensemble[1]. Mais lorsque le jour revint, ils reconnurent que les flammes qu'ils avaient vues étaient dues à une cause différente. La chaîne de montagnes qui forme au nord la défense naturelle du Fouta-Diallon est très haute; elle n'offre à l'œil que des diabases granitoïdes et des roches ferrugineuses. On voit aussi çà et là du quartz laiteux, du jaspe blanchâtre et des psammites schistoïdes. Le terrain noirâtre qui

---

1. *Comme le miel se trouve ordinairement dans les nids des termites, les habitants du pays sont obligés d'y mettre le feu pendant la nuit, pour pouvoir s'en emparer sans courir le danger d'être piqués par les abeilles.*

les recouvre en quelques endroits n'est composé que de cendres et de débris de plantes. Une partie est couverte de forêts épaisses, où l'on rencontre des arbres de la plus grande beauté. On en pourrait tirer sans doute des bois excellents pour la charpente et l'ébénisterie; mais les moyens de transport manquent, car presque toutes les rivières qui coulent au milieu de ces montagnes sont barrées en plusieurs endroits par des bandes de rochers. Le fer est le seul métal que l'on exploite dans ce canton; il doit aussi contenir de l'or, car plusieurs rivières en charrient. Cependant, les habitants n'ont pas travaillé à découvrir les mines où il se trouve. Ils ont cherché des pierres à fusil, mais inutilement. Leur ignorance les a empêchés d'employer le quartz, qui aurait, en partie, rempli le même objet. L'horizon est toujours brumeux sur ces montagnes. Celles qui dominent les autres jouissent d'une température plus fraîche que celles qui sont plus basses et renfermées entre d'autres hauteurs. L'air ne pouvant y circuler librement y est d'une chaleur étouffante. Leur pente est si escarpée, que l'on ne peut parvenir à leur sommet avec des bêtes de somme; on est réduit à faire porter les fardeaux par des hommes. C'est pourquoi Almamy, qui voit combien ces difficultés nuisent au commerce de ses États avec les pays voisins, a offert une récompense considérable à quiconque pourrait amener un chameau dans ses États. Ces monts s'élèvent toujours davantage en se prolongeant à l'est. Leurs ramifications s'étendent dans toutes les directions; elles renferment les sources d'une infinité de ruisseaux, dont la fraîcheur seule produit quelque verdure sur leurs bords, au milieu de cette terre désolée.

Le fanatisme des sectateurs de Mahomet a obligé les hommes qu'il poursuivait à y chercher un asile; les peuples fugitifs qui y sont établis n'ont pas fixé leur demeure dans le creux des rochers, comme on l'a cru : leurs cases ont la forme de tentes, comme celles que les Poules bâtissent partout où ils se fixent. Ces Djalonkés, qui n'ont pas encore renoncé ouvertement au fétichisme, s'y sont retirés et ont conservé la liberté de ne pas penser comme leurs maîtres : mêlés avec les Poules, ils ont produit une race de mulâtres difformes, si on les compare à ceux du Foutatoro. Presque sauvages, la présence seule des mahométans les contient sous le frein des lois; en secret ils maudissent Almamy, qui en est l'exécuteur. Ils m'ont volé; je suis surpris qu'ils ne m'aient pas assassiné, car personne n'aurait pu venger ma mort. Réduits par l'âpreté du pays où ils vivent à arracher les pierres qui couvrent le sol pour pouvoir y semer quelques grains, c'est à quoi se bornent leurs travaux, car ils laissent à la Providence le soin de les faire germer et croître. Leur misère est égale à la stérilité de leur pays; tout est bon pour ces hommes : les feuilles des arbres, le suc de quelques fruits sauvages, une poignée de pistaches, apaisent leur faim; ils se vantent de leur sobriété, mais cette vertu chez eux n'est que forcée. Le sel est extrêmement rare dans ces cantons; on l'enveloppe dans de petits morceaux de pagne avec autant de soin que l'or. La figure des habitants a quelque chose de hideux, leurs traits sont grossiers; c'est avec peine qu'on distingue chez eux les formes élégantes du Poule. Leur chevelure est éparse, leurs dents sont mauvaises; leur caractère est apathique; peu hospitaliers, parce qu'ils n'ont rien à offrir, il faut s'attendre à ne trouver chez eux que le gîte, et souvent rien du tout : combien de fois n'ai-je pas offert de l'ambre pour du mil, sans avoir pu m'en procurer! Les femmes y sont méchantes, vindicatives, et ne cessent de demander des présents; quelques-unes ont de jolis traits, mais leurs dents gâtées détruisent tous leurs charmes.

Elles travaillent beaucoup : c'est le sort de toutes les Africaines. Les villages ressemblent à des camps; les habitants ne possèdent que peu de bétail, qui est de petite taille; les vaches donnent peu de lait; il est rare de rencontrer des moutons; on ne voit chez eux ni ânes ni chevaux. Mon âne jetait l'effroi dans tous les villages. Le lion ni l'éléphant n'ont pas franchi ces hauteurs presque inaccessibles; le premier n'y a pas trouvé une proie assez abondante, et l'autre n'a pu les escalader. Les hyènes et les panthères s'y trouvent en grande quantité; le singe peuple les forêts; quelques gazelles errent dans les gorges de ces montagnes. La population est très peu considérable; les richesses des habitants consistent en esclaves, qui sont très nombreux : le prix d'un esclave est de quinze piastres; les piastres passent dans le commerce d'échange comme objets d'ornement. L'argent a, aux yeux des noirs, presque autant de prix que l'or, et un voyageur qui se serait pourvu de petites pièces de monnaie serait sûr de ne jamais manquer de rien, puisque l'argent est très recherché partout.

Les montagnes qui dominent Niébel sont habitées exclusivement par des Djalonkés, qui occupent quatre villages appelés Tenda Niébel. Ils payent tribut au chef de Bandéia; de même que tous les hommes de leur nation, ils adorent trois morceaux de bois noués ensemble, l'un blanc, l'autre noir et le troisième rouge; ce faisceau est leur dieu. Les habitants des villages font des incursions les uns chez les autres; l'ami vend son ami.

11 avril. — Nous sommes entrés aujourd'hui dans un pays moins montagneux et moins pierreux que celui où nous avions voyagé les jours précédents, mais à l'ouest nous apercevions de hautes montagnes ; le Rio-Grande coulait du même côté. La ville de Labbé était au sud-est : nous avons marché jusqu'à deux heures pour atteindre Toulou, car dans le Fouta-Diallon on ne s'arrête pas pour laisser passer la grande chaleur du jour ; le village où l'on se repose est celui où l'on se couche. Toulou est un des lieux les plus agréables que j'aie rencontrés ; les habitants enferment leur maison et leur champ, quand il n'est pas trop étendu, dans une même enceinte formée de grandes euphorbes, qui passent pour être vénéneuses ; en ayant cassé des morceaux, j'en ai vu sortir le suc laiteux qui caractérise ce genre de plantes. Ces divers enclos sont séparés les uns des autres et laissent entre eux un espace assez grand pour servir de rue. Les cases sont très régulièrement bâties et hautes de six pieds ; deux portes placées vis-à-vis l'une de l'autre y entretiennent un courant d'air qui en rafraîchit l'intérieur ; le plancher, en terre durcie au soleil, est orné de dessins suivant le goût des propriétaires ; chaque jour on lave la case, on la balaye, et, pour y maintenir la propreté, il est défendu d'y cracher.

L'herbe est si rare dans les environs de ce village qu'on nourrit les bestiaux dans la saison froide (comme l'appellent les noirs) avec les feuilles des arbres ; le mil manque absolument, mais le riz y croît en abondance.

Je retrouvai à Toulou nos compagnons de voyage de Cacagné, qui nous avaient quittés si brusquement à Niébel ; ils me prièrent de les attendre pour faire ensemble le reste de la route jusqu'à Timbo. Je refusai leur demande, parce que je ne me souciais guère de leur compagnie, sachant que dans un moment de danger ils ne me seraient d'aucun secours ; la pusillanimité avec laquelle ils m'avaient abandonné lorsque Ali m'arrêta m'avait instruit sur ce point ; ensuite, je voulais profiter du voisinage des sources de la Gambie et du Rio-Grande pour les aller reconnaître, conformément à mes instructions. Je n'avais pas caché à mon guide le désir que j'avais de visiter les lieux où ces fleuves prennent naissance. « Ah, me répondit Ali, les habitants ne le souffriront jamais; ils savent que les blancs ne veulent les connaître que pour s'emparer du pays. — Mais je te ferai un présent, lui répliquai-je; trois grains d'ambre te suffiront-ils? » Cette offre fut un argument irrésistible auquel cédèrent les terreurs d'Ali. « Oui, je te conduirai, » s'écria-t-il. Lorsque nous eûmes pris notre repas, nous reçûmes la visite d'un grand nombre d'habitants de Toulou, qui furent très surpris de nous voir partir. Je leur fis dire par mon interprète que j'allais à Satina chercher des provisions, puisque tout manquait à Toulou ; comme ils ne paraissaient pas convaincus de la vérité de ce qu'on leur disait, je fis précipiter notre départ. J'arrachai du milieu d'un cercle nombreux Boukari, qui, entraîné par le plaisir de raconter les merveilles de Saint-Louis, où il habitait, tardait à se lever. Quand nous nous fûmes mis en route, mon cœur palpitait chaque fois que je rencontrais un homme; je craignais que tout le monde n'eût deviné mon dessein et qu'on ne mît des obstacles insurmontables à son exécution; notre guide nous fit d'abord aller à l'ouest; puis regardant de tous côtés pour voir si quelqu'un l'observait, il tourna au nord-ouest et nous mena coucher à Rumbdé Toulou. C'est en plein jour qu'il faut faire de semblables expéditions, pour ne pas éveiller les soupçons d'un peuple aussi défiant que les Poules.

12 avril. — Nous n'avions pu dormir tranquillement; nous étions dans des transes continuelles; le matin, après avoir bien fait manger mon guide pour *lui* donner du courage, nous suivîmes la direction de l'ouest, prenant des chemins détournés dans de hautes montagnes nommées Badet; nous finîmes par arriver au sommet d'une de ces hauteurs; il était entièrement découvert, de sorte que nous aperçûmes en bas devant nous deux bouquets de bois : l'un cachait la source de la Gambie (en poule, Diman), l'autre celle du Rio-Grande (en poule, Comba). La joie que me fit éprouver cet aspect ne put être troublée par la réflexion d'Ali, qui me dit, au moment où nous vîmes les deux fleuves : « Je crains qu'on ne t'assassine si l'on apprend que tu vas aux sources; cependant, puisque tu le veux absolument, nous allons nous mettre en marche comme si nous chassions, et Boukari ira de son côté au village voisin[1]. » Satisfait de cet arrangement, je voulus, à tout hasard, me mettre à même de résister à une attaque, et je chargeai mes fusils. Il est difficile de peindre l'inquiétude d'Ali; sans cesse il regardait en arrière; mais le désir de remplir ses promesses lui fit oublier les dangers qui nous menaçaient et dont l'idée seule le glaçait de terreur. Continuant à nous diriger à l'ouest, nous descendîmes rapidement la montagne ferrugineuse dont nous parcourions le sommet depuis le lever du soleil, et nous arrivâmes dans un beau vallon; à droite et à gauche se montraient de petits villages sur le penchant des coteaux. Le sol était couvert d'herbes hautes et touffues mais desséchées; on n'y apercevait pas un caillou : deux bouquets de bois qui ombrageaient les sources, objets de mes recherches, s'élevaient au milieu de cette campagne, que la sécheresse avait dépouillée de sa verdure. Lorsque j'entrai dans celui qui couvre la source du Rio-Grande, je fus saisi d'un sentiment religieux, comme si je fusse entré dans une des sources sacrées où le

---

1. Les Poules du Fouta-Diallon appellent ce village *les Sources*.

paganisme avait placé la demeure des divinités. Des arbres aussi vieux que ce fleuve le rendent invisible aux regards de quiconque ne pénètre pas dans ce bois; la source jaillit en bouillonnant du sein de la terre et coule au nord-nord-est en passant sur des rochers. A l'époque où je vis le Rio-Grande, il roulait lentement ses eaux bourbeuses; à trois cents pas environ de la source, elles étaient plus claires et nous pûmes nous y désaltérer. Ali me dit que dans la saison des pluies deux ravines, alors à sec, creusées dans le coteau voisin, et dont l'extrémité aboutit à la source, y conduisaient deux torrents qui la grossissaient; à quelques lieues du point où il sort de terre, le Rio-Grande, changeant la direction de son cours, coule à l'ouest, mais alors il est déjà hors du vallon.

Marchant ensuite au sud-sud-ouest dans la même prairie, Ali frappa tout à coup du pied, et le terrain retentit d'une manière effrayante. « Là-dessous, me dit-il, sont les réservoirs des deux rivières; le bruit que tu entends vient de ce qu'ils sont vides. » Après avoir fait treize cents pas, nous arrivâmes au bois qui couvrait la source de la Gambie; je me frayai un passage à travers les buissons épineux qui croissaient entre les arbres, et je pus la voir; elle était alors, comme l'autre, peu abondante; celle-ci sort de dessous une espèce de voûte au milieu du bois et forme deux branches, l'une qui va au sud-sud-ouest, s'arrête à à peu de distance par l'égalité de niveau du sol, qui ne lui permet pas d'aller plus loin, même dans la saison des pluies; l'autre coule par une pente peu rapide et se dirige au sud-sud-est. Au sortir du bois et à six cents pas plus loin elle n'a que trois pieds de largeur. Après avoir reconnu un point aussi important que la position respective des sources de la Gambie et du Rio-Grande, si peu éloignées l'une de l'autre, je me hâtai de rejoindre Boukari, qui nous attendait avec une impatience mêlée d'inquiétude; nous nous réjouîmes ensemble de n'avoir fait aucune fâcheuse rencontre; en effet, nous n'avions aperçu que des troupeaux de bœufs errant sans bergers dans les prairies qui avoisinent les sources des deux fleuves.

Le vallon où elles se trouvent forme une espèce d'entonnoir n'ayant d'autres issues que les deux gorges par où les rivières en sortent; l'homme n'a jamais osé porter la hache dans les bois qui cachent ces deux sources, parce que les naturels du pays croient qu'ils sont habités par des esprits; leur respect pour ces lieux va si loin, qu'ils se gardent d'y porter leurs pas, et si quelqu'un m'avait vu y pénétrer, j'aurais infailliblement été massacré. Ces deux sources, situées dans un entonnoir entre de hautes montagnes couvertes de pierres ferrugineuses et de cendres et dépouillées presque entièrement de verdure, me portent à supposer qu'elles occupent le cratère d'un volcan éteint; ce terrain qui retentit sous les pieds, recouvre probablement les abîmes d'où sortaient les tourbillons de feu.

De peur d'éveiller les soupçons des habitants du voisinage, nous quittâmes promptement le village où nous avions fait halte, et, marchant au sud, nous arrivâmes bientôt sur les bords de la Gambie; ils sont garnis d'arbres de la plus grande beauté; à droite et à gauche, le terrain formé par les alluvions est d'une fertilité merveilleuse. On y voyait des champs de foigné, de riz et de tabac, qui promettaient une récolte abondante; le fleuve coule en serpentant au milieu de cette riche campagne; ses circuits nombreux nous forcèrent à le traverser plusieurs fois pour ne pas trop allonger notre route; je le voyais, pour ainsi, dire croître depuis sa source, depuis que je m'en éloignais. Dans l'endroit où je le passai pour la dernière fois il avait vingt pieds de large et son courant était peu sensible ; des diabases granitoïdes forment son lit. En quittant ses bords, nous gravimes les montagnes qui nous entouraient; leurs flancs étaient tapissés de fleurs d'une blancheur éblouissante, qui exhalaient un parfum semblable à celui de la fleur d'oranger ; nous ne vîmes sur ces hauteurs que trois cases, dans l'une desquelles on nous donna l'hospitalité.

13 avril. — Notre hôte était cordonnier; son talent nous fut très utile pour réparer nos chaussures, que la longueur de notre voyage avait déjà mises en fort mauvais état. Cette besogne nous ayant retenu quelque temps, nous partîmes assez tard, et nous eûmes à supporter dans notre marche le poids de la chaleur du jour. J'oubliai ce surcroît de fatigue en entrant dans Cambaia. Les rues de ce village étaient ombragées par des orangers dont les fleurs embaumaient l'atmosphère. Je devais naturellement me former une idée favorable de ce lieu; mes espérances ne furent pas déçues; tout se trouvait ici en abondance. Pour un grain d'ambre j'achetai trente livres de riz et trente oranges.

Nous avions marché au nord-ouest pour arriver aux sources de la Gambie et du Rio-Grande ; ce but atteint, nous reprimes la route du sud-est en sortant de Cambaia, et, à peu de distance de ce lieu, nous allâmes passer la nuit dans un rumbdé proche du chemin ; c'est ainsi qu'on nomme les villages dans lesquels les Poules du Fouta-Diallon rassemblent leurs esclaves. Ils y vivent sous l'autorité d'un de leurs camarades. Chaque rumbdé porte le nom du village auquel il appartient.

14 avril. — Le pays que nous parcourûmes dans cette journée était plat. Nous avions les montagnes à l'est et à l'ouest. Nous passâmes à gué le Dombé, rivière

qui coule à l'est et se jette dans la Falemé, et nous
fîmes halte à Kala. La longueur démesurée de mes
cheveux me gênant beaucoup, je me mis à les couper :
un marabout s'en empara avec empressement, comme
d'un excellent talisman pour préserver des maux de
tête. Si je fus flatté de ce qu'un homme docte supposait de si grandes vertus au superflu de ma chevelure,
mon amour-propre fut singulièrement mortifié de voir
que le changement qui venait de s'opérer dans mon
extérieur ne me rendait pas plus agréable aux yeux
des négresses ; je jugeai même, d'après leur conversation, combien en général les hommes à face blanche
leur déplaisent. Parmi celles qui étaient venues me
voir, l'une dit à sa compagne, en me montrant :
« Voudrais-tu prendre pour ton mari un homme semblable à celui-ci ? — Non, répondit l'autre avec dédain, il est trop blanc ; j'aurais peur de cette vilaine
figure couleur de lait. — Mais tu ne sais donc pas
la quantité de richesses dont il pourrait te combler ?
reprit la première. — Alors on pourrait s'habituer à
vivre avec lui, » répliqua l'autre. L'affection, en Afrique
comme ailleurs, détermine rarement le choix dans les
mariages. Un blanc, surtout, ne peut jamais se flatter
de l'inspirer : cela se conçoit. Par conséquent, je ne
conservai pas de rancune contre les belles de Kala, et
j'attendis patiemment que la chaleur eût diminué ; alors
nous nous remîmes en route. Nous traversâmes le Contari, petite rivière qui se jette dans le Dombé, et nous
allâmes coucher à Fénolengué. Le pays que nous parcourions depuis deux jours était fertile et bien cultivé
Les esclaves étaient occupés aux travaux des champs
sous l'inspection de leurs maîtres. Les uns défonçaient
la terre, d'autres semaient ; les enfants ramassaient la
fiente des troupeaux pour servir au chauffage pendant
la saison des pluies, car les nègres n'aiment pas alors

à sortir pour aller couper du bois dans les forêts. Nous fîmes halte dans le milieu du jour à Rumdbé Gali, que deux arbres très hauts nommés « bentang » font reconnaître de très loin. Les habitants de ce village étaient affligés de diverses maladies; ils vinrent en foule me demander des remèdes : car les nègres, on le sait, regardent généralement les blancs comme des médecins. J'eus le chagrin de ne pouvoir répondre à la haute opinion que ces pauvres gens avaient de mes talents; certes ils étaient dignes de compassion, car quelques-uns ressentaient des douleurs si aiguës qu'ils en jetaient des hauts cris. Je m'empressai de quitter ce triste lieu, où mes oreilles étaient sans cesse frappées du son de voix plaintives. Nous allâmes passer la nuit à Dongué.

J'avais promis à mon guide un chevreau pour célébrer la découverte des sources. Je lui tins parole à Dongué. Il fut chargé de tuer le chevreau. Selon la coutume de quelques bouchers africains, il avala la rate toute crue et tout entière, sans qu'elle touchât même ses dents; mais ce fut tout ce qu'il goûta de l'animal. Au moment où le festin commençait, une dispute s'éleva entre Ali et notre hôte. Je pris le parti de ce dernier, qui avait raison. Alors Ali jura par Mahomet de ne plus manger avec moi et de me quitter, puisque je soutenais un homme qui l'avait insulté. Ce serment me chagrinait d'autant plus que le secours de ce guide intelligent m'était nécessaire pour arriver aux sources de la Falemé et du Sénégal, que je voulais reconnaître. Allié à une des premières familles du Fouta-Diallon, le nom seul d'Ali me faisait respecter partout où j'allais. Le succès de mon entreprise exigeait que je fisse des démarches pour me réconcilier avec Ali; mais, d'un autre côté, l'orgueil européen m'empêchait de m'avancer le premier. Cependant, je surmontai ma répugnance, et je chargeai Boukari de donner deux grains d'ambre à Ali pour l'apaiser. Ce don produisit l'effet que j'en espérais. Ali promit de m'accompagner partout où j'irais, mais il resta fidèle à une partie de son serment en refusant de manger de mon chevreau.

15 mars. — A deux lieues au delà de Dongué, nous entrâmes dans Séfoura, grand village où l'on remarque une mosquée. Il était de trop bonne heure pour nous y arrêter; nous allâmes donc jusqu'à un rumbdé situé à une certaine distance. Les orangers que je vis dans cet endroit étaient si chargés de fruits, qu'on ne distinguait plus les feuilles. Quelques grains de verroterie suffirent pour acheter une calebasse remplie d'oranges et de bananes. Depuis ce village jusqu'à Timbo, le pays est couvert d'orangers, de papayers et de bananiers. On conçoit sans peine le plaisir qu'éprouve, en arrivant dans une contrée riche des plus beaux dons de la nature, le voyageur qui vient de traverser des cantons condamnés à ne produire que des fruits amers ou sans saveur. C'est aux Portugais que le Fouta-Diallon est redevable des végétaux précieux que je viens de nommer. Ils ne sont pas indigènes de l'Afrique, et le nègre n'a, pour les désigner, que les noms qu'ils portent dans la langue portugaise.

A peine sortis de ce rumbdé, un vieillard, que nous rencontrâmes sur la route, me pria d'ôter mon chapeau; puis il me prit la tête avec les deux mains et se les passa ensuite sur la figure, témoignant la plus vive satisfaction d'avoir vu un blanc avant de mourir. Après avoir traversé sur un pont, qui consistait en un tronc d'arbre, la rivière de Boié, qui joint ses eaux à celles de la Falemé, nous entrâmes dans Boié, très joli village dans une position charmante. Nous attendions que quelqu'un nous offrît un asile, lorsque Boubakar, chef du village, arriva accompagné de ses trois femmes ; il revenait de ses champs, où il était allé diriger les travaux de ses esclaves. Aussitôt que ses femmes m'eurent aperçu, elles se couvrirent de leur voile. Boubakar leur ordonna de se découvrir et de me saluer; ensuite il me fit entrer dans une de ses cases. A l'instant on me prodigua des soins qui me rappelaient ceux dont j'avais été l'objet chez Fonebé. On m'apporta deux douzaines d'oranges pour étancher ma soif, et l'on étendit à terre plusieurs nattes, qui me composèrent un lit excellent pour l'Afrique.

16 avril. — Boubakar entra dès le matin dans ma case, et me dit que, désirant me déterminer à séjourner dans son village, il me faisait présent d'une chèvre. Les protestations d'amitié dont il accompagna ce don me décidèrent à condescendre à ses vœux. La présence de Boubakar m'avait délivré des importuns ; dès qu'il fut sorti, je vis arriver chez moi d'abord tous les enfants du village, qui m'apportèrent chacun leur petit présent d'oranges ; ensuite parurent les vieillards, et enfin une foule de femmes. Chacune, en entrant, me prit la main, et me demanda les secours de la médecine contre les maux qui l'affligeaient. Cette consultation me fit connaître que les maladies les plus communes en ce lieu étaient la goutte et les goîtres. Quand ces malades se furent retirés, une femme m'offrit une calebasse pleine d'oranges, en me suppliant de lui donner une herbe pour avoir des enfants. Je lui répondis que la science humaine était en défaut sur ce point, et qu'elle devait s'adresser à Dieu pour en obtenir. Au reste, la plupart de ces femmes ne me consultaient que pour la forme; elles se portaient en général fort bien; le but de leur visite était intéressé, je m'en étais douté; j'en fus convaincu lorsque je les vis sortir mécontentes de ce que le blanc ne leur donnait ni ambre ni verroterie. Pendant que j'étais occupé à répondre aux questions dont on m'accablait. un malade fort riche me fit prier de passer chez lui. D'abord je traversai plusieurs rues bordées de haies vives qui formaient un berceau impénétrable aux rayons du soleil. Des papayers, des orangers, des bananiers ombrageaient le chemin que nous suivions. De jeunes filles que je rencontrai se voilèrent la tête et me présentèrent avec timidité, les unes des bananes, les autres du lait. Je ne savais si je rêvais; ces dons, la beauté du site, le respect que les habitants me témoignaient, me firent croire, pendant quelque temps, que tout ce que je voyais était une illusion que mon imagination seule avait créée. Comment supposer, en effet, que dans un village de l'intérieur de l'Afrique je rencontrerais tant d'urbanité et de politesse!

Arrivé chez le malade qui m'avait fait appeler, je pris l'air tranchant qui convient à un docteur; on étendit une natte à terre, et on plaça derrière moi une espèce de pupitre en bois pour que je pusse appuyer mon dos. Cet homme souffrait d'une douleur à la hanche; j'examinai la partie malade, et je prescrivis l'application de sinapismes. C'était cependant un peu au hasard que j'indiquais ce remède; mais, comme le matin j'avais ordonné les bains de pieds pour un autre malade, je pensai que je devais varier les formules pour paraître plus savant. Hippocrate fut comblé de moins d'éloges après avoir sauvé Athènes de la peste, que je n'en reçus en cette occasion.

Ma visite fut payée du don d'un morceau de viande boucanée; j'obtins de plus la permission de visiter la maison, dont l'architecture m'avait paru remarquable pour le pays. Le mur qui soutenait le toit avait neuf pieds de haut; une galerie, sous laquelle on pouvait se promener à l'abri de la chaleur du jour, faisait le tour du corps de logis; des bambous d'un rouge éclatant supportaient le comble. Le toit, construit avec de la terre pétrie, était orné de sculptures délicates. Des armes étaient suspendues au-dessus. De larges portes en bois d'acajou, quoique simplement façonnées à la hache, offraient une surface extrêmement unie et bien polie.

Ensuite je visitai la mosquée, bâtiment carré dont le plancher était couvert de belles nattes fabriquées dans le Liban; quatre colonnes en soutenaient le toit, une longue galerie régnait à l'entour.

A deux heures je me préparai à sortir de Boié, après avoir fait mon présent à Boubakar; ce chef hospitalier, que j'ai revu depuis à Saint-Louis, me conjura de passer le reste de mes jours avec lui. « Je te donnerai une femme, me dit-il, et je satisferai à tous tes désirs; j'aurai soin de tes enfants avec autant de zèle que des miens; mes esclaves, ma maison, tout ce que j'ai t'appartiendra. — J'ai aussi une famille, lui répondis-je, qui me l'amènera? » Il sourit, et convint que j'avais raison de ne pas consentir à rester avec lui.

Avant de nous séparer, il me fit servir à dîner, ordonna à ses femmes de venir me saluer; il me reconduisit jusqu'au delà des limites de son territoire; mon départ fut aussi pompeux que celui d'un souverain, car tous les habitants, jusqu'aux femmes et aux enfants, m'accompagnèrent avec leur chef, et en me quittant me serrèrent la main avec respect. Nous fûmes bientôt rendus à Courbari; le chef, qui nous logea, me présenta ses deux fils; la peau de ces malheureux tombait en écailles par suite de la morsure d'un gros serpent qui est assez commun dans ce pays.

17 avril. — Au lever du soleil je partis avec l'intrépide Ali pour les sources de la Falemé; nous dîmes

aux habitants de Courbari que nous allions à la chasse ;
Boukari resta dans le village, prétextant qu'il était
trop fatigué pour nous accompagner. Nous traversâmes d'abord un marais où l'eau nous venait jusqu'à la
ceinture ; puis, nous jetant dans les bois, nous nous y
frayâmes un chemin, au risque d'avoir les mains, les
jambes et le visage déchirés par les épines. Malgré les
vives douleurs que la fièvre me faisait éprouver, je
marchais avec une ardeur et une force dont je ne me
sentais plus capable depuis longtemps. Plus d'une fois
nous nous vîmes exposés à être découverts ; des bergers et des gens qui passaient sur la route de Timbo
nous demandèrent où nous allions ; la manière adroite
dont Ali répondait à ces questions satisfit ceux qui
nous les adressaient, et, sans éveiller leurs soupçons,
nous pûmes continuer notre route. Après avoir marché
pendant une heure au nord-nord-ouest, nous arrivâmes à la source de la Falemé, nommée Thené par
les Poules. Sans guide, il m'eût été impossible de la
découvrir, car dans ce moment elle était très basse ;
elle se trouve, comme celles de la Gambie et du Rio-
Grande, dans un terrain en entonnoir, entre des montagnes ; la Falemé sort du pied d'un petit tertre situé
à l'ouest dans un terrain découvert ; elle coule au
sud, et entre, à très peu de distance, dans un bois
extrêmement touffu ; à neuf cents pas plus bas, elle
reçoit la rivière de Boié ; alors, décrivant une courbe,
elle se dirige au nord pour entrer dans le Dentilia ; on
voit, à deux portées de fusil à l'ouest de la source, le
village de Kebali, et au sud-ouest celui de Tiambouria.
Les montagnes qui ceignent l'entonnoir d'où elle sort,
renferment des mines de fer ; les villages voisins font
un grand commerce de ce métal. Quelques-unes de
ces montagnes, semblables à celles qui avoisinent la
Gambie, sont pelées et composées de rochers ferrugi-

neux; leurs sommets offrent de même des cendres dans leurs cavités; des bouquets de bois s'y montrent de distance en distance.

En retournant à Courbari, nous traversâmes la Falemé sur un tronc d'arbre qui servait de pont; les habitants qui nous virent revenir sans avoir tué une seule pièce de gibier m'accusèrent de maladresse et prétendirent que les Européens savaient fabriquer les armes à feu, mais n'entendaient rien à s'en servir. Il fallait supporter cette plaisanterie de bonne grâce, afin de ne pas les mettre de mauvaise humeur, ce qui eût pu me nuire et leur inspirer l'envie de m'épier; ainsi je les laissai rire à mes dépens, me félicitant d'avoir heureusement achevé une partie de mon entreprise. Il me restait encore à voir les sources du Sénégal. Ali, que les dangers n'effrayaient pas plus qu'auparavant, me promit de m'y mener; je me fiai à sa parole, car au courage il joignait de la présence d'esprit et beaucoup de finesse.

18 avril. — Mon hôte de Courbari ne voulut recevoir aucun des présents que je lui offris; il me supplia, pour prix des services qu'il m'avait rendus, de lui composer un gris-gris en bonne forme qui lui donnât le moyen d'acquérir de grandes richesses sans travailler. Je traçai sur un morceau de papier des cercles, des croix et des triangles, qui lui parurent doués d'une telle efficacité qu'il me fit présent de deux mesures de riz; cependant, malgré le respect que mes talents à composer des talismans inspiraient à tous les habitants, ils disaient hautement : « Le blanc sait lire, il sait écrire, mais il ne sait pas prier. »

Je venais de procurer à mon hôte les moyens d'acquérir des trésors, lorsque Boukari m'apporta une bonne provision de tabac qu'on lui avait donnée en récompense de ce qu'il avait prédit l'avenir. Profitant, sans le demander, de la crédulité de ces nègres, nous trouvions les moyens de subvenir à nos besoins; toutefois il n'est pas de bonheur sans mélange. Un enfant vint nous annoncer que le chef de Boié devait, d'un instant à l'autre, arriver à Courbari. Craignant d'entrer dans des explications avec lui au sujet de la Falemé, je décampai aussitôt avec Ali et Boukari. Nous traversâmes cette rivière à une lieue de sa source; elle avait près de quatre-vingts pas de largeur dans cet endroit et coulait sur un fond de sable et de cailloux; nous passâmes ensuite deux autres rivières qui coulent de l'est à l'ouest, et après des fatigues infinies nous arrivâmes à Niogo, village dominé par une montagne très élevée nommée Couro. Les rues de ce village sont formées par des allées couvertes; chaque case est entourée d'une cour fermée par une haie d'euphorbes et dans laquelle on entre par une case de forme carrée et assez grande; la porte en est aussi haute que les nôtres; quelques-unes sont ornées de sculptures qui ne manquent pas de goût; il faut ensuite traverser la cour pour arriver à la case où l'on demeure. Les habitants de Niogo sont rigides mahométans, de sorte qu'au coucher du soleil une femme m'ayant présenté de l'eau pour faire mes ablutions, elle fut si étonnée de mon refus de m'en servir, qu'elle courut dans tout le village en criant que j'étais un païen et que je ne priais pas; comme cette femme était depuis longtemps passablement décriée, ces clameurs n'eurent pas l'effet dangereux qu'elles auraient pu produire.

19 avril. — Nous avons continué à nous diriger au sud, et nous avons traversé un pays plus plat que celui où nous étions la veille; l'homme n'aurait qu'à y semer pour se procurer d'abondantes récoltes; à quelques pas de la route, à gauche, était la source du Gaugoré, qui coule à l'est; quelques instants après, nous sommes entrés dans Poukou. Je crus que ce village serait le terme de mon expédition. Voyageant presque toujours à pied, depuis deux mois, sous un soleil brûlant; forcé depuis quelques jours de gravir et de descendre des montagnes escarpées, n'ayant pour toute nourriture que du riz cuit dans l'eau avec des pistaches, et pour toute boisson que de l'eau, pour lit que la terre ou une peau de bœuf encore plus dure, la fatigue commençait à me devenir insupportable.

Ce fut à Poukou que, pour la première fois, je vis un parasite africain; cette rencontre n'était pas étonnante, puisque nous approchions de la capitale. Cet homme, nommé Alpha, vint prendre sa part de notre dîner sans y être invité; j'en fus d'autant plus surpris que les Africains sont d'une discrétion remarquable sur ce point. Quant à mes compagnons de voyage, ils ne pouvaient revenir de l'audace de cet homme; mais les méchantes langues ayant en Afrique, comme en Europe, la triste prérogative d'inspirer la crainte, tout le monde redoutait Alpha, qui était de la caste des diavando, dont j'ai parlé plus haut. Je n'eus pas besoin de réfléchir beaucoup pour sentir qu'en ma qualité d'étranger et de blanc je devais chercher à capter un homme dont les discours pouvaient me nuire ou m'être utiles. Je lui fis donc présent d'un collier de verroterie, qui m'attira les éloges les plus ampoulés.

20 avril. — Pressés d'arriver à Timbo, nous partîmes avant le lever du soleil; la route traversa d'abord de hautes montagnes escarpées; nous marchions le long de précipices profonds. Descendus de ces hauteurs dans une belle vallée verdoyante arrosée par un ruisseau limpide, nous aperçûmes des maisons de campagne appartenant aux gens riches de Poukou. Presque tous les Poules qui en ont les moyens en construisent dans les lieux où ils sont sûrs de trouver d'abondants pâturages pour leurs troupeaux. Notre hôte de la veille, que nous rencontrâmes en ce lieu, m'invita à laisser paître librement mon âne dans ses prés, et à nous reposer sous un arbre touffu, où il nous fit servir du lait et du riz ; ce lieu était si agréable, que nous y restâmes jusqu'à dix heures ; ensuite nous nous remîmes en route, et après avoir passé la Sama, qui se jette dans le Sénégal, nous vîmes Timbo, situé au pied d'une haute montagne. Comme nous étions encore loin de cette grande ville, nous nous reposâmes sous un téli, où tous les voyageurs s'arrêtent. Cet arbre, le seul de cette espèce que j'aie vu, n'est pas très haut ni d'une grosseur proportionnée à la longueur de ses branches, qui s'étendent à la distance de cent vingt pieds du tronc et forment un vaste ombrage circulaire bien précieux dans ces pays où la chaleur est excessive ; les branches ont, par leur poids, déraciné cet arbre d'un côté, et en touchant la terre y ont pris racine, ce qui a formé de nouveaux arbres.

Voulant entrer à Timbo avant la nuit, nous nous remîmes bientôt en route. Ali, qui se proposait de nous faire loger chez le frère d'Almamy, entra dans sa maison de campagne pour lui parler ; mais ce prince était allé conduire ses troupeaux dans des pâturages éloignés. Après avoir traversé une plaine immense parsemée de pierres ferrugineuses, nous entrâmes à Timbo par une avenue de bananiers. La pluie nous surprit au moment où nous attendions que les habitants, assemblés dans la mosquée, eussent fini de lire les lettres qu'Almamy leur avait écrites de son armée de Sangarary. Abdoulai, simple marabout, qui gouvernait la capitale pendant l'absence du roi, donna, à la sortie du conseil, l'ordre à un tisserand, esclave d'Almamy, de nous loger. Ce vieillard refusa d'abord de nous recevoir à cause de la grande disette qui régnait à Timbo, ensuite il consentit pourtant à nous donner asile, fort heureusement pour nous, car il plut à torrents; c'était le prélude de la saison pluvieuse.

21 avril. — On vint, dès le matin, nous annoncer que nous ne pourrions partir de Timbo qu'après le retour d'Almamy, qui ne devait avoir lieu que dans vingt-cinq jours ; c'était un ordre de rester six mois dans cette capitale, car durant la saison des pluies il est presque impossible de voyager dans un pays où les ruisseaux deviennent de larges rivières.

Depuis longtemps je m'étais résigné à la patience ; ce nouveau contretemps ne m'irrita donc pas. Cependant j'allai aussitôt avec Boukari chez Abdoulai, que nous trouvâmes occupé à tenir, avec des marabouts, une conférence littéraire. Un marabout lisait à haute voix. Des jeunes gens suivaient attentivement sur leurs livres, et Abdoulai, qui était aveugle, expliquait les passages difficiles. La discussion s'entamait après sur le sens de divers passages du livre, qui était l'histoire de Mahomet. Ensuite un des jeunes gens prit le livre et lut tout haut; les autres, dirigés par un marabout, corrigeaient les fautes qui s'étaient glissées dans les copies de l'ouvrage qu'ils tenaient entre les mains. Le silence le plus profond régnait parmi cette jeunesse, qui paraissait vraiment studieuse. Boukari, mon marabout, eut occasion de montrer ses profondes connaissances dans la langue arabe, car on lui adressa diverses questions auxquelles il répondit d'une manière qui surprit tous les auditeurs. La classe se tenait dans la case d'Abdoulai; c'était celle d'un savant : un lit avec une natte, une outre remplie de livres, une cruche pleine d'eau, deux ou trois pots pour les ablutions, en composaient l'ameublement. La leçon terminée, Abdoulai nous fit passer dans la salle d'audience et me demanda le sujet de mon voyage. « Je suis venu, lui répondis-je, pour saluer votre puissant roi et lui offrir mon fusil en présent. Le gouverneur de Saint-Louis ayant appris que votre commerce languissait dans les escales du Rio-Nunez, m'a donné l'ordre de venir vers Almamy pour le prier d'engager ses sujets à donner plus d'activité à leurs relations avec notre colonie, où toutes les marchandises abondent; en allant jusqu'à Galam, deux mois suffisent pour se rendre par le fleuve à Saint-Louis [1]. En me chargeant de cette mission, ajoutai-je, je me suis proposé de te donner deux mains de papier. » Je réservai, comme on voit, la partie la plus éloquente de mon discours pour la péroraison. Abdoulai approuva le but de mon voyage, m'assura que jamais présent si magnifique que le mien n'avait été offert à Almamy, et que les habitants du Fouta-Diallon s'empresseraient d'aller à Saint-Louis. Lorsque je lui dis que je désirais partir le lendemain, il me répondit que j'en étais le maître, et qu'il me remettrait une lettre pour le gouverneur de Saint-Louis; après quoi il nous congédia et nous fit traverser un fort dont les murs en terre pouvaient avoir vingt pieds de hauteur sur cinq d'épaisseur; on était alors occupé à le démolir.

22 *avril*. — J'avais donné mon fusil, parce que je craignais qu'on ne me l'enlevât, les nègres mêmes qui passent par Timbo étant obligés de faire de riches présents. Cependant le mien ne fut pas suffisant : on en exigea un autre pour un certain Alibiluma, dont

---

1. Déterminés par l'assurance que j'avais donnée par écrit que les habitants du Fouta-Diallon seraient protégés au Sénégal, plusieurs d'entre eux s'y rendirent, pour vendre de l'or, après un voyage qui avait duré six mois. Parmi ces marchands je reconnus Boubakar, chef de Boié, que je présentai à M. de Fleuriau; ce gouverneur lui fit un présent dont la valeur, quoique modique, parut si grande à ses yeux, qu'il jura d'engager, à son retour dans le Fouta-Diallon, ses compatriotes à venir à Saint-Louis.

l'autorité est presque égale à celle du roi ; j'offris dix grains d'ambre pour ce personnage : on les refusa ; j'en donnai vingt, qui nous firent obtenir enfin la permission de partir. Abdoulaï me fit présent, au nom de ses concitoyens, de deux sacs de riz, et lorsque nous fûmes prêts à sortir de la ville il me fit venir chez lui et me dit : « Je te laisse le maître de partir ou de rester. Si tu demeures ici, nous te donnerons deux bœufs et une grande mesure de beurre. — Je pars, » lui répondis-je. A ces mots, il me remit une lettre conçue en ces termes :

« Nous, faibles créatures, rendons mille actions de grâces au Tout-Puissant. Les anciens de Timbo, au nom du puissant maître de notre ville, avons écrit cette lettre au chef du Sénégal. Gaspard et Diaï Boukari nous ont fait connaître ce gouverneur par leurs récits ; ils nous ont apporté de sa part un présent pour le roi de Timbo, et ont engagé les hommes du Fouta-Diallon et de Timbo à venir à Saint-Louis pour y vendre leurs marchandises ; ils n'ont pas rencontré Almamy de Timbo, qui était parti pour la guerre. Gaspard et Diaï Boukari ont dit aux anciens de Timbo : « Nous sommes venus pour voir Almamy, et lui faire « un présent ; mais puisqu'il est absent, nous allons re- « tourner dans nos foyers.

« — Attendez un peu, ont dit les anciens de Timbo, jus- « qu'au retour d'Almamy ; » ils ont ajouté : « Nous crai- « gnons la saison des pluies. — Les pluies ne sont pas à « redouter pour vous, avons-nous repris ; » mais Gas- « pard s'est écrié : « Nous avons à craindre le chef de « Saint-Louis, qui nous a ordonné de ne séjourner que « trois jours à Timbo. » Persuadés que c'était la vérité, nous, Abdoul, et nous, Talatou (frère d'Almamy), nous ne nous sommes pas opposés à leur départ ; nous nous sommes déclarés leurs défenseurs jusqu'à ce qu'ils soient de retour auprès de leur chef, car c'est la volonté de notre maître qu'ils se rendent chez eux avec sécurité.

« Grâces à Dieu, si leur voyage est terminé sans accident! »

Lorsque les habitants qui nous reconduisaient nous eurent quittés, Ali me félicita sur le succès de mon voyage; « car, me dit-il, si Almamy s'était trouvé à Timbo, on ne vous eût pas même laissé votre chapeau; et quant à moi, pour vous avoir conduit jusqu'ici, on m'eût tranché la tête; quand Almamy apprendra que vous êtes parti, il sera furieux que sa proie lui ait ainsi échappé. »

Nous passâmes la nuit dans la maison de campagne du fils d'Abdoulai. Notre hôte me fit servir du sucre[1] dans une soucoupe de faïence, et des pains de riz dans une assiette, et étendre à terre, pour mon lit, une grande natte du Liban, qui le disputait aux plus belles étoffes pour la richesse du dessin. L'orgueil de ce noir fut pleinement satisfait en me montrant qu'il connaissait notre manière de vivre et qu'il possédait nos ustensiles, tandis que j'étais obligé, comme le plus pauvre des nègres, de me servir d'une calebasse.

Timbo est situé au pied d'une haute montagne. Cette ville peut contenir neuf mille âmes; il y a une grande mosquée et trois forts, dans l'un desquels se trouve le palais d'Almamy; ce sont cinq grandes cases très régulièrement bâties. Les fortifications sont en terre et tombent en ruine : en plusieurs endroits on y a percé des meurtrières.

Timbo doit être une ville fort ancienne; tout le pays qui l'avoisine porte le même nom. C'est de là que sont sortis les maîtres actuels du Fouta-Diallon; car les

---

1. Les Poules vont l'acheter à Sierra-Leone, ou sur le Rio-Nunez.

contrées comprises sous cette dénomination ne sont que soumises et non sujettes. Timbo est le séjour du roi et de l'armée. On me dit que l'on y voyait jusqu'à mille chevaux. Les habitants sont riches. Toutes les femmes ont des manilles en argent, de larges boucles d'oreilles en or, et sont vêtues en pagnes de guinée bleue, ce qui est l'indice d'un grand luxe chez les Africaines. Timbo est une ville de guerre, et, par conséquent, peu commerçante. Les armes et les contributions l'ont enrichie ; elle jouit cependant du privilège de faire seule le commerce à Kissin-Kissin, Kissin et Bengala, tandis que Labbé [1], grande ville de l'empire, traite à Kakandé et Dianfou [2].

Il m'est impossible d'estimer avec plus de certitude que je ne l'ai fait plus haut la population de Timbo ; lorsque j'y fus, il ne restait que les vieillards, les enfants et les gens estropiés ou infirmes, et l'on ne voyait qu'un petit nombre de femmes. Toutes les cases sont bâties avec goût ; les cours sont plantées de papayers et de bananiers.

Je n'ai éprouvé aucun mauvais traitement de la part des habitants de cette ville : c'est le seul éloge que je puisse en faire ; l'habitude qu'ils ont de voir des étrangers doit en être la cause ; ils ont des relations très fréquentes avec le Rio-Nunez et Sierra-Leone.

Les femmes de Timbo, comme celles de toutes les villes, sont très hardies ; sans cesse elles importunent les étrangers de leurs demandes, ou bien les tourmentent par leurs plaisanteries.

1. Il y a un marché dans cette ville.
2. Autres comptoirs sur le Rio-Nunez.

VI

Ali refuse de conduire l'auteur à la source du Sénégal. — Il change d'avis. — Détails sur cette source. — Retour à Niogo. — Témoignages d'amitié du chef de Lalia. — Ali quitte l'auteur. — Retour à Bandéia. — Protestations de Boubou. — Comment il a défendu l'auteur. — Commencement de la saison pluvieuse. — L'auteur tombe malade. — Boubou lui refuse l'eau et le feu. — Il cherche à le faire périr par le poison. — Ne pouvant réussir, il tâche de soulever les habitants des villages voisins. — L'auteur s'échappe. — Il est forcé par Boubou de rentrer dans sa case. — Saadou s'engage avec l'auteur. — Ils se sauvent à Bourré. — On les y arrête. — On les laisse cependant partir en leur arrachant des présents. — Notice sur les Serracolets. — L'auteur, après des fatigues incroyables, gagne la frontière du Fouta-Diallon. — Description de cet empire.

23 avril. — Le plaisir que nous éprouvions d'avoir échappé si facilement aux dangers que nous aurions courus si Almamy avait été de retour, nous fit tellement doubler le pas pour retourner à Bandéia, que nous arrivâmes à Poukou de très bonne heure.

Je rappelai à Ali sa promesse de me conduire aux sources du Sénégal. A mon déplaisir extrême, je ne trouvai plus en lui ce caractère courageux et décidé qui lui avait précédemment fait affronter le danger. « Pourquoi, me dit-il, veux-tu donc visiter les sources de tous les fleuves de nos pays? n'en avez-vous donc pas chez vous? — Non, lui répondis-je, nous n'avons que des puits ou des mares presque desséchées, et tous les Européens désirent ardemment de voir un phénomène aussi extraordinaire que celui de la source d'une grande rivière. » Ces motifs ne satisfirent pas Ali, qui refusait constamment de me conduire aux sources que je n'avais pas encore vues. J'eus beau employer tous les raisonnements imaginables, je ne pus venir à bout de le ramener à mon sentiment; il fallait, pour le toucher, des arguments d'un autre genre, en un mot, un présent. Ennuyé d'une discussion qui se prolongea pendant toute la nuit, je laissai Boukari se servir des ressources de sa logique pour déterminer Ali à nous suivre; ce fidèle serviteur eut plus de succès que moi, parce qu'il sut deviner qu'Ali ne résisterait pas à un cadeau. S'apercevant qu'il avait envie d'un chapelet en bois d'ébène, fabriqué par les Maures, qu'il portait à sa ceinture, il le lui offrit; le don de ce bijou nous conserva notre guide. Cette action de Boukari prouvait, d'une manière éclatante, s'il en eût été besoin, son bon cœur et sa générosité pour moi, car le chapelet dont il se défaisait pour me rendre service lui avait été donné par sa femme à l'instant où il partait.

24 *avril*. — Nous nous mîmes en route, disant que nous allions à Sumbalako acheter du sel pour notre provision. Un orage qui nous surprit en route nous força de nous arrêter au rumbdé de ce nom, et d'y coucher.

Les pluies n'avaient pas, jusqu'à ce moment, été aussi fréquentes et aussi abondantes qu'elles le sont ordinairement à cette époque de l'année. Ali s'en étonnait beaucoup, mais il expliquait ce phénomène d'après la physique des nègres, en disant qu'Almamy en était la cause, parce qu'il avait prié le ciel de retarder les pluies jusqu'à ce qu'il eût entièrement détruit les païens, auxquels il faisait alors la guerre.

25 avril. — Notre route se dirigeait droit à l'ouest; nous traversions une longue plaine très fertile, qui était la quatrième que j'eusse vue depuis que je voyageais dans le Fouta-Diallon, lorsque j'aperçus près du chemin trois colonnes sur une ligne à égale distance l'une de l'autre. Croyant que c'était un ouvrage des hommes, je m'en approchai avec une vive curiosité; mais quel fut mon étonnement en acquérant, par mes propres yeux, la preuve que c'était le produit du travail des fourmis appelées termès ! Au sortir de la plaine, nous laissâmes Sumbalako sur notre gauche, et nous arrivâmes sur les bords du Sénégal. Ce fleuve, quoique près de sa source, était large; nous le passâmes à gué sur une bande de rochers qui traversent son lit; par malheur, mon âne glissa et tomba dans un endroit assez profond; craignant qu'il ne s'y rompît les jambes, j'enlevai mes outres de dessus son dos et je les portai à la rive opposée; alors je pus aisément, avec mes deux compagnons, tirer le pauvre animal du milieu des rochers, où son pied était engagé. Ce contretemps nous arrivait dans l'endroit même où nous avions remarqué des traces encore fraîches d'hippopotames. Nous allâmes coucher à Dalaba, village habité par des Mandingues venus du Kankan. Je pus juger en cet endroit de l'industrie des habitants de ce pays; car, ayant entre autres reçu la visite des forgerons et des cordonniers du lieu, chaque objet de mon bagage fixa l'attention de ces artisans. Le cordonnier surtout examina soigneusement ma chaussure; malgré l'embarras qu'il éprouvait pour en découvrir la couture, il prétendait qu'il était capable d'en faire de semblables beaucoup plus habilement; le forgeron assura, de son côté, qu'il pouvait fabriquer des bois de fusils avec autant d'art que les nôtres. La présomption de ce nègre était si forte qu'elle méritait une leçon; je lui dis donc : « Toi, qui travailles le fer, as-tu fait la batterie et le canon de ton fusil? — Non, répondit-il avec dépit, » et à l'instant il sortit de ma case.

26 avril. — Ali nous a donné sa parole de nous conduire aux sources du Sénégal; mais l'obligation de tenir sa parole lui causait une terreur extrême; il en perdit l'appétit; depuis trois jours il ne mangeait pas. Chaque instant il s'imaginait voir arriver de Timbo un messager porteur d'un ordre de nous faire arrêter; ses craintes n'étaient pas déraisonnables; car, je l'avoue, je suis surpris que les habitants de ce pays aient si facilement laissé échapper un homme qu'il était si aisé de piller impunément. La sûreté dont je ne cessai pas de jouir prouve que la foi des serments est gardée religieusement par les nègres; cependant Ali, malgré ses frayeurs, recueillait sans relâche les renseignements qui nous étaient nécessaires pour reconnaître les sources du Sénégal. Conformément aux instructions que nous avaient données les habitants de Dalaba, nous avons marché au nord; après avoir traversé une plaine fertile arrosée par le Sénégal, nous avons passé ce fleuve, dont les eaux peu profondes coulaient sur un lit de sable et de cailloux; ensuite nous avons commencé à gravir une montagne très escarpée. Nous étions encore loin de son sommet, lorsque Ali, s'arrêtant tout à coup, nous montra, sur notre gauche, à peu de distance de la route, un bouquet d'arbres touffus qui cachaient la source à nos yeux. Je me laissai glisser avec Boukari le long de la montagne, je parvins dans ce bois épais où les rayons du soleil n'avaient jamais pénétré, et je traversai le Sénégal, dont la largeur pouvait être de quatre pieds; en le remontant, j'aperçus l'un au-dessus de l'autre deux bassins d'où l'eau sortait en bouillonnant, et plus haut, un troisième qui n'était qu'humide, de même que la rigole qui aboutissait au bassin placé immédiatement au-dessous. C'est ce bassin supérieur que les nègres regardent comme la source principale du fleuve. Ces trois sources sont situées vers le milieu du flanc de la montagne. Pendant la saison des pluies, deux grandes mares qui se trouvent à égale distance au-dessus de la source supérieure, lui apportent le tribut de leurs eaux par deux rigoles profondes. Sur le revers de la montagne, on voit un village nommé Tonkan.

Le Sénégal, appelé Baléo (fleuve noir) en langage poule; Bafing, qui a la même signification en mandingue, ou Foura, qui veut dire simplement le fleuve, coule d'abord du nord au sud, passe à peu de distance au sud de Timbo, et se dirige ensuite à l'ouest. Je gravai sur l'écorce d'un des arbres voisins de la source la date de l'année dans laquelle j'avais fait cette découverte.

Ayant rejoint Ali qui, pendant notre excursion, avait soigneusement regardé de tous côtés pour nous avertir dans le cas où il apercevrait quelqu'un, nous continuâmes à gravir la montagne jusqu'à Poré Daka, où je fus logé dans l'atelier d'un forgeron.

27 avril. — Les lieux que nous avions parcourus, en allant à Timbo, étaient bien changés depuis que les pluies avaient commencé à tomber. Tout le pays plat était inondé. Nous n'avancions qu'avec une peine infinie, étant obligés de porter nos provisions sur nos épaules; nous ne pûmes arriver à Niogo qu'au coucher du soleil.

28 avril. — Nous fûmes longtemps arrêtés au passage de la Falemé. Une bande de roches très étroite formait un gué au travers de cette rivière, très large dans cet endroit; nous avions de l'eau jusqu'à la ceinture; je tombai dans un trou assez profond, et je manquai de perdre mes journaux. Accablés par les fatigues que nous avait causées le passage de cette rivière, nous nous reposâmes sous les beaux arbres qui ombragent ses bords. A l'aide de quelques broussailles, auxquelles nous mîmes le feu, nous fîmes griller une poignée de pistaches pour réparer nos forces. Arrivés le soir à Rumbdé-Paravi, personne ne voulut nous loger, à cause de la peur que notre âne inspirait.

29 avril. — Un incident bizarre retarda notre départ. Ali ne voulait pas se mettre en route avant d'avoir retrouvé un papier écrit en arabe, qui lui enseignait la manière de mêler de la soie avec des cheveux des Européens, pour obtenir de grandes richesses. Après bien des recherches, il apprit qu'un marabout du village était possesseur d'un papier semblable : il en prit une copie, et consentit alors à partir de Paravi. A peu de distance de cet endroit, nous rencontrâmes sur la route le vieillard qui m'avait témoigné un si vif attachement à Lalia, lorsque je passai dans les environs de ce village en allant à Timbo. Ce vieux nègre vint à moi, me serra entre ses bras, me baisa les cheveux, porta ma main à son front, témoigna une joie si vive de me revoir, que je commençai à douter de sa sincérité : cependant il nous conduisit à Lalia, me céda sa propre case, dont le lit en terre était dans une espèce d'alcove, et me combla de nouveau de grandes marques d'amitié. « Il faut, me dit-il, que tu sois en proie à quelque chagrin bien cuisant, pour avoir ainsi quitté ta patrie; car, d'après ce que l'on m'a raconté, les blancs ont chez eux tout ce qu'ils peuvent désirer : des tables chargées de mets exquis, s'ils ont faim; des liqueurs délicieuses, s'ils ont soif; des vêtements pour couvrir six hommes, s'ils ont froid; la haine de ton roi ou la perfidie de ta femme, s'écria-t-il, ont pu seuls te faire venir dans nos pays arides. » Mais, tandis que mon hôte me prodiguait mille témoignages d'attachement, qu'il m'assurait que tous ses biens étaient à moi, mes compagnons de voyage, impatientés de voir l'heure de souper se passer sans que rien parût qui l'annonçât, allèrent, en hommes prudents, chercher dans le village les moyens de ne pas se coucher à jeun. Dès qu'ils furent partis, mon hôte, qui fit alors connaître son avarice, m'apporta une petite mesure de maïs et de lait, et m'invita à manger; puis il me pria de ne pas oublier sa femme; trop heureux d'avoir à souper, je payai largement mon mince écot, et j'allai raconter à mes compagnons ce qui s'était passé chez le vieillard après qu'ils en étaient sortis. Irrités de ce qu'il les avait traités de la sorte et de la manière intéressée dont il s'était conduit envers moi, ils m'engagèrent à sortir de la case dès le lendemain matin.

30 avril. — Un événement bien autrement fâcheux m'arriva ce jour-là : Ali me quitta. Boukari l'avait accusé d'aller dire aux habitants des villages où nous passions, que j'avais beaucoup de marchandises et de les engager par là à me faire payer très cher les provisions qu'ils me vendaient; Ali, piqué de ces propos, déclara qu'il ne voulait plus m'accompagner. Ce nègre m'était sans doute très utile; mais j'étais attaché à Boukari, par la reconnaissance que m'avait inspirée le zèle qu'il avait toujours témoigné pour mon service. Je cherchai à rétablir la concorde entre ces deux hommes qui m'étaient si utiles. Mes efforts furent superflus, Boukari ayant mis le comble au mécontentement d'Ali en lui disant qu'il n'était qu'un païen, puisqu'il s'irritait si facilement.

Il fallut donc partir sans ce guide fidèle, à qui je devais la connaissance des sources des quatre principales rivières de cette partie de l'Afrique; sa perte me chagrina beaucoup et je ne tardai pas à m'apercevoir de son absence ; car, à peu de distance de Laliá, nous ne pouvions plus reconnaître la trace du chemin ; nous fûmes heureusement joints par des marchands poules qui allaient au marché de Labbé ; remarquant notre embarras, ils nous proposèrent de nous faire accompagner par l'un d'eux pour nous guider, moyennant six charges de poudre ; j'acceptai le marché. Je passai d'abord la Gambie ; un orage qui menaçait nous força de gagner un village qui n'était habité que par de pauvres esclaves ; ils ne purent m'offrir pour mon repas qu'une calebasse pleine d'un ragoût bien peu appétissant pour un Européen ; il est composé de farine de mil dans laquelle on mêle une espèce de mouches appelées « betti » ; ne voulant pas mourir de faim, je passai sur le dégoût que me causait la vue de ce mets. L'effet de la répugnance que j'éprouvai en le mangeant me causa un accès de fièvre.

1er *mai*. — Assis à l'ombre d'un buisson très touffu, nous attendions le retour de notre nouveau guide, qui était allé acheter des vivres dans un village voisin, lorsque nous le vîmes revenir accompagné de sa femme, avec laquelle il avait une vive altercation ; j'en demandai le sujet, et j'appris qu'elle ne voulait pas que son mari m'accompagnât, soutenant qu'il ferait mieux de rester à cultiver son champ, besogne qui, pendant son absence, serait retombée sur elle. La soumission de cet homme aux ordres de sa femme, malgré le désir qu'il avait de me suivre, me surprit beaucoup ; au reste, cette scène me fit voir que chez les Poules les femmes ont plus d'ascendant sur les hommes que dans les autres États nègres. L'épouse de notre guide songea cependant à nous tirer de l'embarras où nous nous trouvions ; elle dit à son mari de faire venir deux enfants pour le remplacer jusqu'au village voisin ;

nouvel embarras : ces petits nègres furent pris de frayeur à la vue de mon âne, qu'ils appelaient un cheval à longues oreilles; ils craignaient que cet animal extraordinaire ne les dévorât! Ce ne fut qu'à force d'instances pressantes qu'on put les décider à nous précéder : que serions-nous devenus s'ils eussent obstinément persisté dans leur refus? Les pluies avaient tellement effacé la trace du chemin dans les montagnes où il passait, que sans le secours de ces enfants il nous eût été impossible de la reconnaître; de tous côtés l'eau se précipitait en cascades bruyantes; nous eûmes une peine infinie à faire avancer notre paisible baudet, qui ne voyait de toutes parts que des précipices et des torrents; Boukari le poussait fortement par derrière et je le tirais par son licol pour le faire passer sur des digues en pierres que j'avais élevées à la hâte. Pendant que nous redoublions ainsi d'efforts pour préserver nos marchandises et leur porteur de tout accident, nos jeunes guides, penchés sur un rocher, riaient aux éclats en nous voyant entraînés dans l'eau par l'animal têtu; chacune de ses chutes leur arrachait des cris de joie; aussitôt qu'il se relevait et qu'il s'élançait sur la rive opposée du torrent, ils s'enfuyaient dans les bois : ils nous ont dit, depuis, que leur frayeur, à la vue de ce paisible animal, venait de ce qu'ils avaient jugé de la longueur de ses dents d'après celle de ses oreilles. Les retards que nous causèrent tous ces accidents ne nous permirent d'arriver qu'au coucher du soleil à Niamaia, village habité par des forgerons djalonkés; tout aussi peu rassurés que nos jeunes guides à l'aspect du féroce animal qui portait mes marchandises, ils m'enjoignirent de le bien attacher pendant la nuit.

2 mai. — La journée fut extrêmement fatigante; les chemins tracés au travers des montagnes étaient devenus presque impraticables ; les torrents retardaient sans cesse notre marche ; nous ne pûmes arriver à Bandéia qu'à la nuit close. J'allai aussitôt à la case de Boubou, je l'appelai ; il sortit à l'instant et témoigna une joie bien vive de nous revoir ; comme l'on savait que je payais les présents que l'on me faisait, toutes les femmes du village s'empressèrent de m'apporter des provisions ; pendant que nous soupions, Boubou nous apprit qu'Ali était de retour à Bandéia depuis deux jours et lui avait révélé le secret de ma mission ; ensuite il se vanta d'avoir pris chaudement ma défense contre deux nègres venus du Bondou, qui prétendaient que je n'étais allé dans le Fouta-Diallon que pour visiter les sources des fleuves ; il avait traité ces nègres d'imposteurs et leur avait prouvé que l'on ne pouvait imputer un semblable motif à mon voyage, puisque je n'avais pas avec moi les instruments avec lesquels les blancs regardent le soleil. Cette conversation devait naturellement me causer de vives alarmes ; l'indiscrétion d'Ali, les soupçons que les propos des deux nègres du Bondou avaient excités, m'exposaient à chaque instant à être massacré ou au moins pillé.

Je passai le 3 et le 4 mai à Bandéia, me proposant d'y demeurer encore quelques jours pour réparer mes forces, et de diriger ensuite ma marche vers le Niger ; je me proposais de descendre ce fleuve en pirogue jusqu'à Tombouctou, où je me flattais d'arriver sans beaucoup de difficultés, en me faisant passer pour l'esclave de mon marabout. Le 4, à cinq heures après midi, un coup de tonnerre épouvantable qui annonça l'arrivée des pluies me fit pressentir les calamités qui allaient mettre un obstacle insurmontable à l'exécution de mes projets. A ce bruit terrible, tous les habitants sortirent de leurs cases ; on aperçut dans l'est comme un brouillard épais qui dérobait la vue des plus hautes montagnes ; l'orage s'approchait ; la masse d'eau qui s'avançait, poussée par le courant d'air, était prodigieuse, mais sa marche était lente, de sorte que nous eûmes le temps de quitter notre case et de nous réfugier dans celle de Boubou, qui était plus solidement construite. A peine y étions-nous entrés, que j'eus l'effrayant spectacle d'un déluge : des torrents de pluie tombaient de toutes parts ; la grêle vint augmenter l'horreur de cette scène : elle faisait pousser par sa chute des gémissements affreux aux bestiaux, qui ne savaient où trouver un asile ; en un instant la terre fut couverte d'eau : on ne peut, dans les climats tempérés, se faire une idée de l'abondance des pluies qui tombent en Afrique, pendant six mois de l'année, dans les pays compris entre les tropiques ; ce sont des nappes d'eau qui se précipitent sans interruption. L'humidité qu'elles répandent dans l'air est le plus grand obstacle qui s'oppose aux progrès des Européens dans cette partie du monde, par les maladies qu'elle développe chez eux.

J'étais obligé de séjourner à Bandéia pour vendre mon cheval et pour me procurer un guide ; l'ennui que me causa ce retard forcé, joint à l'humidité excessive de ma case, où la pluie pénétrait par les ouvertures du toit, me donna un violent accès de fièvre. J'eus recours au remède dont j'avais éprouvé les effets salutaires ; je pris une forte dose d'infusion de tamarin, mais je m'aperçus avec effroi que ma fièvre augmentait ; alors je songeai à employer le quinquina, dont j'avais eu la précaution d'emporter un petit paquet : que l'on juge de ma douleur lorsque, le cherchant dans une outre où je l'avais mis, je ne le trouvai plus. Je me crus sans ressources. En effet, ma position ne fit que s'aggraver ; le 8 mai la dysenterie se déclara : je n'avais d'autre remède à ma disposition et d'autre aliment que du riz et de l'eau; un semblable régime eut bientôt épuisé mes forces. Le 11, après m'être couché sur une botte de paille dont mon nègre m'avait fait un lit, j'écrivis mes dernières volontés, croyant que dans la nuit je cesserais d'exister. Assis auprès de moi, Boukari soutenait ma tête pour que je pusse écrire ; ce fidèle serviteur versa un torrent de larmes lorsqu'après lui avoir dit adieu, je remis entre ses mains mes journaux et mes marchandises, pour qu'il les portât à M. de Fleuriau : « Ah ! mon maître, s'écria-t-il en sanglotant, pourrais-je te survivre si le Ciel t'enlevait ! Non tu ne peux mourir, ta destinée s'y oppose, prends courage : ce ne sont ni les médecins ni les médicaments qui peuvent te sauver, c'est la volonté du Maître de l'univers; espère en sa puissance, il te conservera la vie. — Boukari, lui répondis-je, pourquoi pleurer ma mort ? si quelqu'un devait verser des larmes, ce serait moi, puisque je meurs sur une terre étrangère, loin de tout ce qui m'est cher ; prends soin de ma dépouille; tu m'enterreras dans le bois voisin, au pied de ce grand acajou où je me suis reposé en arrivant à Bandéia, et tu tourneras ma tête vers le nord. »

Après avoir réglé mes funérailles — car je craignais que les habitants de Bandéia, par excès de fanatisme, n'exposassent mon corps aux oiseaux ou aux bêtes féroces — je tombai dans une telle défaillance qu'il me semblait que j'allais m'endormir pour l'éternité; mais une crise salutaire s'était opérée : le 12, en me réveillant, j'éprouvai une surprise extrême de me sentir presque soulagé; la fièvre avait disparu, et je crus que le mal était à peu près dissipé; pendant que je me réjouissais d'être si miraculeusement délivré de mes souffrances, j'entendis Boukari pousser de profonds gémissements, qui lui étaient arrachés par les douleurs d'une violente colique; mais il montrait en même temps une résignation dont peu de personnes seraient capables; après avoir fait des signes sur des calebasses remplies d'eau froide, il avala cette eau, et à l'instant le mal le quitta; le magnétisme regardera peut-être cette cure comme un effet de sa puissance.

Le soulagement que j'éprouvais depuis quelques instants me faisait croire que j'avais recouvré la santé; bientôt je fus tiré de cette illusion, en me voyant accablé de tous les maux auxquels un mortel peut être en proie : la dysenterie, la fièvre, des douleurs violentes dans les dents, des plaies occasionnées par les piqûres des chiques (*pulex penetrans*), ne me laissèrent plus un instant de repos; la foule des importuns qui se succédaient à l'envi dans ma case pour être témoins du moment où j'expirerais, me rendait mes souffrances insupportables; en vain, pour me guérir, Boubou m'apporta-t-il un gris-gris sur une planchette, m'engageant à laver l'écriture et à boire l'eau qui aurait servi à l'effacer : comme je doutais de la puissance du talisman, je le refusai; Boukari eut plus de confiance, il avala cette eau, dont il espérait ressentir l'effet salutaire.

Désespérant de pouvoir échapper à une mort qui me paraissait certaine, j'acceptai quelques remèdes que les nègres me proposèrent, et qui ne purent cependant calmer mes douleurs; l'un d'eux m'apporta un énorme pain de riz cuit au soleil, qui devait plutôt m'étouffer qu'opérer ma guérison. Je me rappelai alors les remontrances de Boukari, et comme j'avais conservé toute ma connaissance, je pensai que je devais coopérer à la volonté de la destinée, en m'occupant des moyens d'adoucir mes souffrances; je commençai par faire réparer le chaume du toit de ma case, ce qui me mit à l'abri des pluies.

Mais au moment où je me croyais près d'échapper

à mes maux, je courais le plus grand de tous les dangers ; Boubou, qui me comblait de témoignages d'intérêt, qui me semblait ne penser qu'à me procurer du soulagement, songeait à me faire périr ; fatigué d'attendre la mort trop lente, à son gré, d'un homme dont il convoitait les richesses, il sortit un jour et donna l'ordre de me servir une poule dans laquelle il avait fait mettre du poison ; l'odeur infecte du bouillon et sa couleur sanguinolente m'empêchèrent d'en boire plus de deux cuillerées. Bientôt les effets de ce poison, quoique mal préparé, me firent ressentir dans l'estomac des douleurs atroces ; Boukari, qui n'avait touché le bouillon que du bout des lèvres, éprouva les mêmes souffrances. Les marques d'attachement que Boubou m'avait prodiguées ne me permettaient pas d'attribuer au poison le mal qui me tourmentait ; j'en imputai la cause à la faim. Boukari m'ayant donné du lait pour l'apaiser, je fus à même de juger par le vomissement qu'il provoqua quels dangers ma vie avait couru ; la femme de Boubou, appelée et interrogée, se disculpa en disant que par mégarde elle avait mis cuire la poule dans une chaudière où précédemment elle avait fait bouillir des herbes pour calmer les coliques. Un événement inattendu dévoila l'imposture de cette femme ; on avait jeté la poule dans le chemin ; un esclave qui en mangea une partie fut sur le point de mourir dans la soirée ; en apprenant cet accident, il ne fut plus possible de douter que mon hôte n'ait voulu attenter à mes jours ; un propos qui lui était échappé, et qu'on me rapporta, acheva de me faire connaître l'affreuse vérité : Boubou avait dit à un de ses amis : « Il ne faut pas que je m'éloigne, car je sais que dans quelques heures le blanc doit expirer. »

1ᵉʳ *juin.* — Boubou montra enfin à découvert son abominable caractère ; s'apercevant que la force de mon tempérament avait résisté à la maladie et au poison, il défendit à ses femmes de me rien donner. Mon fidèle Boukari fut obligé de préparer lui-même mes aliments, de laver le peu de linge qui me restait, et d'aller puiser mon eau à une fontaine très éloignée; Boubou ne borna pas à cette défense les effets de la haine qu'il avait conçue contre moi; rien ne pouvait l'apaiser depuis qu'il avait soupçonné que j'avais favorisé la fuite d'une de ses femmes, partie pour le Bondou dans l'intention d'y chercher un asile contre les vengeances de ses rivales; il parcourut tout le village, menaçant les habitants de toute sa colère, s'ils me procuraient la moindre des choses que je leur demanderais, et même de l'eau. Comme il était capable de commettre les plus grands crimes, il inspirait une telle terreur que je me vis à la veille de manquer des premières nécessités de la vie : une seule femme, nommée Comba, courbée sous le poids des années, méprisa ses menaces et le chassa de sa case, en lui disant qu'elle me fournirait toutes les choses dont j'aurais besoin. Si la Providence ne nous eût, dans notre infortune, envoyé cet ange tutélaire, Boukari et moi, nous eussions succombé, épuisés par la faim, la fatigue et la maladie.

Le cruel Boubou, voyant ses coupables desseins déjoués par l'humanité de cette vieille femme, qui chaque jour partageait avec nous son modeste repas, entra dans ma case et me demanda le payement des soins que sa femme et lui m'avaient prodigués pendant un mois; il ajoutait qu'étant maître de mon secret, qui lui avait été révélé par Ali, il saurait, en instruisant les habitants de mes projets, me faire repentir de mon ingratitude; il me menaça même de m'égorger à l'instant si je ne lui donnais pas ce qu'il réclamait. Je fus surpris que dans ce moment où j'étais étendu par terre sans forces il ne me plongeât pas son poignard dans le sein, car il n'avait rien à craindre; je crus donc qu'il était encore accessible à la pitié; je lui rappelai les récompenses que je lui avais à plusieurs époques données, l'amitié qu'il m'avait toujours témoignée, et je lui demandai comment il pouvait être assez lâche pour vouloir attenter aux jours d'un homme malade, qui ne lui avait fait que du bien et ne pouvait lui résister. « Lorsque notre ennemi est à bas, me répondit-il, c'est alors qu'il faut l'attaquer, la victoire est sûre; d'ailleurs, ajouta-t-il, je ne viens te rien ravir; je suis armé, tu ne l'es pas, ta vie m'appartient donc : c'est à toi à la racheter! » L'air menaçant qu'il avait pris me rendit ma vigueur; recueillant toutes mes forces, je saisis mon fusil, que j'avais caché sous ma tunique (car depuis un mois je reposais tout habillé et tout armé), et je couchai Boubou en joue : « Prends, lui dis-je, en lui jetant trente-cinq grains de corail et quinze charges de poudre, prends et sors de ma case; si jamais tu as la hardiesse d'y reparaître, c'est en te tuant que je punirai ton audace! » Il se retira en jurant que bientôt il tirerait vengeance de la manière dont j'en avais agi avec lui. Craignant qu'il ne se livrât à l'excès de sa fureur, je dormis peu; notre chaumière était au milieu des bois : pendant la nuit j'entendis le bruit que l'on faisait en cherchant à passer auprès de ma tête des fusils à travers les pailles des parois de ma case. J'éveillai Boukari, qui dormait profondément; je m'armai de mon fusil; nous renversâmes notre porte et nous aperçûmes quelques hommes qui prirent la fuite dans les bois. Boukari voyant les dangers que nous allions courir, puisqu'on cherchait évidemment à m'arracher la vie, me conjura de quitter ce lieu au plus tôt. Je ne voulus lui donner alors aucune réponse positive, de peur que, confiant mon projet à quelque nègre indiscret, nous ne fussions exposés à être arrêtés. Le lendemain je n'envisageai qu'avec effroi l'horreur de ma position ; affaibli par la maladie, seul avec mon guide au milieu des bois, loin de tout chemin frayé, entre les mains d'assassins, la fuite me paraissait impossible; d'ailleurs les habitants du village, certains de me voir bientôt succomber, envoyaient autour de ma case leurs enfants, qui me jetaient des pierres, renversaient mon eau ou enlevaient mes provisions; ils poussèrent un jour ces vexations à un tel excès que, sortant de ma case, je tirai mon fusil sur ces misérables: le coup ne porta pas, car mes bras manquaient de force pour soutenir mon arme en équilibre.

Ali, qui semblait m'être sincèrement attaché, puisqu'il venait de temps en temps me vendre en secret les provisions qui pouvaient m'être nécessaires, m'apprit un soir des nouvelles bien propres à exciter toute mon attention : Boubou avait voulu engager les habitants de Timbéré, village voisin, à me donner la mort, pour profiter de mes riches dépouilles; mais ces braves gens, indignés de voir la manière cruelle dont il m'avait traité, l'avaient ignominieusement chassé de chez eux, et lui avaient reproché son ingratitude, de vouloir assassiner un blanc qui lui avait donné tant de richesses. Boubou, loin de se décourager en reconnaissant l'indignation que sa conduite inspirait, avait fait prévenir le chef de Labbé que j'étais allé visiter les sources : ce dernier se disposait à venir m'interroger à ce sujet.

Le danger était imminent; il fallait fuir ou se résoudre à périr. Le 6 juin, je promis à Ali une forte récompense s'il voulait me conduire dans les établissements portugais; il y consentit, à condition que je partirais seul avec Boukari, s'engageant à me rejoindre hors du village. Je me fis asseoir sur mon âne, car ma faiblesse m'empêchait de marcher; elle était même si grande, que mon fidèle Boukari me soutenait pendant que nous cheminions; je supposais que Boubou était absent et ignorait notre départ.

Le soleil n'était pas levé lorsque nous arrivâmes sur les bords de la rivière de Bandéia, qui était extrêmement grossie par les pluies; personne ne paraissait, nous ne savions où trouver le gué pour passer. « Ali nous a-t-il trahi? » demandai-je avec une vive émotion à Boukari. Quelle fut notre surprise en voyant s'avancer vers nous, au lieu d'Ali, cet Abdoul qui s'était faussement donné pour le chef de Bandéia, comme je l'appris depuis, et l'infâme Boubou, qui nous criait de loin d'arrêter! Boubou nous reprocha d'abord notre fuite précipitée, ensuite m'accusa d'avoir fait évader une de ses femmes; il m'imputa enfin à crime de ne l'avoir pas averti de mon départ, car son intention, disait-il, était de m'accompagner : « Si tu n'as pas avec toi, ajouta-t-il, un guide fidèle et brave comme moi, tu seras pillé ou assassiné; quel était d'ailleurs ton espoir en fuyant? Malade comme tu l'es, la fatigue t'eût fait périr; suis mes conseils et obéis aux ordres de mon chef, retourne au village. »

Si mes forces eussent été égales à la fureur qui me transportait, Boubou en eût été la victime; mais accablé par la maladie, je ne vis d'autre parti à prendre que celui de retourner dans ma case et d'attendre un moment plus favorable pour m'échapper. Voulant me débarrasser de tout ce qui pourrait retarder ma marche, je fis présent à Abdoul de mon cheval, que sa blessure m'avait rendu inutile; ce ne fut pas sans douleur que je remis ce fidèle compagnon de mes voyages entre les mains de mes assassins; mais je croyais les adoucir par ce don. Un sombre désespoir vint s'emparer de moi; couché sur quelques bottes de paille auprès d'un foyer[1] dont la fumée m'empêchait de respirer et d'ouvrir les yeux ; ne pouvant me procurer qu'avec peine quelques poignées de riz mal cuit ; vexé de mille manières par les femmes et les enfants, qui profitaient de l'absence de mon marabout pour me réveiller ou me jeter des pierres, je demandais au ciel de me délivrer d'une vie misérable qui m'était à charge.

Une circonstance assez singulière vint tout à coup me tirer de ma profonde affliction ; plusieurs femmes entrèrent un jour dans ma case et m'offrirent des calebasses pleines de lait, en me priant de leur laisser couper quelques mèches de mes cheveux pour s'en faire des talismans : je crois que si je les eusse laissées opérer, elles m'eussent, en une minute, tondu tout ras, tant elles étaient avides de posséder une chevelure aussi précieuse pour elles que l'est celle d'un blanc.

Ali venait me voir assez souvent ; mais ce jeune homme n'avait plus ma confiance depuis qu'il m'avait abandonné dans ma fuite ; je le croyais pourtant moins coupable que faible ; il s'était laissé intimider par les menaces de son frère Abdoul et de Boubou ; d'ailleurs il était, depuis plusieurs jours, livré à une mélancolie profonde qui avait un peu égaré sa raison. Son chagrin était occasionné par la perfidie d'une négresse qui lui avait pris tout l'ambre qu'il avait gagné à mon service ; ce pauvre garçon faisait pitié à voir ; il passait des journées entières dans les bois sans vouloir ni boire ni manger : c'était un désespoir dont je ne croyais pas les nègres susceptibles. Voyant donc qu'Ali, malgré son attachement pour moi, ne pouvait plus me rendre service, je cherchai à gagner

---

1. Les nègres entretiennent toujours du feu dans leurs cases pour les préserver, disent-ils, de la chute du tonnerre.

son autre frère Saadou par la promesse de quinze grains d'ambre. Saadou ne fut pas insensible à mes offres; il jura de me servir de guide et de garder le secret.

12 juin. — Au lever du soleil, Boukari et Saadou me placèrent sur mon âne et nous sortîmes de Bandéia en nous dirigeant à l'ouest; ma joie fut bien vive quand je me vis hors de Bandéia; l'aspect du pays ajoutait, s'il est possible, à la joie que je ressentais. Les pluies avaient rendu aux champs la verdure dont la sécheresse les avait dépouillés; les signes du printemps se manifestaient partout; les troupeaux paissaient dans de gras pâturages, qui couvraient les mêmes lieux où je n'avais précédemment rencontré que la désolation; pour la première fois je sentis tout le prix de ma liberté; et, malgré l'état de faiblesse où j'étais réduit, je ne doutai pas que je pusse parvenir aux établissements européens. J'avais cependant beaucoup de peine à me tenir sur mon âne, à qui six semaines de liberté et de repos avaient rendu son caractère rétif.

Nous arrivâmes de bonne heure à un hameau composé de quelques cases. Saadou, qui avait des propriétés en ce lieu, me pria d'y faire halte et de l'attendre pendant qu'il allait régler, parmi ses esclaves, les travaux à faire aux champs pendant son absence. A peine m'étais-je assis dans une case, que j'aperçus Boubou. Ce traître revenait de Labbé, grand village commerçant, et dont le chef, vassal plutôt que sujet d'Almamy de Timbo, exerce une domination presque souveraine sur une grande étendue de pays; Boubou s'entretenait avec quelques personnes dont la figure m'était inconnue; parmi eux était le frère du chef de Labbé. Des gens de la suite de ce dernier, se disant envoyés par le chef de Labbé, se présentèrent devant moi et m'ordonnèrent en son nom de ne pas sortir du lieu où je me trouvais. Je ne leur répondis qu'en me préparant à partir, et si un orage n'y eût apporté obstacle, j'eusse mis mon dessein à exécution. Dès que je fus rentré, Ali vint également, de la part de son frère Abdoul, me défendre de bouger; un instant après, je vis entrer ce dernier, dont le caractère perfide, malgré ses protestations d'amitié, m'était parfaitement connu. Boubou parut aussi et me dit, au nom d'Abdoul, que je ne pourrais partir à moins de prendre avec moi Ali ou lui-même. A ces mots, regardant Boubou avec fureur, je dis, en m'adressant à Abdoul: « Tu n'as qu'un moyen de m'empêcher de poursuivre ma route, c'est de me mettre les fers aux pieds. Que viens-tu m'ordonner de rester, puisque hier même tu m'as permis de partir? Maître de mon choix, j'ai pris Saadou pour guide, lui seul sera récompensé, parce que seul il mérite ma confiance. Ali et Boubou pourront me suivre s'ils le jugent à propos, mais jamais je ne payerai des traîtres; si tu désires ma mort, prends mon fusil, tue-moi, je souffrirai moins longtemps. — Je ne suis pas un assassin, me répondit Abdoul. — Qu'es-tu donc, répliquai-je, puisque hier encore tu m'as refusé une poignée de riz pour mon souper, lorsque je venais de te donner mon cheval? Si tu veux mes marchandises, prends-les, elles sont à toi; mais tu ne pourras jamais t'opposer à mon départ. » Il est bon de dire ici que, pour mettre mon ambre et mon corail à l'abri des atteintes de cette race de brigands, j'avais eu, pendant la nuit, la précaution de les rouler autour des reins de Boukari. Je parlais avec violence; mon ton ferme, mes menaces, intimidèrent Abdoul; il me pria d'attendre jusqu'au lendemain seulement, ajoutant qu'alors je serais libre. Dès que ces bandits furent partis, je cherchai à tranquilliser l'esprit de Saadou, qui, ayant été présent à ma conversation avec son frère, redoutait sa vengeance; j'y parvins si bien que, dans l'effusion de sa reconnaissance pour la manière avantageuse dont je m'étais exprimé sur son compte, il me découvrit la fourberie de mes ennemis. « Tu ignores, me dit-il, qu'Abdoul n'est pas le chef de Bandéia; il n'en remplit que momentanément les fonctions pendant l'absence de son frère Mamadou, qui vit presque toujours à la campagne; au reste, il fait peser sur sa famille le poids d'une autorité qui ne lui appartient pas; Boubou, ce scélérat qui a voulu te faire périr, et que ses crimes ont fait chasser du Bondou, est parvenu à s'emparer de toute sa confiance; Ali, trop jeune encore pour oser résister à leur volonté, en est devenu l'esclave; quant à moi et à Boubakar, nous nous sommes rangés du parti de notre frère Mamadou, dont la faiblesse a besoin d'appui; on veut t'attirer à Bandéia pour y piller tes marchandises; mais, si tu suis mes avis, tu resteras dans cette case comme dans un fort où l'hospitalité t'empêchera d'être attaqué. » Cette découverte fut d'autant plus précieuse pour moi, que je m'aperçus qu'il existait deux partis dans cette famille et qu'il suffirait d'en gagner un pour vaincre toutes les difficultés; en effet, dès le lendemain Boubou vint me demander si je voulais recevoir Mousa, frère du chef de Labbé; j'y consentis, et dès que Mousa eut congédié sa suite, il entra dans ma case avec Abdoul et Boubou. Je remis entre les mains de Mousa la moitié de ma poudre, seize grains de corail et quinze grains d'ambre; ce présent me gagna tous les cœurs; on alla dans une autre case tenir un conseil auquel assista Mamadou. Je vis bientôt que mon procès était gagné, car Boubou et Abdoul s'en allèrent tout honteux, et je ne les revis plus. On vint m'annoncer que j'étais libre de partir et de prendre Saadou pour guide. Comme la nuit approchait, je remis mon départ au lendemain matin.

14° juin. — Échappé aux pièges que l'on m'avait tendus, je m'empressai de profiter de la décision qui me rendait la liberté, de peur que l'on ne se repentît de me l'avoir accordée; la précipitation avec laquelle nous marchions m'empêcha d'arrêter mon âne à temps au bord d'un précipice, peu profond il est vrai; il y tomba et m'y entraîna; je restai étendu pendant une heure sans pouvoir me relever; j'étais si froissé, que je me traînai avec une peine infinie jusqu'à Bourré, où nous couchâmes.

Il fallait avoir à fuir des assassins pour ne pas perdre courage et continuer à voyager dans la triste position où je me trouvais; dès que le soleil fut levé, je donnai quinze grains d'ambre à Mamadou, qui avait si bien plaidé ma cause dans le conseil tenu le 14 juin, et nous partîmes. Nous ne franchîmes pas sans peine les montagnes qui entourent Bourré; leur sommet était caché dans les nuages, on éprouvait de la gêne à y respirer. Au sortir de ce pays élevé, nous traversâmes une plaine immense dépouillée de toute végétation, et nous fîmes halte à Pellalle, village habité par des Djalonkés. Quoiqu'il ne soit situé qu'à quatre lieues de Bourré, les pluies n'étaient pas encore tombées dans le canton qui l'environnnait, ainsi que nous en avions vu la preuve par la plaine dont je viens de parler. Peut-être les hautes montagnes qui sont à l'est et se prolongent du nord au sud, y retardent-elles l'époque des pluies; la brise de l'ouest y rafraîchissait encore l'air.

Dans cette partie du Fouta-Diallon, les nègres établissent leurs habitations sur l'extrémité des monts les plus hauts et les plus escarpés. C'est avec surprise que l'on aperçoit des troupeaux et des maisons sur la pointe des rochers, où les oiseaux seuls semblent pouvoir se fixer; le village d'Ardétenkata, où nous allions, est dans une position si élevée, et les chemins qui y conduisent sont si pénibles, que, sans un orage affreux qui vint tremper nos vêtements et rafraîchir l'air, je n'aurais jamais pu y parvenir.

17 juin. — En passant dans les bois qui couvraient les hauteurs, j'entendis les cris des orangs-outangs, ce qui m'engagea d'y rester pendant la chaleur du jour pour voir un de ces animaux. Ils sont très communs dans ces lieux, mais si farouches que je ne pus en apercevoir aucun; le cri de ce singe varie suivant les causes qui le produisent; mais, ordinairement, il ressemble à l'aboiement d'un petit épagneul. Ce singe n'a pas de queue; il broute l'herbe dans les prairies; de loin on le prendrait pour une chèvre; chaque jour il se bâtit une nouvelle case avec les branches des arbres sur lesquels il se fixe; sa rencontre est dangereuse, surtout lorsqu'on est sans armes.

Pendant que nous attendions que la chaleur du jour fût passée, nous vîmes arriver le chef d'un village voisin accompagné de ses femmes; mes gens tournèrent le dos pour les laisser passer et allèrent ensuite prendre la main au chef, qui était d'un embonpoint énorme; il ne pouvait marcher sans s'appuyer sur quelqu'un; il parut assez mécontent de ce que je connaissais assez peu les bienséances pour avoir regardé ses femmes et n'avoir pas fléchi le genou pour le saluer.

Lorsque nous nous fûmes remis en route, l'orage nous assaillit comme à l'ordinaire; sur les deux heures la pluie tombait avec tant de violence que je n'entendais pas mes gens qui marchaient à quelque distance de moi; je me séparai d'eux sans m'en apercevoir et bientôt je perdis la trace du chemin; j'arrivai à une rivière grossie par les pluies; un tronc d'arbre, qui servait de pont, était si glissant que, craignant de tomber dans l'eau, je m'y plaçai à califourchon et, au risque de faire vingt fois la culbute, je parvins ainsi jusqu'à l'autre rive, que je ne pus gravir qu'en me servant de mes mains. Je ne savais plus quel chemin suivre, personne ne paraissait; l'humidité dont mes vêtements étaient imprégnés avait renouvelé mes accès de fièvre. J'errais à l'aventure craignant de ne pas trouver d'asile avant la fin du jour. Heureusement Saadou arriva et me tira de peine; il me conduisit à Rumbdé Koukouma, où nous passâmes la nuit; je ne pus fermer l'œil, ce qui m'affaiblit tellement que je restai le lendemain dans cet endroit.

19 juin. — Nous descendîmes du haut des montagnes dans un pays plus plat et moins pierreux, puis je laissai à notre gauche Cambréa, grand village habité par des Serracolets. Cambréa et Bentala sont les entrepôts des marchandises européennes que les Serracolets, nation commerçante, vont acheter chez les Portugais pour les porter dans l'Est, où ils les échangent contre de l'or ou des captifs.

Les Serracolets sont tous originaires du pays de Galam ou Kajaaga, dont ils ne parlent qu'avec de grands éloges. Ce sont peut-être les nègres les plus intelligents et les plus adroits en affaires de commerce; leur passion pour le trafic est si grande que leurs voisins disent, par dérision, qu'ils aiment mieux acheter un âne pour transporter leurs marchandises que d'avoir une femme dont les dépenses diminueraient leurs revenus.

Tous les voyageurs européens s'accordent à les peindre comme très hospitaliers. Dès que l'on entre chez un Serracolet, il sort et dit à l'étranger : « Blanc, ma maison, ma femme, mes enfants t'appartiennent. »

En effet, on jouit, dit-on, dès ce moment, de toutes les prérogatives du maître. Lorsqu'un bâtiment est mouillé devant un de leurs villages, qui sont très nombreux sur les bords du Sénégal, l'équipage, jusqu'au dernier matelot, est abondamment fourni de tout ce qui lui est nécessaire, sans avoir rien à payer. La poudre et les fusils sont les marchandises qu'ils préfèrent, parce qu'ils sont grands chasseurs; comme le fer abonde dans leur pays, on ne leur en apporte pas. Le pays de Galam est un des plus fertiles de l'Afrique; le mil (*holcus saccharatus*), le riz, le maïs, le tabac, le coton, l'indigo, y viennent presque sans culture; le lait des troupeaux et le poisson forment la principale nourriture des Serracolets.

Les girafes sont communes dans le pays de Galam, on dit même que les Maures en ont dans leurs troupeaux; souvent les Serracolets en offrent la dépouille aux voyageurs. Les lions y sont nombreux; les bergers n'emploient, m'a-t-on dit, que le fouet pour les chasser : le roi des animaux s'enfuit ainsi souvent devant un enfant. Les nègres prétendent que s'ils avaient un fusil à la main, le lion se préparerait au combat et disputerait une victoire digne de son courage; plusieurs d'entre eux m'ont assuré avoir passé près de ce terrible animal sans qu'il daignât même leur jeter un regard. Les forêts sont remplies de sangliers dont la grosseur est prodigieuse; les eaux du Sénégal nourrissent aussi, dans le pays de Galam, des bêtes monstrueuses qui ne le cèdent, pour la force, à aucune de celles qui vivent sur terre : malheur au canot qui, traversant un endroit peu profond, passe sur le dos d'un hippopotame endormi : l'animal furieux ne se réveille que pour briser l'embarcation; au reste cet animal est herbivore. Le crocodile, non moins fort, est bien plus dangereux pour les hommes. Un matelot penché sur le bord d'un canot fut saisi, m'a-t-on dit, par un crocodile, qui l'emporta au fond des eaux pour le dévorer.

Les arbres qui ombragent le Sénégal, dans le pays de Galam, servent de retraite à une multitude de singes, qui se placent comme par plaisir sur l'extrémité des branches pour voir passer les navires.

Une femme allant avec du mil et du lait à une embarcation de Saint-Louis qui était arrêtée devant un village du pays de Galam, fut attaquée par une troupe de singes qui avaient trois à quatre pieds de haut ; ils lui jetèrent d'abord des pierres, elle se mit à fuir ; ils coururent après elle : l'ayant attrapée, ils la frappèrent avec des bâtons jusqu'à ce qu'elle eût abandonné ce qu'elle portait ; toute meurtrie des coups qu'elle avait reçus, elle rentra dans son village et raconta son aventure aux principaux habitants. Ceux-ci montèrent à cheval, et, suivis de leurs chiens, se dirigèrent vers l'endroit qui servait de retraite à cette troupe de singes ; ils leur tirèrent des coups de fusil, en tuèrent dix et en blessèrent d'autres que les chiens leur apportèrent ; mais plusieurs nègres furent grièvement blessés dans cette rencontre, soit par les pierres que leur lançaient les singes, soit par leurs morsures : les femelles étaient surtout les plus acharnées pour venger la mort de leurs petits, qu'elles portaient dans leurs bras.

Ayant reconnu par expérience que la réputation d'hospitalité des Serracolets était bien méritée, je me décidai à rester un jour de plus à Bentala, pour réparer mes forces, que minaient de plus en plus les pluies, les fatigues et la maladie.

21 juin. — Nous partîmes à l'heure de la prière ; bientôt la chaleur m'accabla et je fus obligé de m'arrêter dans un champ de riz, où un pauvre esclave, s'apercevant de l'abattement qui était peint sur toute ma figure, m'apporta son dîner, qui se composait de quelques ignames cuites dans l'eau; ce repas me rendit un peu de forces, et je pus me remettre en route. Plusieurs rivières traversaient notre route; j'étais forcé de mettre pied à terre pour les passer; au moment où nous allions traverser un torrent, nous fûmes obligés de reculer de quelques pas pour laisser le passage libre à un énorme caïman, qui eût dévoré l'un de nous si nous eussions été un peu plus avancés dans l'eau; depuis cette rencontre nous mîmes la plus grande circonspection en traversant les rivières.

L'orage qui nous surprit en route nous empêcha d'arriver avant la nuit à un rumbdé situé au pied de la chaîne de montagnes qui se prolonge, du sud au nord, jusqu'à la Gambie, et qui sépare le Fouta-Diallon du Tenda, pays qui se trouve sous sa dépendance.

Le Fouta-Diallon proprement dit commence au sud du village de Bandéia; il est borné au nord par les montagnes de Tangué, à l'est par le Balia, le Sangarari; au sud-est par le Firia et le Soliman; au sud par le Kouranko et le Liban; à l'ouest par le Tenda-Maié et plusieurs pays habités par les Mandingues et les Iolas ou Biafares. Les contrées situées au nord au delà de ces limites, et comprises sous le nom général de Fouta-Diallon, obéissent aussi au prince qui réside à Timbou, mais il n'y exerce pas la même autorité.

Les montagnes couvrent ce pays dans toute son étendue; elles forment le second plateau, en allant des bords de la mer à l'est, dans la partie de l'Afrique occidentale que j'ai parcourue, très riche en mines de fer [1]; elles renferment aussi les sources d'une infinité

---

1. J'ai rapporté du Fouta-Diallon deux sortes de minerais de fer :
1° Fer oxydé rouge compact;
2° Fer hydraté. On en trouve également dans tous les puits du royaume de Cayor.

de rivières dont les eaux se jettent dans l'océan Atlantique ; on peut les considérer comme les derniers anneaux d'une chaîne beaucoup plus haute qui est située au sud-est ; les nègres m'ont raconté que les cimes les plus élevées de celle-ci étaient constamment couvertes d'un chapeau blanc, ce qui, je crois, ne peut s'entendre que de la neige ; ils ne les avaient pas vues eux-mêmes, d'autres nègres leur avaient communiqué ces particularités.

Presque toutes les vallées du Fouta-Diallon qui se trouvent au pied des montagnes ne sont que des réservoirs immenses qui alimentent les sources de ces rivières ; quand on passe sur ces vallées elles résonnent sous les pieds.

Le sol des plaines est une terre grasse, que les pluies et les torrents ont roulée du haut des montagnes ; celui des montagnes n'est composé que de cendres mêlées de pierres ferrugineuses et de débris de plantes. Ce sol est favorable au foigné, espèce de petit mil ; aux pistaches de terre (*arachis hypogæa*)[1]. On voit, dans les forêts, peu d'arbres dont les fleurs embaument l'atmosphère ; le caura, le tekeli, le sône, portent des fruits que le Poule aime passionnément ; mais celui que produit le tieké est sans contredit le meilleur ; il a la forme et la couleur de la cerise, avec le goût et les pépins de la mûre.

Les terres qui se trouvent entre Toulou et Timbo sont

---

[1]. L'arachide ou pistache de terre a le goût de la noisette, surtout lorsqu'on l'a privée de son huile en la faisant griller. Les diverses contrées africaines en fournissent aujourd'hui d'énormes quantités au commerce européen, qui en extrait une huile excellente, souvent substituée ou mêlée aux huiles d'œillette et d'olive. Cette plante offre cette singularité qu'après la floraison la tige qui porte le fruit enfouit celui-ci dans la terre, où il mûrit. Les nègres récoltent et desséchent le feuillage, analogue au trèfle de France, pour nourrir leurs chevaux pendant la saison de la sécheresse.

les plus fertiles : l'oranger, le bananier, le papayer, le riz, le maïs, y croissent ; mais le mil, qui craint une trop forte humidité, y est rare. Si l'énorme baobab ne s'y montre pas, d'autres arbres très grands y peuplent les forêts.

Les roches qui forment le lit de la plupart des rivières sont des diabases granitoïdes ; la nature les a ombragées de bois épais et de lianes, pour empêcher leur desséchement. Les sources que j'ai vues étaient en général peu abondantes ; ces rivières sont poissonneuses, mais infestées par les hippopotames et les caïmans.

La température de ce pays offre de nombreuses différences d'après la grande diversité des localités ; j'ai trouvé l'air très froid à Toulou et à Bendéia ; j'ai ressenti une chaleur étouffante à Mali, situé près de Tangué, où l'air est très vif. En passant sur plusieurs montagnes, notamment sur celles qui sont dépouillées de toute verdure, on éprouve une chaleur qui suffoque. Dans le Fouta-Diallon, depuis le lever du soleil jusqu'à sept heures du matin l'air est froid, à midi le vent d'est enflamme l'atmosphère, enfin à deux heures la brise de l'ouest vient le rafraîchir.

Le premier jour des pluies passé, le temps est sec pendant sept jours, ensuite il pleut durant six mois jour et nuit. Les pluies se dirigent du sud au nord ; les fleuves ne sont pleins que lorsque le maïs a acquis toute sa croissance ; alors le Fouta-Diallon ressemble à un lac immense. Cette inondation n'empêche cependant pas les habitants de voyager ; des troncs d'arbres leur servent à traverser les petites rivières, et des pirogues les transportent sur le Sénégal, la Falémé et la Gambie.

Je n'ai pas vu de bête féroce dans le Fouta-Diallon ; cependant il y a des lions, des panthères, des hyènes, mais en petit nombre; les éléphants y sont rares; les gazelles et les cerfs s'y rencontrent plus fréquemment; le singe se montre partout couvert d'une épaisse crinière: il est hideux; j'en ai vu dont le dos est roux et le ventre blanc.

Les bœufs, quoique communs, ne peuvent être d'une grande utilité dans un pays où les herbes sont desséchées pendant la moitié de l'année, et en général peu substantielles; aussi les vaches ne donnent-elles que peu de lait. L'âne est un objet de curiosité dans ces contrées; ce serait cependant la bête de somme qui leur conviendrait le mieux. On y voit beaucoup de chèvres; il n'y a que peu de moutons. On m'a dit que le nombre des chevaux s'élevait à mille; je n'en ai vu cependant que deux très maigres et très chétifs.

Il est difficile d'estimer la population du Fouta-Diallon, car elle vit dispersée dans les bois; mais tout donne lieu de supposer qu'elle est assez considérable.

On ne peut voyager dans ce pays qu'à pied et en se munissant d'un guide sûr. On est souvent exposé à souffrir de la faim, mais au moins on n'y manque jamais d'eau, et l'on marche à l'ombre.

On peut tirer du Fouta-Diallon des cuirs, un peu d'ivoire, beaucoup de cire, un grand nombre d'esclaves, une petite quantité d'or. Le Kankan est le pays d'où viennent principalement ces deux derniers objets. L'argent, les fusils, la poudre, les pagnes, sont les marchandises que préfèrent les habitants du Fouta-Diallon; l'ambre s'y vend au-dessous de la valeur qu'il a sur la côte; le corail y est même peu recherché; les verroteries n'y ont presque aucun prix.

Les aborigènes de ce pays sont les Djalonkés. Ce peuple, d'une couleur un peu rougeâtre, n'habite que les pays montagneux; les traits de sa figure sont grossiers; les femmes, qui sont presque toutes laides, aiment beaucoup les ornements. Le langage des Djalonkés est très dur, les mots en sont difficiles à articuler.

Les Poules ou Foulahs, venus du nord de l'Afrique, comme je l'ai déjà dit, s'emparèrent du Diallon et lui donnèrent le nom de Fouta ou pays des Poules. Ils s'unirent par le mariage avec les Djalonkés, qu'ils avaient soumis. Leurs enfants occupent actuellement toutes ces contrées.

L'habitant du Fouta-Diallon est en général laid, son regard a la férocité de celui du tigre, son nez est épaté, ses dents gâtées, sa taille est courte; ses vêtements, qui tombent en lambeaux, et la manière dont il arrange ses cheveux, naturellement assez longs, en les divisant en petites tresses comme le faisaient les anciens Égyptiens, lui donnent un air farouche, capable d'effrayer le voyageur; il n'est cependant pas cruel, mais très susceptible : un rien le choque et l'irrite; il laisse rarement une injustice impunie; aussi les révolutions sont-elles fréquentes à Timbo. Elles entraînent souvent la mort du souverain. L'habitant du Fouta-Diallon est fier de son pays. Il demande sans cesse aux étrangers s'ils ne le trouvent pas très beau. Le fanatisme va, chez ces Poules, jusqu'à la fureur; à chaque instant ils tirent leur poignard, et le regardant avec colère : « Je t'enfoncerai dans le cœur d'un païen, » s'écrient-ils. Ils sont avides; pour une paire de pagnes, ils sont prêts à transporter les fardeaux les plus pesants; ils sont grands voyageurs. Ils aiment les blancs, mais ils ne leur donnent l'hospitalité que pour leur arracher des présents. Les habitants du Bondou et du Foutatoro trompent ceux du Fouta-Diallon dans les échanges qu'ils font avec eux; mais, à leur tour, ceux-ci trompent ceux du Kankan et des autres pays voisins du leur. Ils font avec eux de grands profits, ne craignant pas la concurrence, parce qu'ils écartent soigneusement, et même par des moyens violents, les marchands étrangers qui veulent traiter directement avec ces peuples. L'habitant du Fouta-Diallon est le plus laborieux des nègres, une partie du pays, ainsi que je l'ai dit plus haut, ne produisant qu'à force de travail. Il est aussi extrêmement sobre; l'armée mépriserait le roi s'il mangeait du beurre et du riz avec du lait, cette nourriture passant pour succulente; le prince qui règne actuellement ne vit que de fruits sauvages et de bouillie de mil. Le Poule du Fouta-Diallon est sérieux, quelquefois mélancolique; il a des principes de politesse qui m'ont étonné, parce qu'ils font supposer que ce peuple a déjà fait de grands progrès dans la civilisation. Ses connaissances en astronomie se bornent à marquer les heures et les mois par la marche des constellations; la Grande Ourse s'appelle l'Éléphant, nom qui lui convient tout aussi bien que celui qu'elle tient des Grecs. Il est adroit, soigne tout ce qu'il fait; ses ouvrages annoncent même du goût. Ses magasins sont vastes; c'est aux Européens qu'il en a emprunté le modèle. L'imitation mène quelquefois à la perfection; ses cases, les mieux construites de toute cette partie de l'Afrique occidentale, sont grandes, bien aérées et fermées de larges portes; il est vrai que le bambou, que l'on emploie dans ce pays, donne beaucoup de facilités pour ce genre de travail. La propreté règne dans l'intérieur; le luxe consiste à les orner d'armes ou de nattes du Liban. Ces Poules sont aussi d'excellents potiers; la terre dont ils se servent est d'un noir très foncé et se pétrit fort aisément. On supposerait, en voyant leurs vases, qu'ils les enduisent de vernis. J'ai admiré l'élégance de leurs écuelles en bois; on les croirait façonnées au tour, elles ne le sont cependant qu'avec la hache. Leurs ouvrages en cuir et leurs poignards sont loin d'égaler ceux des Maures; mais ils n'ont point de rivaux pour la fabrication des arcs ; ils excellent aussi à s'en servir. Un de leurs guerriers, que j'ai rencontré, avait dans son carquois cinquante flèches : quarante-sept portèrent coup ; le poison dans lequel ils les trempent a un effet terrible ; on cite principalement celui qui se prépare à Boié.

Les femmes n'ont pas de jolis traits ; il y en a peu de bien faites : l'effronterie défigure celles qui sont belles.

On ne conçoit pas comment elles peuvent allier la modestie qu'elles affectent quelquefois devant les étrangers, avec l'audace qu'elles montrent en leur demandant sans cesse des présents. Leur parure, la manière dont elles arrangent leur chevelure, annoncent un certain art.

Tout homme qui ne reconnaît pas Mahomet pour l'envoyé de Dieu est l'ennemi des Poules du Fouta-Diallon. Mais, malgré leur nombre, il s'est trouvé des païens qui les ont fait repentir de leur fanatisme ; Bokari, chef djalonké, est même à présent l'ennemi qu'ils aient le plus à redouter. Je suis d'autant plus surpris du zèle excessif qu'ils montrent pour la religion musulmane qu'on serait tenté de croire, en voyant les croix dont ils ornent leurs vêtements et leurs maisons, qu'ils ont anciennement professé le christianisme.

La race des Poules rouges diminuant de jour en jour, on a été obligé de donner les droits dont ils jouissaient aux enfants issus de négresses esclaves et des Poules rouges ; ainsi, les enfants qui ont eu pour mères des esclaves peuvent devenir chefs de village, s'ils sont les aînés.

Les rumbdés, dont j'ai eu occasion de parler plusieurs fois, sont des établissements qui font honneur à l'humanité ; chaque village, ou plusieurs habitants d'un village rassemblent leurs esclaves, en leur enjoignant de se bâtir des cases voisines les unes des autres ; cette réunion s'appelle rumbdé. On choisit un chef parmi ces esclaves; ses enfants, s'ils en sont dignes, occupent sa place après sa mort. Ces esclaves, qui n'en portent que le nom, labourent le champ de leurs maîtres, et lorsqu'ils voyagent les suivent pour porter leurs fardeaux. Jamais on ne les vend quand ils sont parvenus à un âge un peu avancé ou qu'ils sont nés dans le pays; agir autrement, ce serait causer la désertion de tout le rumbdé; mais celui qui se conduit mal est livré au maître par ses camarades pour qu'il le vende.

La puissance des Poules du Fouta-Diallon et leur goût pour les expéditions lointaines les ont mis en rapport avec plusieurs pays, sur lesquels j'ai recueilli quelques détails qui seront probablement de quelque intérêt. L'existence de la plupart de ces contrées était inconnue jusqu'à présent.

On trouve au nord-est :

Le Dentilia, pays traversé par la Falemé et habité par des Mandingues, qui sont païens.

Le Diallon, le Sangala, le Kouronia, pays montagneux; ils ont pour habitants des Djalonkés.

A l'est :

Le Balia, à huit journées de Timbo, pays plat habité par des Djalonkés.

Le Kankan, à quinze journées de Timbo, pays plat habité par des Mandingues mahométans; sur les frontières de cet empire se trouve le village de Bourré, qui possède plus d'or que tout le Bondou et le Bambouk ensemble. Les nègres creusent profondément pour trouver le métal, et pratiquent sous terre des galeries extrêmement longues. On voit un grand nombre de Serracolets dans le Kankan, pays aussi riche par ses productions que par le commerce qu'il fait avec Ségo et Tombouctou, auxquels il fournit les richesses qu'on y voit.

Le Sangarari, à dix journées de Timbo, pays plat habité par des Poules païens; les Anglais y ont placé les sources du Niger ou Dialliba. Le fleuve a cependant la largeur de deux portées de fusil à l'endroit d'où l'on prétend qu'il sort.

Au sud-est :

Le Firia, à dix journées de Timbo, pays montagneux habité par des Djalonkés; dans les bois qui séparent le Firia du Fouta-Diallon existe la source de la Caba, que l'on suppose être la rivière de Sierra-Leone.

Le Soliman, pays montagneux, habité par les Djalonkés, à dix journées de Timbo.

Le Kouranko, à huit journées de Timbo, pays montagneux habité par des Tomakés et des Kourankos. Dans les bois qui séparent le Soliman du Kouranko se trouve la source du Niger ou Dialliba, à onze journées au sud-est de celle du Sénégal.

Le Liban est à huit journées au sud de Timbo; c'est un pays montagneux habité par les Libankés; la saison pluvieuse n'y dure que trois mois, la récolte des grains se fait en juin. Le roi de ce pays a fait construire, devant le fort qu'il occupe, une porte très étroite, et a placé derrière une pierre très large; ceux de ses sujets qui, en passant, touchent la porte ou marchent sur la pierre, sont esclaves. Lorsqu'un marchand va chez le roi du Liban, ce prince prend toutes ses marchandises, appelle ses sujets, et ceux qui ont touché la porte ou la pierre sont livrés au marchand.

A un mois de marche à l'est du Fouta-Diallon, on voit le Maniana, dont la capitale est Tokoro; pour s'y rendre, on passe par le Balia, le Kankan, le Toro et le Fabana. Les nègres du Maniana sont anthropophages, comme l'a rapporté Mungo-Park.

Lorsqu'un habitant de ce pays est malade, on le tue et on vend sa chair pour de l'or, qui est, dit-on, en abondance. On mange aussi les vieillards. On va cependant commercer dans ce pays, mais en caravanes nombreuses. Lorsqu'un étranger meurt, on achète son cadavre pour le manger. Le peuple du Maniana se nourrit aussi d'araignées et de scarabées : il est grand, bien fait, et a de beaux traits; on prétend qu'il adore le feu; la difficulté d'entretenir des communications avec une nation aussi barbare y rend les marchandises d'Europe d'un prix excessif : un fusil s'y paye jusqu'à cent esclaves. Quand le roi veut acheter un objet de prix, il va dans les villages et dit aux esclaves qui forment sa garde, de mettre les fers à tel homme ou à telle femme qu'il désigne, et, par ce moyen, il enlève souvent tous les habitants d'un village. Un nègre de Ségo, que j'ai vu à Géba, m'a assuré que son roi avait détruit entièrement ce peuple anthropophage.

Les Poules du Fouta-Diallon osent rarement entrer dans les pays habités par les païens, car leurs longs cheveux les trahissent; et la haine que les adorateurs des fétiches portent aux mahométans les expose souvent à être faits prisonniers; aussi est-il très difficile d'avoir des renseignements positifs sur les païens. Les habitants du Fouta-Diallon ont des relations beaucoup plus suivies avec les peuples du Kankan, et surtout avec ceux de Ségo ou de Tombouctou. Deux Poules qui étaient allés dans cette dernière ville me tracèrent l'itinéraire qu'ils avaient suivi pour s'y rendre. En sortant du Fouta-Diallon ils entrèrent d'abord dans le Balia, d'où ils allèrent s'embarquer sur le Niger pour parvenir à Bourré, dont l'or, d'une teinte très rouge, est plus estimé que celui du Ouasselon, qui est blanchâtre; ils traversèrent ensuite le pays mandingue pour arriver à Ségo : ils mirent trois à quatre mois à faire le voyage. Ces deux marchands me fournirent quelques détails sur les pays des alentours et aussi sur le cours du Niger, car ils convinrent tous deux que ce grand fleuve prenait sa source entre le Kouranko et le Soliman; que dans la saison où les eaux étaient basses on ne pouvait le descendre que jusqu'à Marabout, où une barre de rochers arrêtait la navigation; ils ajoutaient qu'après avoir traversé Ségo, il allait, à une grande distance de cette ville, former un lac immense dont les eaux avaient un écoulement dans le Nil, qu'ils appelaient le grand fleuve d'Égypte. La peinture magnifique qu'ils me firent de Tombouctou et de Ségo ne m'éblouit pas sur la population ou l'étendue de ces deux villes; on m'avait fait aussi des descriptions très brillantes de Timbo, dont on portait les habitants à quarante mille âmes, tandis qu'il n'y en a réellement qu'environ neuf mille; ses palais, dont on m'avait parlé avec tant d'emphase, ne sont que des chaumières en paille.

Au reste, Ségo et Tombouctou ne sont que les entrepôts du commerce des peuples de l'Afrique septentrionale avec le Kankan et le Ouasselon, les pays de l'intérieur du continent les plus riches en mines d'or et en esclaves.

VII

L'auteur traverse le Tenda. — Il est abandonné par un des guides. — Notes sur le Tenda. — Rio-Grande. — Disette. — Hospitalité d'un nègre de Kadé. — Sa perfidie. — Départ pour le Kabou. — Quelques mots sur le Tenda Maié.

Nous n'avions pu nous procurer de provisions dans le rumbdé où nous nous étions arrêtés; nous nous empressâmes donc d'en sortir le 22 juin, pour franchir les montagnes du Tenda, que nous avions devant nous à l'ouest. Loin de redouter les orages, je les désirais avec ardeur; la Providence exauça mes vœux : il plut à torrent depuis le lever du soleil jusqu'à son coucher; cette pluie rafraîchit l'air très à propos pour moi : mes forces revinrent peu à peu. Comme il m'était impossible de me tenir assis sur mon âne, à cause de la pente rapide des montagnes, je parvins au sommet en m'appuyant de la main gauche sur mon fidèle Boukari, tandis que de la droite je m'accrochais aux branches des arbres qui bordaient le chemin; il ne s'offrit pas une seule source sur notre route; je n'eus, pour apaiser ma soif, d'autre moyen que d'exprimer l'eau dont mes vêtements étaient imbibés; enfin, à deux heures nous atteignîmes un petit village poule, situé sur la pointe la plus élevée de la montagne. Assis sur les pierres ferrugineuses qui composent le sommet de ces monts, nous attendions que Saadou revînt avec des provisions qu'il était allé chercher ; peu de temps après il nous rapporta un peu de riz cuit dans l'eau et assaisonné avec une sauce de pistaches qu'un Poule lui avait donnée ; ce repas, le premier que j'eusse fait depuis deux jours, me rendit mes forces, et avant le coucher du soleil nous atteignîmes, en traversant encore les montagnes, Tambamasiri, premier village du Tenda, situé sur une pente escarpée. Le lendemain, je fus obligé de séjourner dans ce village, car la fièvre ne me laissa pas goûter un instant de repos ; aux douleurs que me faisait éprouver la maladie se joignirent les inquiétudes que je commençai à concevoir sur la fidélité de Saadou ; en effet, le 24 juin il exigea le payement de son salaire, avant de partir pour me conduire jusqu'à la frontière du pays, et me demanda aussi un présent pour son frère Mamadou ; dans la position cruelle où je me trouvais, entouré de la famille de mon guide, à laquelle appartenait le village, et accablé par les maux que j'éprouvais, je souscrivis aux demandes injustes de Saadou.

Ce point réglé, nous descendîmes dans les plaines situées au pied des montagnes et couvertes de pierres ferrugineuses. Le soir nous entrâmes dans un village qui se trouve sur la limite du Tenda et des pays situés au delà du Rio-Grande. Le Tenda est un petit pays dont l'aspect ressemble à celui du Niokolo, mais il est moins élevé ; c'est la première terrasse par laquelle on descend du haut plateau du Fouta-Diallon vers les contrées arrosées par le Rio-Grande. Le Tenda est extrêmement pauvre ; je n'y ai vu que trois villages presque déserts. L'origine de ses habitants est assez obscure ; ils n'ont d'autre rapport avec les Mandingues que celui de se limer en pointe les dents incisives de la mâchoire supérieure [1] et d'aimer passionnément la musique; ils sont païens.

Aussitôt que Saadou eut fini sa prière, il m'annonça qu'il allait me quitter, ajoutant qu'il avait engagé le chef du village à me fournir deux guides pour me conduire jusqu'à la frontière. Le lendemain, dès le point du jour, nous entrâmes dans les solitudes qui se trouvent entre le village que je quittais et le Rio-Grande; le temps que mes guides employèrent à poursuivre des ânes sauvages [2] ou des cerfs, dont le nombre est très considérable, ne nous permit pas d'arriver avant six heures du soir dans les bois qui avoisinent le fleuve; nous perdîmes la trace du chemin, que les pluies avaient effacée, et le jour était près de finir lorsque nous arrivâmes sur le bord du fleuve, où nous montâmes dans la pirogue chargée de transporter les étrangers sur l'autre rive. Mon passage ne me coûta que deux colliers de verroterie, parce que je passai comme l'hôte d'Almamy de Timbo, dont l'autorité est respectée jusqu'à cet endroit. Le Rio-Grande était là extrêmement large, et nous eûmes beaucoup de peine à le faire passer à mon âne, que Boukari avait attaché par le licol à un côté de la pirogue, de crainte que, fatigué à force de nager, il ne se noyât; c'est ainsi que les Maures font traverser les plus grandes rivières à leurs bestiaux. Les ténèbres de la nuit nous obligèrent, en débarquant, d'allumer des torches de paille pour aller jusqu'au village d'un chef nommé Faran, à qui la pirogue appartenait. Ce fut avec surprise que j'y vis des cases construites en pierres; comme il n'entre ni mortier ni ciment

---

1. C'est dans les comptoirs européens qu'ils achètent leurs limes.
2. Ces animaux n'ayant point franchi les monts inaccessibles qui séparent le Tenda du Fouta-Diallon, il n'est pas étonnant que les Poules qui sont fixés dans l'intérieur fussent frappés de terreur en voyant mon âne.

dans ces bâtisses, leurs chutes sont fréquentes. Nous fûmes obligés de rester le 27 chez Faran, à cause de l'arrivée d'une caravane de Serracolets, qui revenaient chargés de marchandises d'Europe. Faran n'avait exigé qu'une rétribution modique pour mon passage; il mit au contraire ces commerçants à contribution, et les obligea, malgré leurs réclamations, à lui donner plusieurs pièces d'étoffes de fabrique européenne, de la poudre, des balles, des verroteries; c'est, au reste, ce qui arrive partout aux Serracolets : leur réputation de richesse est cause qu'on leur impose des droits plus forts qu'aux autres marchands. Faran était trop occupé à tirer des Serracolets le plus d'argent qu'il pouvait, pour penser ce soir-là à nous faire donner à manger; ce ne fut que le lendemain qu'il m'accorda un guide. Depuis trois jours j'éprouvais les horreurs de la faim; non seulement je sentais mes forces défaillir, j'éprouvais aussi comme une espèce d'irritation dans tout mon être; je crois que j'aurais fini par devenir furieux.

28 juin. — En changeant de lieu je ne trouvai rien qui me soulageât. Diafane, où nous couchâmes, souffrait de la disette; comme les païens de ces pays ne sont pas hospitaliers, je crus que ce jour terminerait mes souffrances. Malgré l'état de défaillance dans lequel je languissais chaque jour, les douleurs aiguës de la faim me rendirent quelque force, et je me mis en route pour gagner Combade, où nous pûmes enfin acheter des provisions; mais il fallut, pour se procurer ces vivres, vendre le chapeau de mon fidèle Boukari : il paya un peu de riz; sa tunique fut le prix de mon dîner et des services du guide qui devait me conduire jusque dans le pays de Kabou. La difficulté d'acheter des grains venait de ce que les nègres faisaient alors leurs semailles; ils y employaient tout ce qui leur restait, se contentant de quelques racines pour leur nourriture; mon corail et mon ambre n'avaient presque aucune valeur chez un peuple qui est assez sage pour mépriser les ornements; j'aurais donc pu, dans ce pays, mourir de faim.

1er juillet. — Je partis de Combade; je n'avais pu le quitter plus tôt, parce que mon guide, qui était forgeron, faisait rentrer avant son départ toutes les sommes qu'on lui devait. Entièrement sortis des pays montagneux, nous n'avions plus à parcourir que des plaines dont le terrain était sablonneux; nous marchions plus vite et plus aisément. Nous avions à l'ouest la chaîne des montagnes de Koly; elles sont granitiques et s'étendent depuis Kadé jusqu'à celle du Fouta-Diallon, qu'elles rejoignent dans le sud-est. Avant huit heures du matin nous étions à Kanbabolé, éloigné de Combade de trois lieues; la fièvre ne me quittait pas durant le jour, et pendant la nuit la dysenterie ne me laissait que peu d'instants de repos; c'est réellement par une sorte de miracle que j'ai pu échapper à la mort. Malgré l'épuisement auquel j'étais réduit, nous partîmes le 2 juillet de Kambabolé; nous ne pûmes trouver l'hospitalité à Kankoly, parce que tous les habitants étaient dehors, occupés aux travaux des champs; il fallut donc, nonobstant ma lassitude extrême, aller jusqu'à un foulakonda, ou village habité par des Poules païens. L'abondance qui règne partout où ces pasteurs sont établis nous fit oublier les maux que nous éprouvions depuis si longtemps. Le 3, continuant à suivre la direction du nord-ouest, nous atteignîmes Kikiore, où l'on me servit le ragoût le plus détestable qui m'eût été présenté jusqu'alors : il était composé de noyaux de différents fruits écrasés et bouillis. Le 4, nous rencontrâmes un Poule de Kadé, qui nous fut très utile pour trouver le gué d'un torrent extrêmement rapide, que nous étions obligés de traverser. Au delà de ce torrent, on perd de vue les montagnes, le pays est entièrement uni; on n'aperçoit plus qu'un très petit nombre de pierres à la surface du sol : le Tenda, comme on le voit, ressemble beaucoup, par son aspect, au pays des Iolofs; il est cependant moins élevé et moins sablonneux. Après nous être reposés à Kikimany, nous voulûmes poursuivre notre route; mais la chaleur nous força de nous arrêter à un foulakonda situé au milieu de terres si fertiles, que le maïs au bout de deux mois, parvient à sa maturité. Nos deux guides eurent en ce lieu un grand sujet de surprise et de scandale, en voyant le mansa ou chef de Kadé, qui tenait à la main son balai, signe de l'autorité, entrer dans une case pour y boire de l'eau-de-vie, en dépit de Mahomet, dont Almamy de Timbo a obligé ce peuple de respecter les lois. Avant la nuit, nous entrâmes dans Kadé, grand village mandingue, où les païens vivent séparés des mahométans; notre compagnon de voyage, nommé Samba, devint notre hôte : il est difficile de peindre les soins que cet homme me prodigua; il avait eu plusieurs fois occasion de voir des Européens dans leurs comptoirs le long de la côte, il connaissait leurs usages; craignant que la fumée du feu qu'on allume dans les cases pour s'éclairer ne m'incommodât, il me fabriqua une bougie avec de la cire; nous fûmes longtemps avant de pouvoir nous endormir, parce que la case était pleine de nègres qui ne cessaient de parler. Les uns, qui étaient païens, s'amusaient aux dépens des mahométans, qui attendaient avec impatience le moment où la lune du ramadan paraîtrait : « Ah! voici la lune, » s'écriaient quelques-uns des premiers; d'autres, au contraire, assuraient avec un grand sérieux qu'elle avait déjà paru, et que les mahométans avaient, en feignant de l'ignorer, abrégé la durée de leur carême : l'apparition de l'astre, objet des vœux des musulmans, mit fin à toutes les plaisanteries; mais nous n'en fûmes pas plus tranquilles; des nègres entrèrent en courant dans la case : ils racontèrent avec effroi qu'ils avaient vu dans les champs courir des hommes armés, qui étaient sans doute venus pour piller le village. Notre hôte sortit à l'instant pour aller au secours de ses enfants qui étaient dehors; mais il rentra bientôt et nous annonça que ces hommes armés qu'on avait vus dans la campagne étaient deux aveugles abandonnés par leur guide, et qui, ne pouvant retrouver le chemin du village, erraient à l'aventure.

Le lendemain, la fièvre qui tourmentait Boukari depuis plusieurs jours m'obligea à rester à Kadé; d'ailleurs les soins de mon hôte pour moi étaient un puissant motif pour demeurer avec lui; quoiqu'il fût très riche et un des principaux habitants du village, il allait lui-même chaque jour m'acheter des provisions fort loin de chez lui; il semblait n'avoir qu'un but, celui de me faire plaisir; mais, hélas! j'étais dupe des apparences : ce nègre si bienveillant était un fripon; j'appris qu'il s'était approprié le présent que je lui avais confié pour payer au chef de Kadé mon passage sur sa pirogue. Après cette découverte, je devais naturellement douter de la fidélité d'un homme qui avait à ce point abusé de ma confiance; je partis donc de chez lui le 6 juillet, et dans la journée j'arrivai à Pinsory, situé sur la rive occidentale du Rio-Grande.

Le Tenda Maié, pays dont aucun géographe n'a parlé jusqu'à présent, est renfermé dans un coude que forme le Rio-Grande; il est peu étendu, mais très fertile; par malheur les bras y manquent pour le cultiver convenablement; cependant les habitants, quoique peu nombreux, sont assez laborieux; les pluies n'y durent que cinq mois, tandis qu'elles tombent pendant six mois dans les cantons du Fouta-Diallon situés sous la même latitude. Le pays est plat et sablonneux; il abonde en maïs, mil, riz. On y voit quelques bestiaux, beaucoup de cerfs et de bœufs sauvages; l'éléphant ne s'y trouve pas, les bêtes féroces y sont très rares. Les bois renferment de beaux arbres, particulièrement le benten, espèce de fromager avec lequel on construit ces immenses pirogues de la Gambie qui portent jusqu'à trente personnes. Le palmier appelé tir (*cocos butyracea*) y est très commun; l'huile qu'on en tire est fort estimée des nègres et sert à composer leur savon. Il y a du fer qui est très recherché; on rencontre en plusieurs endroits une terre dont on extrait du sel par le procédé suivant : on place sur le feu une chaudière sur laquelle on en pose une autre percée par le fond et qui contient la terre saline; on verse sur celle-ci de l'eau, qui tombe dans la chaudière inférieure et que l'on fait ensuite bouillir jusqu'à ce qu'elle soit entièrement évaporée; le sel qui reste au fond du vase est de très bonne qualité. Cette terre se trouve dans le sud-ouest de Kadé; elle n'est couverte que d'une herbe très rare; on n'aperçoit aucune pierre à sa surface : l'eau qui la couvre quelquefois est salée dans la saison de la sécheresse et douce pendant celle des pluies.

VIII

Dangers que l'auteur court dans le Kabou. — Il est reçu dans l'établissement portugais de Géba. — Hospitalité que lui accorde le commandant de cette station. — Description du Kabou et de Géba. — Départ pour Bissao. — Accueil fait à l'auteur par le gouverneur de cette colonie. — Retour à Géba. — L'auteur revient à Bissao. — Il s'embarque pour Gorée. — État actuel de Bissao et des pays qui commercent avec ce comptoir. — L'auteur se rend par terre à Saint-Louis.

Je fus obligé de rester jusqu'au 10 juillet à Pinsory, à cause des difficultés que j'eus à me procurer un guide. Le mien, qui était Poule d'origine, n'osait plus me suivre dans les pays que j'allais parcourir, de peur d'être assassiné par les Mandingues, auxquels Almamy du Fouta-Diallon avait fait une guerre cruelle; à force de présents, j'obtins enfin du chef de Pinsory la permission de voyager avec deux de ses sujets qui se rendaient à Géba; il leur fut expressément enjoint de ne pas me quitter; l'épuisement de mes forces et la maladie nous obligèrent de nous arrêter à Diaman, grand village; on voyait, dans le voisinage, les ruines d'un autre village qu'Almamy du Fouta-Diallon avait détruit totalement. Le lendemain 12, nous couchâmes à Kandiane. Épuisé par la chaleur brûlante du jour, par une soif qu'augmentaient les accès de la fièvre, tourmenté pendant la nuit par la dysenterie, dont la violence croissait à chaque instant, et qui m'ôtait toute espèce de repos, je crus que je ne pourrais plus atteindre au terme où j'espérais trouver les secours dont j'avais le plus pressant besoin. On rencontre peu de grandes rivières dans le pays kabou, mais elles sont profondes. Lorsque nous en avions une à passer, Boukari, saisissant le long bâton que je portais à la main, cherchait le gué à tâtons : car il était difficile de le trouver au milieu des forêts que traversaient des ruisseaux débordés, dont les eaux s'élevaient au-dessus du tronc d'arbre qui sert ordinairement de pont. Malgré ces obstacles, j'arrivai le 13 juillet à Sumakonda. Dans la nuit on vint m'avertir que des habitants du lieu avaient projeté de piller mon bagage, parce qu'ils supposaient que ma maladie m'empêcherait de faire aucune résistance. C'est pourquoi tout était prêt pour notre départ avant le jour, et pendant que les brigands dormaient encore, je gagnai au large. Nous avions déjà dépassé leur territoire avant qu'ils fussent en état de nous atteindre ; nous étions avant la nuit à Séraconda, où les pluies nous obligèrent de passer un jour. Le 15, je me mis de nouveau en route malgré le mauvais état des chemins, rendus presque impraticables par les pluies ; ils étaient couverts de marchands d'esclaves et de marchands de sel : ceux-ci venaient de Géba, comptoir portugais, et allaient dans les pays situés à l'est ; ceux-là au contraire allaient de l'est vers les côtes de la mer, à l'ouest ; ils conduisaient les esclaves en les tenant attachés au cou les uns des autres, par de longs bâtons. Quoique nous eussions hâté notre marche, nous ne pûmes parvenir à Bissa Amadi qu'au coucher du soleil. Nous en partîmes le lendemain, malgré les représentations de mes guides, qui, voyant la pâleur de la mort peinte sur mon front, craignaient que je ne périsse en route; à deux heures nous fûmes reçus chez le chef de Kansoraly, qui me fit dresser sous sa galerie un lit formé de roseaux tressés. Ces lits sont faits par les Mandingues, et si légers qu'on peut les transporter en voyage. Dès que j'eus pris quelque repos, je remis à Boukari une lettre par laquelle je priais le commandant du comptoir de Géba de vouloir bien me faire passer du sucre, du thé et du tabac, dont j'avais le plus grand besoin. Je confiai également à mon marabout une filière de corail pour payer ses dépenses sur la route. Géba étant peu éloigné du village où je me trouvais, je désirais sonder les dispositions des Portugais à mon égard avant d'y aller; Boukari fut de retour le lendemain matin; il poussa des cris de joie en m'abordant et en me remettant les provisions dont les généreux Portugais l'avaient chargé pour moi; elles consistaient en vin de Porto, trois pains frais, du sucre et du tabac en poudre; ce dernier objet m'était devenu d'une nécessité indispensable à cause des maux de tête que j'éprouvais depuis quelque temps. Boukari, en voyant la manière dont on l'avait traité, avait conçu pour les Portugais une admiration sans égale; mais la ville qu'ils habitaient lui avait paru aussi mal bâtie que celles des nègres. Quand il eut épuisé ce sujet, il se mit à me faire le récit de la manière dont il avait été accueilli : un Iolof lui avait servi d'interprète et lui avait ainsi procuré le moyen de faire connaître mes besoins au commandant : car personne n'avait été capable de comprendre ma lettre, écrite en français; on l'avait donc engagé à me presser de venir à Géba, où je serais soigné avec toute l'attention possible; on avait écouté mes aventures avec intérêt, et on désirait vivement me voir. Malgré les souffrances que j'endurais et le désir que j'éprouvais de passer quelques jours avec des Européens, après avoir été privé si longtemps de leur société, je craignis que les pluies, augmentant pendant le séjour que je ferais parmi eux, ne m'empêchassent de continuer mon voyage.

Malgré la répugnance que mes guides, sévères sectateurs de la loi de Mahomet, montraient en me voyant déboucher les bouteilles qui renfermaient un poison aussi subtil que le vin, suivant leur opinion, j'en vidai une petite calebasse à la santé du prophète; ce cordial, auquel j'étais peu habitué depuis si longtemps, m'ayant mis en gaieté, je proposai en plaisantant à mon hôte d'en goûter, et en dépit de Mahomet il accepta. L'usage du vin, du pain et du sucre, quoique je n'en eusse pris qu'en très petite quantité, m'était si étranger depuis cinq mois que j'eus, pendant la nuit, un violent accès de fièvre. Je résolus donc, dès le lendemain 19, de me rendre à l'invitation du commandant de Géba; et je partis pour cet établissement, situé au sud-sud-ouest de Kansoraly. Aussitôt que j'aperçus ce lieu habité par des Européens, je poussai des cris de joie; je prononçai le mot : « Terre! terre ! » comme si, après une longue et périlleuse navigation, j'eusse vu le port. Mon entrée avait quelque chose de burlesque; un Européen la barbe longue, vêtu comme un nègre et monté sur un âne, devait attirer tous les regards; tous les habitants sortirent hors de leurs maisons pour me voir passer et parurent douter que j'appartinsse réellement à la race des blancs. M. Dioqui, le gouverneur, m'attendait sur sa porte; quoique d'un naturel très froid, il vint me recevoir à la descente de mon âne et me fit entrer dans sa maison; je dois convenir qu'elle était, aux yeux d'un Européen, assortie à l'hôte qu'on y recevait : c'était une grande maison carrée en terre, composée d'un rez-de-chaussée et couverte en paille; la lumière pénétrait à peine dans l'intérieur;

à côté de la chambre où le commandant couche, se trouve placé le cachot où l'on renferme les malfaiteurs. Un vestibule ténébreux précède ces deux pièces : c'est là que le commandant reçoit les visites; tout autour règnent des lits en paille, sur lesquels les nègres s'asseoient indistinctement avec les Européens, dont la couleur seule les distingue. L'étiquette n'est pas gênante dans cet hôtel: on y siffle, on y chante, on s'y étend sur le lit pour dormir, on y mange quand on le juge à propos, liberté d'autant plus surprenante qu'en passant devant la porte on est obligé de tirer respectueusement son chapeau, que le maître s'y trouve ou soit absent.

Dès que je fus entré, les principaux habitants de Géba accoururent pour entendre le récit de mes courses et de mes souffrances; quelques-uns de mes auditeurs parurent étonnés qu'un Français fût venu dans un établissement portugais sans un motif politique; ils énoncèrent cette opinion si hautement, que je fus obligé de détruire les soupçons qu'auraient pu faire concevoir ces réflexions; le commandant me dit que, touché de mes malheurs, il voulait que je couchasse dans sa maison; qu'il éprouvait un vif regret de n'avoir pas de médicaments à m'offrir, mais qu'il espérait que, grâce aux soins dont je serais l'objet, ma santé se rétablirait promptement.

Il me conduisit dans une grande case en terre, peu éloignée de la sienne, et sa femme m'y fit préparer une chambre. Jamais je n'ai ressenti une joie aussi vive que celle que me causèrent en ce moment les attentions dont cette négresse bienfaisante me combla. Mon marabout se joignit à moi pour rendre à Dieu des actions de grâces : « Mon blanc est sauvé! » s'écriait-il, en serrant la main de madame Dioqui. En effet, après cinq mois de privations de tous les genres, je trouvais un bon lit de feuilles de bambou, une moustiquaire, du linge bien blanc, du thé, du beurre, enfin toutes les commodités auxquelles on est accoutumé en Europe. Le sentiment de gratitude que j'éprouvais pour des soins si affectueux était d'autant plus vif, qu'entièrement étranger aux personnes qui me les prodiguaient, je les devais uniquement à leur humanité et à leur bienveillance.

Les oranges, les citrons, les goyaves, les ignames, le manioc et le maïs abondent à Géba. Quoique les cochons, les bœufs, les moutons, les chèvres, les volailles y soient communs, on y fait fort mauvaise chère, parce qu'on y restreint très singulièrement la dépense. La cupidité a conduit les Européens dans ces lieux malsains, l'avarice les y tourmente encore. Les femmes libres, presque toutes de la race mandingue, se rasent entièrement la tête, tandis que les esclaves ne coupent leurs cheveux que sur le milieu de la tête. Le commerce de ce comptoir consiste en cuirs, cire, ivoire et esclaves; ces derniers sont conduits à Bissao, où les Européens en venaient autrefois faire la traite.

Croyant, au bout de six jours, m'apercevoir que mon séjour commençait à devenir à charge aux habitants, il me sembla convenable de profiter du départ d'une barque destinée pour Bissao, où j'espérais trouver un bâtiment qui ferait voile pour l'Europe.

Malgré l'exiguïté de mes moyens, je tâchai de témoigner ma reconnaissance à M. Dioqui, dont l'hospitalité bienveillante m'avait été si précieuse. Au moment où j'allais partir, on m'apporta des pains frais et un peu de thé pour ma route; cette nouvelle attention de la part de Madame Dioqui valait certainement le présent que je lui fis d'une filière entière de corail : c'était bien peu pour sa conduite généreuse envers moi; cependant ce don lui parut d'un si grand prix que, levant les mains au ciel, elle implora sa protection pour moi. Je me séparai de mes braves hôtes avec de vifs regrets, et le 2 août au soir je m'embarquai sur la rivière de Géba.

Mon costume excitait les rires et le mépris des matelots nègres qui montaient le bâtiment; je m'étais logé dans la cabine pour me mettre à l'abri de la pluie; ils m'obligèrent d'en sortir et d'aller coucher sur le pont, exposé à toutes les intempéries de l'air, et firent prendre ma place à trois négresses monstrueuses, qu'ils emmenaient avec eux.

Ils ne se contentèrent même pas de m'avoir empêché de reposer; ils me défendirent aussi de faire cuire mon dîner, de sorte que je fus obligé, pendant toute la traversée, de me contenter de quelques tasses de thé, que Boukari préparait avec l'eau dont ils s'étaient servi pour laver leurs chaudières. J'endurai ces désagréments pendant trois jours, qui me parurent bien longs; enfin, le 6 août, j'arrivai à Bissao, harassé de fatigue, épuisé par le défaut de nourriture suffisante, et mouillé jusqu'aux os par la pluie qui n'avait cessé de tomber. On conçoit que cet état de malaise continuel ne me permit de faire aucune observation détaillée sur la rivière de Géba, dont les rives basses et boisées servent de retraite à un grand nombre d'hippopotames qui se plaisent dans ses eaux fangeuses.

Dès que notre canot eut mouillé devant Bissao, je reçus l'ordre de descendre à terre, et malgré la fureur des vagues soulevées par un coup de vent terrible, je débarquai au milieu des lames qui brisaient sur la grève.

La largeur de mon chapeau bambara, l'épaisseur de ma barbe, le long bâton sur lequel je m'appuyais, le désordre qui régnait dans mes vêtements, presque tout en lambeaux, attirèrent autour de moi une foule innombrable de nègres, qui ne cessèrent de m'insulter et de rire de mon accoutrement. Un sergent portugais, témoin de mon embarras, tira son sabre et rétablit l'ordre pour quelques instants; ensuite il me dit de le suivre et tint à l'écart la multitude qui obstruait la rue conduisant au fort. Lorsque je me présentai à la porte, la sentinelle noire, jugeant de la bassesse de ma condition par le triste état de mes vêtements, me dit en portugais : « Camarade, ôte ton chapeau. » Blessé de recevoir un ordre semblable, je regardai ce nègre d'un air menaçant et j'enfonçai mon chapeau.

Aussitôt on alla m'annoncer chez M. de Mattos, gouverneur de la place, et je parus au milieu d'un cercle nombreux d'officiers qui, entendant dire qu'un Français venait d'arriver, étaient accourus pour me voir. Je portais la livrée de la misère; néanmoins le gouverneur me fit asseoir à ses côtés, bonté touchante de sa part: car l'eau qui dégouttait de mes vêtements mouilla ses meubles et le plancher de son appartement.

Tous les regards se fixèrent sur moi ; mon costume parut à quelques-uns un déguisement; on ne pouvait s'imaginer que j'appartinsse à une nation européenne. Le gouverneur me demanda le motif qui m'avait déterminé à voyager dans l'intérieur de l'Afrique ; mes réponses lui parurent satisfaisantes, il voulut bien me le témoigner. « Mais avez-vous déjeuné? ajouta-t-il. — Depuis trois jours, lui répondis-je, je n'ai rien mangé. » A l'instant il me fit apporter du pain frais, du thé, du beurre et du fromage; lui-même me servit la première tasse. Ensuite il se retira sur son perron pour me laisser déjeuner librement. Je n'avais pourtant d'autres titres aux bontés de cet homme généreux qu'une lettre de recommandation de M. Dioqui, auprès duquel je n'en avais d'autre que l'intérêt que je lui avais inspiré.

Quand j'eus déjeuné, le gouverneur me dit: « Monsieur, tout ce que j'ai dans ma maison est à vous; vous pouvez en disposer. Vous avez sans doute besoin de repos, on vous a préparé une chambre que vous pouvez aller occuper. » Aussitôt un officier me conduisit dans une belle maison bâtie en pierre et située sur la mer, comme j'avais un violent accès de fièvre, je me couchai tout de suite et je m'endormis profondément ; à mon réveil je me sentis soulagé. Je me félicitais de cet heureux changement, lorsque l'on m'apprit une nouvelle qui me prouva la vérité de l'ancien adage, qu'il n'est pas de satisfaction sans quelque mélange de chagrin. Mon âne, ce fidèle animal à qui je devais la conservation de mon existence, avait péri dans la mer. J'étais si faible lorsque je débarquai que je n'avais pu rester sur le rivage pour m'occuper des moyens de faire aborder sans danger ce pauvre animal. Il m'avait rendu des services bien grands ; sa perte me causa des regrets bien vifs. Je le perdais à l'instant où il aurait pu jouir du repos et réparer ses forces; et je me voyais privé de toute ressource pour regagner par terre les bords du Sénégal. Pendant que je regrettais d'avoir quitté si brusquement le bâtiment sans veiller au débarquement du constant compagnon de mes voyages, Boukari vint m'annoncer que parmi les captifs qui se trouvaient à bord avec nous il y en avait un qui, saisissant un fusil oublié près de lui, l'avait tiré et fait un trou au bâtiment, qui avait manqué de couler bas; on n'avait pu le sauver qu'en bouchant sur-le-champ le trou avec du suif. Par conséquent, si j'eusse un peu tardé à descendre à terre, bien loin de pouvoir sauver mon âne, j'eusse peut-être été noyé.

J'étais encore couché, lorsqu'un nègre m'apporta un paquet d'habits tout neufs et m'invita, de la part du gouverneur, à venir dîner avec lui : mon état de souffrance m'empêcha d'accepter. Je fis prier M. de Mattos de vouloir bien m'excuser. Une heure après, on vint me présenter sur un superbe plateau six plats contenant des mets exquis ; mais la fièvre ne me permit de rien goûter. Ce fut avec la même libéralité que M. de Mattos ne cessa de me traiter pendant mon séjour à Bissao. Ce gouverneur peut avoir trente ans ; il est d'une taille avantageuse, sa figure, pleine de noblesse et de dignité, annonce une naissance distinguée ; la générosité avec laquelle il reçoit les étrangers n'a pas plus de bornes que sa fortune, qui est immense.

Dès le lendemain, je me rendis chez le gouverneur pour le remercier de son accueil et de ses soins. J'avais mis les habits qu'il m'avait envoyés. L'effet produit sur les habitants par ce changement de costume fut merveilleux. La veille, le peuple m'avait hué ; aujourd'hui toutes les personnes que je rencontrais me saluaient ; je rendis grâce de cet honneur au mérite de mon habit et de mon chapeau, et je fus étonné de trouver un trait si frappant de ressemblance entre les habitants civilisés de Bissao et ceux du village de Faliloum.

Si le gouverneur me voyait de bon œil, il n'en était pas de même de tous les Portugais de Bissao, et sans la considération dont m'entourait M. de Mattos, j'eusse été obligé de sortir de ce lieu. Il y a partout des êtres malheureusement nés et que l'envie tourmente. Quelques officiers, jaloux de la bienveillance que me témoignait le gouverneur, saisissaient toutes les occasions de faire tomber la conversation sur des faits dont le souvenir aurait pu aigrir contre un Français quelqu'un d'un esprit moins magnanime que M. de Mattos. Ils rappelaient la prise de Lisbonne par les Français et l'apparition d'une de nos frégates venue à Bissao pour canonner ce fort ; ma position était d'autant plus pénible qu'il me fut impossible de me soustraire à ces tracasseries aussi promptement que je l'aurais désiré. L'effet des pluies continuelles qui étaient tombées pendant les mois d'août, de septembre et d'octobre, joint à celui des chaleurs étouffantes, avait tellement augmenté ma faiblesse, que je sortais rarement de mon lit. Dans cette occasion, Boukari me donna les preuves les moins équivoques de son attachement. Sans cesse à mes côtés, ce fidèle serviteur cherchait, par la ferveur de ses prières et l'assiduité de ses soins, à retenir mon dernier souffle, qui semblait prêt à s'exhaler; grâce à la vigueur de mon tempérament, je pus résister, sans aucun secours de l'art, aux atteintes de deux maladies aiguës et à l'influence maligne d'un climat humide et brûlant.

Avec le retour de la saison sèche, mes forces physiques et morales revinrent un peu; alors je priai M. de Mattos de me fournir les moyens d'aller par eau à Mansua, grand village mandingue situé sur la rivière du même nom; je devais ensuite me rendre de là par terre aux bords de la Gambie; M. de Mattos me donna un bœuf pour me transporter jusqu'à ce fleuve avec mes marchandises, car j'étais trop faible pour pouvoir marcher dans les marais profonds qu'on rencontre sur cette route. Le maître d'une pirogue exigea cinquante piastres pour me porter à Mansua; j'étais prêt à partir, lorsque la maladie vint encore arrêter l'exécution de mes projets.

Cependant, le 1er novembre je me trouvai en état de me remettre en route, et j'allai faire mes adieux à M. de Mattos; ses larmes me prouvèrent le vif regret qu'il éprouvait en me quittant; il joignit à ces marques d'intérêt des preuves bien plus sensibles encore de son attachement, en me donnant toutes les provisions qui m'étaient nécessaires pour mon voyage, et en me remettant des lettres pour le commandant de Géba, où je retournais. Il l'engageait à me chercher un cheval et un guide et à me fournir les marchandises dont je pourrais avoir besoin. Le gouverneur me recommanda aussi aux soins du maître de la pirogue que je montais; et il le fit avec d'autant plus d'instances, que la pâleur de mon front semblait présager que j'avais peu de jours à vivre. Je me séparai de M. de Mattos avec la douleur qu'on éprouve en s'éloignant d'un père: il m'en avait tenu lieu. C'est à ses bontés, à sa générosité, que je dois la vie. Ma faiblesse extrême ne me permit pas de lui exprimer ma reconnaissance avec toute la chaleur dont mon cœur était pénétré. Je lui dis que son souvenir y était profondément gravé à jamais, et j'adressai à Dieu les vœux les plus fervents pour le bonheur de cet homme respectable.

Le 9 novembre je descendis à Géba; le commandant m'accueillit avec la même bienveillance qu'à mon premier voyage et me fit loger chez un habitant de ce comptoir; nous fûmes occupés jusqu'au 18 à trouver un guide; mais il nous fut impossible d'acheter soit un cheval, un âne ou un bœuf, pour servir de monture, dans un pays où l'on ne trouve absolument aucun de ces animaux. Enfin, j'arrêtai un guide pour me conduire à Brouko, sur la Gambie; c'était un Mandingue qui m'avait donné l'hospitalité dans le Kabou; je l'avais rencontré à Géba; sa surprise, en me revoyant, avait été aussi grande que s'il eût vu paraître un fantôme. Lorsqu'il m'avait reçu chez lui je semblais tellement près de rendre le dernier soupir qu'il n'avait pas cru que je pusse résister à mes maux; la joie qu'il ressentit en me serrant la main et en acquérant la certitude que j'étais le même blanc auquel il avait donné à manger, fut si vive qu'il s'offrit de lui-même à me conduire. Au moment où nous allions nous mettre en route à pied, ayant déjà notre bagage sur les épaules, le commandant me fit prévenir de l'arrivée d'une goëlette française à Bissao. Je restai longtemps indécis sur le parti que je devais prendre; enfin, je suivis l'avis de Boukari, qui, me jugeant incapable de voyager de nouveau à pied, opinait pour notre retour à Bissao. Notre pirogue mouilla le 25 novembre devant ce comptoir. M. de Mattos me reçut avec la joie qu'il aurait éprouvée en revoyant un fils qu'il aurait cru perdu.

Peu de jours après notre départ de Bissao nous rencontrâmes en mer une pirogue dont un coup de vent avait fait périr l'équipage. Échappés nous-mêmes à cette tempête, nous eumes connaissance de Gorée le 8 janvier. Je descendis à terre le même jour, et je rendis grâces à la Providence de m'avoir conservé au milieu des fatigues et des dangers auxquels j'avais été exposé. Quel plaisir j'éprouvais de me retrouver enfin avec mes compatriotes! Ceux qui m'avaient connu furent surpris de me revoir; ils me croyaient perdu à jamais. Malgré leur désir de ne pas me fatiguer de questions et ma faiblesse qui m'ordonnait le repos, je ne pus résister à leur empressement de m'entendre raconter en partie ce qui m'était arrivé dans mon voyage. J'étais si impatient de revoir la France, que j'arrêtai à Dakar un cheval et un bœuf porteur, pour partir le lendemain, 9 janvier, dans la nuit. Je repris ainsi, pour quelques jours, le train de vie auquel j'avais été habitué pendant plusieurs mois; et, après avoir côtoyé le bord de la mer depuis Dakar, nous suivimes le chemin qui passe dans l'intérieur des terres, le long de flaques d'eau situées derrière les monticules de sable qui dérobent la vue de l'Océan. La plupart de ces terrains inondés sont couverts de mianoc et d'ignames; le riz y réussirait peut-être. Arrivés à Babagué le 15 janvier 1819, j'envoyai Boukari à Saint-Louis, afin qu'il se procurât les vêtements qui m'étaient nécessaires pour entrer dans la ville. Le soir même j'eus le plaisir inexprimable d'y embrasser mes amis; la plupart croyaient que j'avais succombé aux fatigues d'un voyage qui avait duré une année entière; ce fut avec une joie bien vive surtout que je revis M. de Fleuriau, qui, pendant mon absence, avait montré beaucoup d'inquiétude de ne pas recevoir de mes nouvelles; ma mort, qui lui paraissait presque certaine, faisait regretter à ce sage administrateur de m'avoir encouragé dans une entreprise qui avait causé ma perte. Je m'empressai de reconnaître les bons services de Boukari, en sollicitant pour lui la concession d'un terrain sur l'île Saint-Louis, pour y bâtir une maison en brique; elle lui fut accordée. M. de Fleuriau lui fit en outre présent de diverses marchandises.

Les soins que me prodiguèrent mes amis, et particulièrement le docteur Calvé et M. Mille, ne purent me rendre la santé pendant le mois que je passai à Saint-Louis; craignant de succomber à la maladie, dont les accès avaient redoublé, je m'embarquai sur le navire marchand *la Normande*, pour revenir en France. Je débarquai au Havre, après une courte traversée, le 25 mars 1819; peu de jours après, rendu au sein de ma famille, à Paris, je crus n'avoir plus à souffrir de mes maux; mais l'air natal ne put rétablir ma santé aussi promptement que je l'avais espéré.

FIN

NOTE
SUR LES DÉCOUVERTES EN AFRIQUE
ANTÉRIEURES A CELLES DE M. MOLLIEN ET SUR CELLES
QU'IL A FAITES

Par J.-B.-B. EYRIÈS

Avant la fin du dix-huitième siècle les Européens avaient peu visité l'intérieur de la partie de l'Afrique occidentale comprise entre le 20ᵉ et le 8ᵉ degré de latitude nord. Ils s'étaient contentés d'en parcourir et d'en reconnaître les côtes, et de remonter le Sénégal et la Gambie jusqu'aux points où des cataractes rendaient impossible toute navigation ultérieure; ils s'étaient encore moins avancés dans les autres fleuves.

Il paraît néanmoins, d'après le témoignage des historiens portugais, que leurs compatriotes avaient, avant la fin du xvᵉ siècle, des relations avec Tombouctou, Tocrour et d'autres villes de l'intérieur. Le défaut de renseignements précis empêche de savoir positivement si les Portugais visitaient eux-mêmes ces villes, ou si leurs noms ne leur étaient connus que par les récits des nègres avec lesquels ils commerçaient. Il est probable toutefois que les facteurs portugais parcouraient les pays qui s'étendent depuis l'océan Atlantique jusqu'aux grands marchés de l'intérieur, mais leurs voyages ne furent d'aucune utilité pour la géographie; et, à l'exception des côtes, tout, dans la partie de l'Afrique dont nous nous occupons, restait à peu près à découvrir lorsque d'autres nations de l'Europe y portèrent leur navigation et leur commerce.

Les Français se fixèrent plus particulièrement à l'embouchure du Sénégal. Ce fut là qu'ils placèrent le chef-lieu des comptoirs qu'ils avaient depuis Arguin jusqu'à Sierra-Leone.

Le P. Labat a, dans son ouvrage publié en 1728 et intitulé : *Nouvelle Relation de l'Afrique occidentale*, donné une excellente description du pays. Elle est composée principalement d'après les mémoires d'André Brue, directeur de la Compagnie d'Afrique et excellent observateur. On a aussi de divers voyageurs français des relations qui contiennent des renseignements plus ou moins instructifs : le P. Alexis de Saint-Lô en 1637, Jannequin en 1643, Villaut de Bellefond en 1669, le P. Gaby en 1689, Lemaire en 1695, Adanson en 1757, Demanet en 1767, Pruneau de Pommegorge en 1789, Lamiral en 1791, Sauguier en 1794, offrirent au public le résultat de leurs observations.

Longtemps avant que les Français se fussent établis au Sénégal, les Anglais avaient dirigé leur attention vers la Gambie. Plusieurs de leurs voyageurs, dont les relations ont été conservées par Hakluyt et par Purchas, enfin Jobson en 1623, Moore en 1738, Smith en 1744, Lindsay en 1757, Matthews en 1788, décrivirent la partie du continent africain comprise entre les limites indiquées plus haut.

Ces diverses relations contiennent des notions positives sur les productions du pays et sur ses habitants, mais n'en offrent que de vagues sur la géographie physique de ce qui s'étend au delà des cataractes de

Felou sur le Sénégal, et de celles que l'on voit près de Baraconda sur la Gambie. La plupart des voyageurs donnaient au Sénégal le nom de *Niger*, le faisaient venir de très loin dans l'intérieur, plaçaient suivant l'usage sa source dans un lac, et regardaient la Gambie comme un de ses bras. Les géographes européens, trompés par l'identité de nom, confondaient sur leurs cartes et dans leurs livres le Sénégal avec le Niger des anciens, qui arrose l'intérieur de l'Afrique. Les voyageurs avaient appelé le Sénégal *Niger*, parce qu'une partie des nègres qui habitent les contrées qu'il parcourt lui donnent le nom de *Ba-Fing*, fleuve noir. Il est probable qu'ayant demandé à ces Africains la signification de ce nom, ils en furent frappés et crurent avoir sous les yeux le Niger des anciens. On supposa que ceux-ci s'étaient trompés en faisant couler ce fleuve de l'ouest à l'est, et on ne se livra à aucune recherche approfondie pour découvrir la cause de l'erreur qu'on leur attribuait. Malgré le travail de d'Anville, travail dont il exposa le résultat dans sa belle carte d'Afrique, qui présente le cours du Niger opposé à celui du Sénégal, on continua, dans beaucoup de livres et de cartes, de suivre l'idée contraire.

En 1794, une partie du voile qui couvrait l'intérieur de l'Afrique fut soulevée; deux Anglais, Watt et Winterbottom, partis des bords du Rio-Nunez, allèrent jusqu'à Timbo, qui, à la vérité, n'est éloigné que de soixante lieues de la côte, mais ils y acquirent des notions nouvelles.

Enfin, en 1795, Mungo-Park commença le voyage dans lequel il eut la gloire de découvrir le véritable Niger des anciens: il vit ce fleuve, nommé *Dialli-Bâ* par les nègres, couler de l'ouest à l'est. Après en avoir suivi les rives pendant quelque temps, il revint en Europe rendre compte du succès de son voyage. Les fatigues qu'il avait essuyées ne purent le détourner du projet de retourner sur les bords du Dialli-Bâ pour s'y embarquer et y naviguer jusqu'à son embouchure ; il a péri dans cette entreprise et a grossi la liste nombreuse des hommes généreux qui ont sacrifié leur vie aux progrès des sciences. Une partie de son journal a heureusement été conservée ; elle est d'autant plus précieuse pour la géographie, que dans ce voyage il avait avec lui des instruments qui l'ont mis à même de déterminer la position des lieux par des observations : il a rectifié le cours de la Gambie.

Depuis le premier voyage de Mungo-Park, plusieurs voyageurs et divers auteurs donnèrent des détails sur l'Afrique occidentale : Golbery en 1802, Durand en 1807 ; ils avaient visité ce continent dans le siècle qui venait de finir ; l'atlas joint à la relation de Durand contient beaucoup de cartes ; elles offrent les découvertes les plus récentes. La Barthe publia, en 1802, la navigation de la Jaille, en 1784, depuis le cap Blanc jusqu'à Sierra-Leone. La Société africaine de Londres a fait imprimer depuis 1792 des recueils qui renferment les travaux exécutés par ses agents et leurs lettres, ainsi que celles de ses correspondants. Le docteur Leyden avait fait paraître une histoire des découvertes en Afrique : M. Murray en a donné en 1817 une nouvelle édition.

Les sources des rivières découvertes par M. Mollien sont rapprochées les unes des autres et situées dans un groupe de montagnes qui se trouve au nord-ouest et à peu de distance de Timbo. Les précédents voyageurs n'ont eu aucune connaissance de ces fleuves, ce qui ne doit pas surprendre. Le but de leur voyage n'étant pas d'en reconnaître les sources, ils n'adressèrent probablement pas de questions aux nègres sur ce point ; et ceux-ci, qui n'étaient pas interrogés, ne durent être nullement enclins à donner des éclaircissements qu'on ne leur demandait pas; car on a pu remarquer, dans la relation de M. Mollien, combien ils sont jaloux de laisser ignorer tout ce qui concerne les sources des fleuves.

Le but de l'expédition de M. Mollien était de reconnaître les sources du Sénégal et de la Gambie, même celles du Dialli-Bâ ou Niger. Des obstacles insurmontables l'empêchèrent d'effectuer cette dernière partie de sa mission, mais il a rempli les autres. Guidé par un Africain d'une fidélité éprouvée, il dirigea sa route d'après les renseignements qui lui étaient fournis par les nègres, et trouva qu'ils étaient exacts. Ce n'était toutefois qu'avec la plus grande défiance qu'il recevait ceux qu'ils lui fournissaient sur les contrées lointaines. Il savait que, comme tous les hommes ignorants, ils sont généralement avides du merveilleux et jaloux de paraître instruits de ce qu'ils ne connaissent pas; et que, lors même qu'ils ne sont pas allés dans un lieu dont on leur parle, ils n'éprouvent aucun embarras pour le décrire, les relations pompeuses ne leur coûtant rien; mais il savait aussi qu'ils possèdent sur les pays qu'ils ont vus même une seule fois et sur ceux qui sont voisins de celui qu'ils habitent, des notions dont l'exactitude a de quoi surprendre les Européens. Par exemple, ils se trompent rarement sur le point de l'horizon vers lequel un lieu est situé; quant aux distances qu'ils indiquent, il faut se tenir en garde. Les uns ayant voyagé à pied, les autres à cheval ou sur un chameau, et quelquefois de ces trois manières dans une même expédition, il est facile de tomber dans de graves erreurs en marquant les distances d'après leurs rapports; car jamais ils n'avertissent de ces particularités, qui sont cependant essentielles à connaître. Il faut donc commencer par s'en enquérir. C'est pour cela que les renseignements donnés par divers individus sur la distance d'un lieu à un autre offrent entre eux de très grandes différences.

Un grand nombre d'habitants du Fouta-Diallon, que M. Mollien a consultés sur la position des sources du Sénégal, de la Falémé, de la Gambie et du Rio-Grande, s'étant trouvés d'accord dans ce qu'ils lui ont dit, il a dû naturellement ajouter foi à leurs discours, puisque ces sources étaient peu éloignées des lieux où vivaient les hommes auxquels il s'adressait. D'ailleurs leurs réponses ont été conformes à celles des habitants des pays voisins.

La Gambie (Bâ-Diman) et le Rio-Grande (Comba) sortent du même enfoncement placé au milieu de hautes montagnes. En sortant de ce bassin étroit, ces rivières se dirigent, chacune sous un nom différent, vers des points opposés et finissent par se jeter dans la même mer, à cinquante lieues de distance l'une de l'autre. M. Mollien, à son retour de Timbo, a non seulement traversé deux fois le Rio-Grande, mais il s'est même peu éloigné du cours de ce fleuve, qui gêné par les ramifications des montagnes, forme de nombreuses sinuosités.

Les habitants de Timbo dirent à M. Mollien que la source du Dialli-Bâ, qu'ils connaissent parfaitement sous ce nom, se trouvait dans les montagnes qui séparent le Kouranco du Soliman, et qu'elle était éloignée de onze journées de celle du Sénégal, et à huit de leur ville. Souhaitons qu'un voyageur plus heureux que ceux qui l'ont précédé fasse disparaître l'obscurité qui enveloppe encore ce point important pour la géographie.....

EXPLICATION DE QUELQUES TERMES

EN USAGE EN AFRIQUE

Damel, roi.
Bourb, empereur.
Almamy ou *el-Iman* correspond, chez les Poules, à notre titre de Souverain Pontife.
Nazaréen, chrétien.
Marabout, prêtre.
Griot, chanteur public.
Sidi, maître.
Muezzin ou *muézin,* c'est celui qui annonce la prière.
Marigot, étang que forment les rivières ou la mer, en débordant dans les terres.
Calebasse, espèce de gourde. Elles servent aux nègres de gamelles ou de bouteilles pour porter le lait et l'huile de palme.
Tête de tabac, on nomme ainsi trois feuilles de tabac.
Masse de verroterie, chaque masse est composée de quarante cordes ou colliers.
Moule, mesure qui équivaut à peu près à deux litres.
Pagnes, étoffes de coton fabriquées par les nègres. Une pagne se compose de cinq bandes qui ont chacune en largeur cinq pouces, et trois pieds en longueur.

TABLE

	Pages.
Notice sur G. Mollien	5
Récit inédit du Naufrage de la Méduse	19
Découverte des sources du Sénégal et la Gambie :	

I. — Instructions données à l'auteur. — Départ de Saint-Louis. — Arrivée à Niakra. — L'auteur est obligé de reprendre ses habits européens. — Il part pour Molasche. — Arrivée à Coqué. — Tumulte qu'y excite la présence d'un voyageur européen. — Désert du pays des Iolofs. — Description du royaume de Cayor............................ 57

II. — Arrivée sur les terres du Bourb-Iolofs. — Je me rends à la cour du roi. — Accueil que me fait ce prince. — Renvoi de deux de mes compagnons. — Impossibilité de suivre la route du Oulli. — Je prends celle du Foutatoro. — Le roi me donne un guide. — Quel était ce guide. — Mœurs des Iolofs et des Laaubés............................ 96

III. — Désert des Iolofs. — Bala, premier village des Poules. — L'auteur est volé. — Arrêté à Diaba. — Arrivée à Sédo. — Audace d'Almamy. — Ce prince permet à l'auteur de traverser ses États. — Hospitalité du chef d'Ogo ; son portrait. — Arrivée à Senopalé. — Boukari y retrouve sa sœur. — Départ pour Banai. — L'auteur y est arrêté et renfermé dans une case. — Arrivée des envoyés d'Almamy. — Ce prince fait ordonner à l'auteur de revenir près de lui. — Entrevue avec Almamy de Bondou. — L'auteur obligé de marcher à la suite de l'armée du Foutatoro. — Détails sur le Foutatoro............................ 117

IV. — Arrivée sur les terres du Bondou. — L'auteur est bien reçu par les habitants. — Vive dispute avec les guides. — Ils veulent abandonner l'auteur. — Il est sur le point de se battre avec eux. — Il part avec une caravane pour le Fouta-Diallon. — Détails sur le Bondou et le Bambouk.. 179

V. — Marche de la caravane dans le désert du Fouta-Diallon. — Arrivée sur les bords de la Gambie. — Élévation des montagnes. — Cacagné, premier village du Fouta-Diallon. — L'auteur est arrêté à Niébel par l'iman Ali. — Portrait de sa femme. — Vexations qu'elle fait éprouver à l'auteur. — Ali exige plusieurs présents. — Il donne un passeport à l'auteur. — Boubou s'offre pour guide. — Hospitalité du chef de Lenguebana. — Montagnes de Tangué. — Leur hauteur. — Difficulté de parvenir au sommet. — Dangers que court l'auteur. — Arrivée à Bandeia. — L'auteur laisse son cheval chez Boubou. — Il prend un second guide. — Sources du Rio-Grande et de la Gambie. — Arrivée à Boié. — Générosité du chef. — L'auteur y devient médecin. — Fertilité du pays. — Source de la Falémé. — L'auteur est obligé de faire des talismans pour son hôte. — Il se rend à Niogo. — Entrée à Timbo, capitale du Fouta-Diallon. — L'auteur est menacé d'y être retenu. — Il obtient la permission de partir. — Description de Timbo............ 195

VI. — Ali refuse de conduire l'auteur à la source du Sénégal. — Il change d'avis. — Détails sur cette source. — Retour à Niogo. — Témoignages d'amitié du chef de Lalia. — Ali quitte l'auteur. — Retour à Bandéia. — Protestations de Boubou. — Comment il a défendu l'auteur. — Commencement de la saison pluvieuse. — L'auteur tombe malade. — Boubou lui refuse l'eau et le feu. — Il cherche à le faire périr par le poison. — Ne pouvant réussir, il tâche de soulever les habitants des villages voisins. — L'auteur s'échappe. — Il est forcé par Boubou de rentrer dans sa case. — Saadou s'engage avec l'auteur. — Ils se sauvent à Bourré. — On les y arrête. — On les laisse cependant partir en leur arrachant des présents. — Notice sur les Serracolets. — L'auteur, après des fatigues incroyables, gagne la frontière du Fouta-Diallon. — Description de cet empire. 247

VII. — L'auteur traverse le Tenda. — Il est abandonné par un des guides. — Notes sur le Tenda. — Rio-Grande. — Disette. — Hospitalité d'un nègre de Kadé. — Sa per-

fidie. — Départ pour le Kabou. — Quelques mots sur le
Tenda Maié.................................... 285

VIII. — Dangers que l'auteur court dans le Kabou. — Il est
reçu dans l'établissement portugais de Géba. — Hospitalité que lui accorde le commandant de cette station. —
Description du Kabou et de Géba. — Départ pour Bissao.
— Accueil fait à l'auteur par le gouverneur de cette colonie. — Retour à Géba. — L'auteur revient à Bissao. —
Il s'embarque pour Gorée. — État actuel de Bissao et
des pays qui commercent avec ce comptoir. — L'auteur
se rend par terre à Saint-Louis.................. 293

NOTE SUR LES DÉCOUVERTES ANTÉRIEURES A CELLES DE
M. MOLLIEN...................................... 307

SOCIÉTÉ ANONYME D'IMPRIMERIE DE VILLEFRANCHE-DE-ROUERGUE
Jules BARDOUX, Directeur.

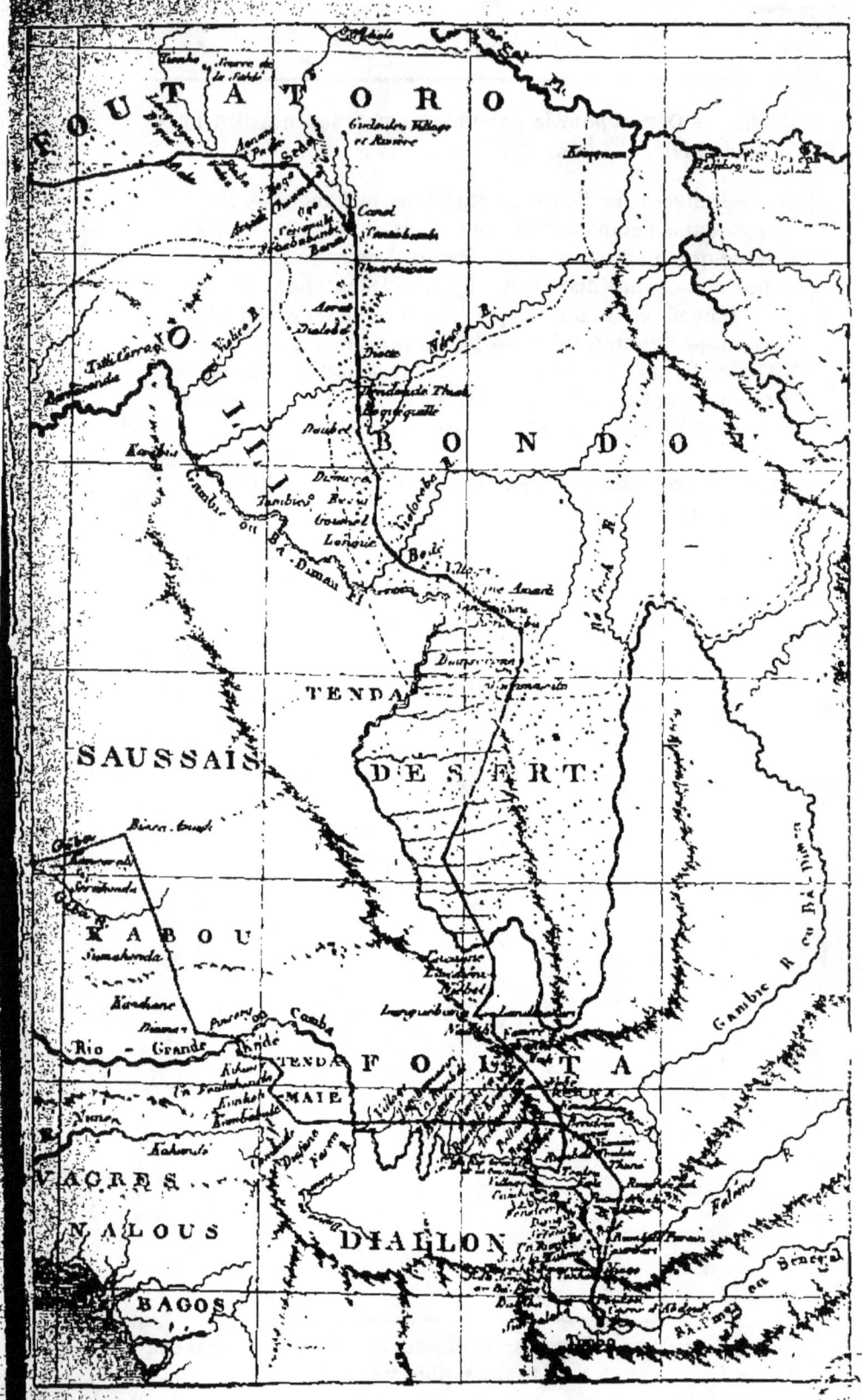

Carte pour la dernière partie du voyage de F. Mollien.

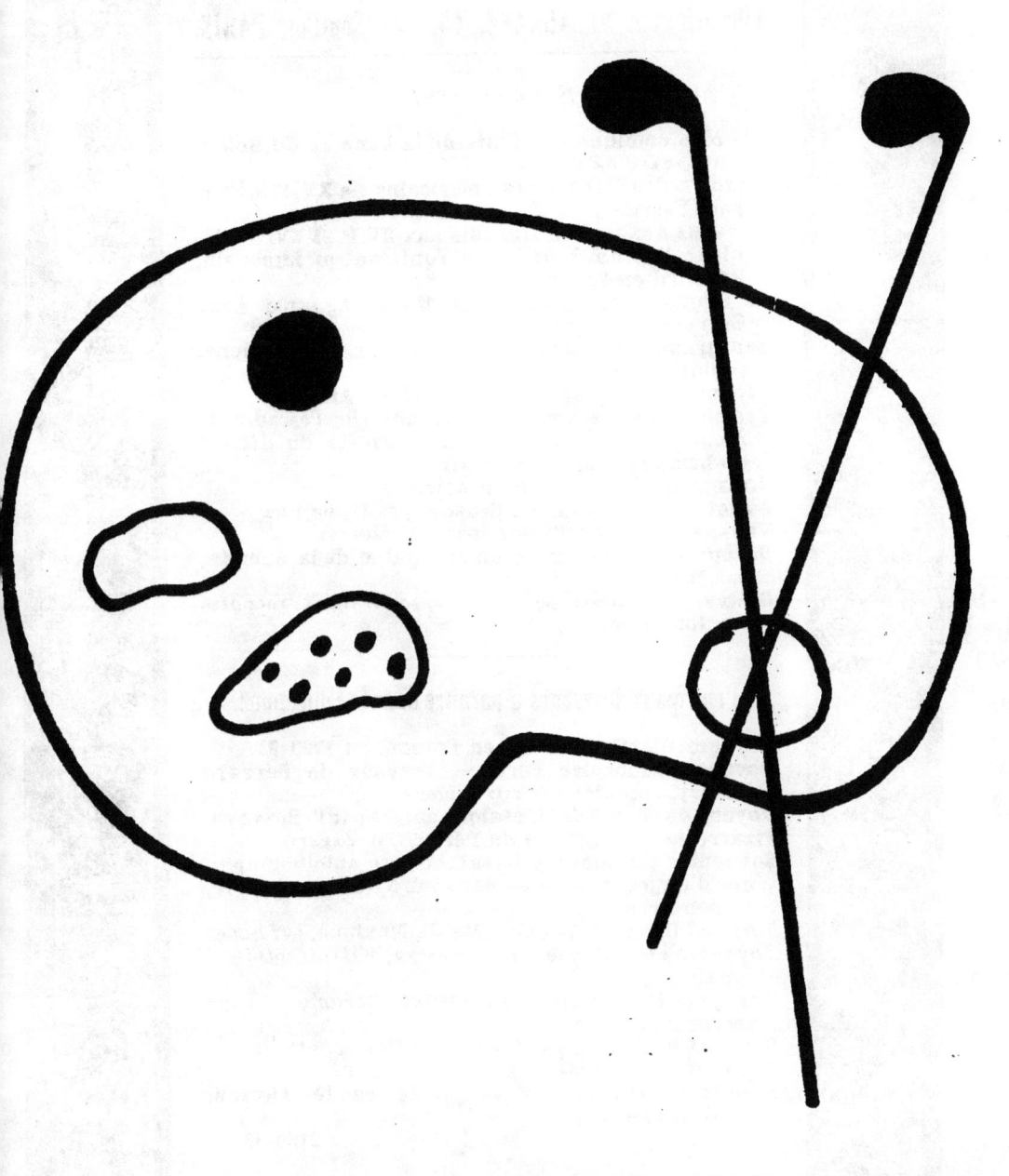

Librairie Ch. DELAGRAVE, 15, rue Soufflot, PARIS.

Sont en vente:

Histoire comique des États de la Lune et du Soleil, par CYRANO DE BERGERAC.
Histoire des Flibustiers américains au XVIIe siècle, par ŒXMELIN.
Voyages des poètes français aux XVIIe et XVIIIe siècles : Racine à Uzés, La Fontaine en Limousin, Regnard en Laponie, etc.
La France à vol d'oiseau au Moyen Age, par Aug. CHALLAMEL.
Les grands voyages de découvertes des anciens, par ANTICHAN.
Premier voyage de F. Le Vaillant en Afrique.
Premier voyage autour du monde sur l'escadre de Magellan, par PIGAFETTA. — Découverte du détroit de Lemaire, par G. SCHOUTTEN.
Voyage de Marco Polo en Asie.
Aventures de Robinson Crusoé, par D. DE FOE.
Voyage au pays d'Utopie, par Th. MORUS.
Découverte des sources du Sénégal et de la Gambie, par MOLLIEN.
Grétry, sa jeunesse, ses voyages, ses travaux, racontés par lui-même.

Principaux Ouvrages à paraître dans la Collection :

Voyages d'Arthur Young en France, en 1790-91.
Voyage d'Ambroise Paré. — Travaux de Bernard Palissy, racontés par eux-mêmes.
Voyage de Michel de Montaigne annoté par P. BONNEFON.
Pizarre et la Conquête du Pérou, par ZARATTE.
Souvenirs de Jameray Duval, histoire autobiographique d'un jeune pâtre. — Souvenirs de Jean de Brie, le bon berger.
Fernand Cortez et la conquête du Mexique, par SOLIS.
Voyages en Sibérie, par CHAPPE D'HAUTEROCHE et GMELIN.
Voyages de Dumont d'Urville en Océanie et aux terres australes.
Voyages en Perse, par DROUVILLE, MORIER, etc.
Voyages du capitaine Cook.
Découverte et conquête de la Floride, par GARCILASSO DE LA VEGA.

2180-88.

www.ingramcontent.com/pod-product-compliance
Lightning Source LLC
Chambersburg PA
CBHW071238160426
43196CB00009B/1111